POESÍA COMPLETA

215

POESÍA COMPLETA

William Ospina

LUMEN

Papel certificado por el Forest Stewardship Council®

MIXTO
Papel procedente de fuentes responsables
FSC® C117695

Penguin Random House Grupo Editorial

Primera edición: febrero de 2022

Printed in Spain – Impreso en España

ISBN: 978-84-264-0613-2
Depósito legal: B-18.856-2021

Compuesto en M. I. Maquetación, S. L.
Impreso en Unigraf, S. L. (Móstoles, Madrid)

H 4 0 6 1 3 2

POESÍA COMPLETA

UNAS PALABRAS INICIALES

Los primeros versos de este libro nacieron hace casi cincuenta años. Esta recopilación reunió al comienzo mis primeros cinco libros de poemas: *Hilo de Arena*, *La Luna del Dragón*, *El país del viento*, *¿Con quién habla Virginia caminando hacia el agua?* y *África*. Más tarde añadí una colección de *Poemas tempranos* y una selección de piezas del libro inacabado *La prisa de los árboles*. Dos libros nuevos he añadido para esta edición de Lumen.

El primero, *Más allá de la aurora y del Ganges*, nació de dos viajes que hice a la India, el primero en 2003 y el segundo en 2009. En una de sus sátiras Juvenal habla de la tierra que se extiende desde Cádiz «hasta la Aurora y el Ganges». Borges, en su relato «El hombre en el umbral», hace que un personaje altere la cita y cuente que vivió en el Indostán, «Más allá de la Aurora y del Ganges». Alterando una sola palabra, cambió una idea del límite por un sentimiento de lo ilimitado. Algo que llega hasta la Aurora y el Ganges puede permanecer en un ámbito exclusivamente geográfico, algo que va más allá de la Aurora y del Ganges se abre a un mundo fantástico, y eso es lo que sentí al visitar la India por primera vez, hace quince años. No era apenas otra tierra: era otro orden mental, un lugar donde las formas de la imaginación ocupan el mundo real, donde todo parece tener otro sentido. Ojalá estos poemas que me fueron llegando al soplo de los recuerdos, logren transmitir la perplejidad de ese viaje.

El otro libro, *Sanzetti*, corresponde a un viaje muy distinto. Viendo un día en internet fotografías del juicio, la ejecución y el funeral de dos famosos anarquistas italianos injustamente procesados y ejecutados en Estados Unidos, tuve la sensación de que todo aquello correspondía a algo de mi vida y de mi memoria. Así me llegó el primero de los poemas de este libro, que llamé *Sanzetti* por condensar esa pluralidad de emociones en una sola palabra. Después sentí que lo que estaba recibiendo era menos un poema que un tejido verbal, un orden de sensaciones y una música, y que bajo esa forma y esa cadencia muchos poemas querían nacer.

Tal vez todos forman un solo extenso poema, y por eso ciertos versos pasan de uno a otro. Pero los lectores verán mucho mejor que yo, como decía Dante, y como repetía Barba Jacob, «la doctrina que se esconde bajo el velo de los extraños versos».

W. O.
Noviembre de 2018

POEMAS TEMPRANOS

PRÓLOGO

Me he animado a incluir en la recopilación de los poemas que he escrito a lo largo de treinta años estos ejercicios tempranos, que se han resistido a dispersarse y desaparecer al azar de los cambios. Harto testimonian mi indiferencia ante las modas literarias y mi conciencia de que la poesía, más que algo que buscamos, es algo que nos busca y a veces nos encuentra. El epígrafe es del poema de Ezra Pound «Cerca de Perigord», que admirablemente vertió al español Pedro Gómez Valderrama. Trozos de espejos rotos son estos versos: reflejos de amores, de sueños, de delirios, y reflejos de voces que con pudor intentaba imitar, ya que la imitación es la primera de las formas del aprendizaje.

Pero nadie aprende a hacer poesía: sólo podemos aprender a escuchar esa voz que no se sabe si está en la mente o en el viento. Cada vez volvemos a ignorar cómo se hace el poema, cada vez tenemos que volver a aprender. Paul Valéry decía que no es el poeta el que hace al poema, sino el poema el que hace al poeta. Que no hay un ser llamado poeta, favorecido por el curioso don de que todo lo que escribe sea poesía, sino que hay poemas que convierten (bien fugazmente) en poeta a quien los escribe.

Por eso hasta los autores de los versos más sublimes pueden perder el don, y hacer naderías. Por eso, hasta los más tenues cantores pueden alcanzar, así sea por un instante, su día y su dios.

Nada me veda pensar que en algún momento de esos años tempranos, en alguna línea de esos poemas, me fue dado vislumbrar el rostro de la poesía, ver pasar la criatura de la noche idumea.

W. O.

¡Y todo el resto de ella un elusivo cambio,
un quebrado manojo de espejos...!

EZRA POUND

ATARDECER

Como una liebre dorada
que huye de negra jauría,
un pedacito de día
quema la cumbre encantada.

Gastó el día su tesoro
en la llanura lejana
y arroja por mi ventana
su última moneda de oro.

Pierde el cielo un brillo terso
pero yo entiendo, y laboro
para que el trocito de oro
siga brillando en el verso.

POEMA

Estuvo aquí hace poco. Como una diosa en fuga
llevaba débilmente sus temblores divinos.
Por un instante el cielo detuvo a la hilandera
y la muchacha hermosa se detuvo un momento.

Ahora ha partido. Carne que sabe la sentencia,
comprendo que mis ojos la han perdido por siempre.
Roja sombra, has de ser la ceniza de un sueño.
Dulce, fugaz sonrisa... ¿No estarás en mi cielo?

Nada nos pertenece. Todo sigue un oscuro
rumbo. Son sueño el árbol, el castillo, la esfinge.
El mar abre sus líquidos brazos de cruel sirena
hacia donde incesantes naves se precipitan.

Adiós, sagrada imagen. En la tarde solemne
despido astros y Dioses que otorgan oro y sangre.
Muero un poco con todas las flores abatidas
y se apaga el crepúsculo, pero la noche es grande.

PASOS

Árboles fijos como leyes que sólo ráfagas arrancan
deja mi paso atrás, en campos que se derrumban al pasado.
La luz parcial de los faroles, lánguidas filas de señales,
viola con firme indiferencia la espesa tinta de la noche.

Vago más lento que una espera por callecitas generosas
que participan de la tierra con humildad y con vergüenza,
sin comprender que no se cierren como tocadas sensitivas
bajo el desfile de los astros, en el pavor del infinito.

Tierra feliz para el engaño, voy embrujado por la sombra,
armo una mímica excesiva con el perfil de los arbustos,
admiro un trote de caballos en los tambores infantiles
que han traspasado las paredes como los genios de otra magia.

Y quiero la perseverancia del timbre agudo de los grillos
que son materias invisibles y una canción inobjetable,
y sufro el miedo y la flaqueza de codiciar el mal ajeno,
pertenecer a lo palpable, tener un nombre, un sitio, un rumbo...

Pero me suelto por la noche como un pequeño suelta un pájaro,
borro en mi pecho la ambición, que a veces toca la blasfemia,
dejo a los dioses que me habitan iluminar el hondo espacio
y abro los brazos al azar como a un regalo inmerecido.

Ya sé que nadie hará mi paz. Mi mar se calma lentamente.
Si el tiempo es duro y es feroz, también es sabio, y no lo dice.
No pido nada. Voy sin prisa, gozando todo lo que pierdo,
con el horror de lo fugaz como un incendio contra el pecho.

La volvedora noche calla, con la piedad del inocente,
me da su lenta muchedumbre, no me destroza como el día,
y tras sus párpados oscuros presiento el cielo de unos ojos
cuyo secreto aguarda al fondo de mi asombrado sueño errante.

CUARTETA

Mientras leve nieva o llueve
la nieve,
sólo una cosa te pido,
olvido,
sólo una rosa te niego,
fuego:
su tibio rostro querido,
ido.

TANGO

Callaste, triste, y yo te odié.
Ya era indulgencia tu tristeza.
Así que el cielo también cesa...
Sentí dolor, o no sé qué.
(Y en una mesa de café.)

El que nos une, el que nos besa,
el ebrio amor ¿se va?
—No sé.
Y el separado amor se fue:
tú a tu café, yo a mi cerveza.
(Y en una mesa de café.)

EL TESTIGO

En los humildes campos de Judea
nací como los hombres. Un regazo
tibio acunó mis sueños infantiles.
Me hice amigo del remo y de la espada,
aprendiendo a partir y a ser valiente,
y vi el amor de Dios de entre las aguas
salir —temblor de plata— en nuestras redes.
No puedo referir qué hice en mis años,
los hechos se repiten y se borran,
en cada instante puse fe y empeño
y toda esa pasión ya es del olvido.
Mas hoy, de aquel pasado que se abisma,
el recuerdo de un muerto me estremece.
Hace años que murió, de su existencia
ya tengo más leyendas que recuerdos,
pero no olvido la mirada extraña,
las manos, las palabras fervorosas,
y el polvo del camino en sus sandalias.
Dicen que estaba loco. También dicen
que afirmaba ser Dios. Con delincuentes
alternaba, y con niños. Una tarde
lo prendieron, y en juicio numeroso
decidieron su muerte. Era frecuente,
entonces, ver las cruces en los montes,
los muertos secos en el viento helado,
con los brazos abiertos y los ojos,
con un grito final entre los dientes.
Yo presencié su muerte, en la hora última
hablaba con su madre y sus amigos,
después gritó como quien pierde el alma.
El dolor de la cruz es tan intenso
y es tanta la tensión del torturado
que el corazón se rompe. Sólo fue otro
cuya muerte viví. Pero una noche
desperté obsesionado por la historia

de su origen divino. Era algo absurdo.
Pero en la inmensa noche solitaria
toda fábula es real, es real el sueño,
y hay algo que amenaza en cada sombra.
Nuestra fe lleva siglos esperando
el príncipe que anuncian los profetas.
Ya es costumbre esperar, ya es imposible
creer en su llegada.
                                        Sentí frío.
Sobre el campo había luna, y los collados
ondulaban de plata en la distancia.
Pensé en un Dios que deja el infinito,
la invisible extensión, la omnipotencia,
y que desciende a un vientre que han formado
largas generaciones dolorosas,
que se resigna a este vaivén de ausencias,
a un lugar, a un destino, a unos recuerdos,
a un cuerpo y a sus órganos sensibles,
a la incontable humillación del tiempo
que lo da todo y todo lo arrebata;
y nace entre mortales y camina
con fatigados pies firmes espacios,
y comparte la suerte de los hombres.
Un dios incomprensible que no viene
tonante y luminoso a sus criaturas,
que pide fe para reconocerle.
Fácil es ver en unos ojos de hombre
los destellos divinos.
                                        Tuve miedo.
Miedo de que mis ojos desgastados
hubieran presenciado sin saberlo,
con frialdad habitual, el espectáculo
de un dios sacrificado por sus hijos
en la sórdida tierra.
Han pasado los años. Soy muy viejo.
Sin duda ya habrán muerto aquellas gentes
que en torno de esa cruz vieron a Cristo
entrar en la tiniebla que tememos
y acaso era hija suya. Estaré solo
con un tumulto ardiendo en mi recuerdo,
dilatando en la tierra esa agonía

que pudo conmover astros e infiernos.
En vano me interrogo. No hay respuesta.
Descenderé a la sombra irreversible
y la inquietud perdurará en mis huesos.
Nada pregunto. Nada. Pero siento
que algo divino tiembla en esa historia
que Cristo entretejió bajo los astros.
Con los años se extiende la leyenda,
y su hermosura aterra mi crepúsculo.

AMOR

La piedra ama a la nube,
pero ese amor es sólo desesperación de su propia quietud.
Se lo dije, pero ella replicó
que ese amor también es siglos de nube en su alma.

POE

Edgar Poe se miró al espejo y se dijo:
—Ese hombre del espejo no sufre,
es un actor que imita mi sufrimiento.

El hombre del espejo se dijo:
—Ese hombre no sufre,
finge sufrir para que yo sufra imitándolo.

BUDA

Buda le dijo al surtidor:
«Yo soy sabio y divino, pero tu generosidad es ilimitada:
hay más agua en tus entrañas que sabiduría en mi alma».

Durante mucho tiempo el surtidor dejó de fluir,
porque no quería ser más generoso que Buda.

Cuando Buda lo supo, se conmovió,
y despertó una gran sed entre sus discípulos,
para que el surtidor pudiera prodigar sus aguas sin pena.

SÓLO TU ROSTRO

En memoria de mi abuelo, Vicente Buitrago

Sólo tu rostro, a veces, vuelve, anciano,
entre los astros y los siglos siento
que te perdí por siempre, y me arrepiento
como si fuera un acto de mi mano
tu irreparable ausencia. En lo profundo
del tiempo quedarás, como yo mismo,
y sobre nuestra nada, en el abismo,
siglos de historia ha de olvidar el mundo.
Tu voz, que fue una vez ternura o pena,
vibró por algo en el espacio abierto.
¿Viviste en vano? ¿En vano estás ya muerto?
¿En vano el llanto en la penumbra suena?
        Trato de verte, y rostros incesantes
        gastan mi devoción y mis instantes.

ALEJANDRO HERRMANN

Temeroso y despierto, recelaba del mundo,
algo en él ya sabía que su tiempo era breve.
Si volviera esta tarde, desolado y profundo,
daría nombres oscuros al silencio y la nieve.
Ni las formas sagradas de la alondra y la arena
compensaron su alma del horror de las cosas.
Algún verso de Shakespeare, el amor de Ximena...
fueron todas sus dichas solitarias y hermosas.
Pero, urgente en la fuga de la noche y del día,
con la lúcida risa de un oráculo santo,
en la fiesta del mundo sabiamente sabía
que la muerte es tan fácil como el sueño o el llanto.
    Alejandro, ¿te acuerdas, en tu azul Paraíso
    de esa gente perdida que quisiste y te quiso?

GATO

Lejos del verbo y lejos de la idea,
fatal en los designios de su especie,
sin nada en él que ame o que desprecie,
por el mundo de Euclides se pasea
el gato, lenta, sigilosamente,
simulando pensar; o salta a un lado,
por súbitos impulsos acosado,
a mi dicha o mi pena indiferente.
¿Cómo verá este trágico teatro
que es para mí temor, ventura, enojos,
él, que ni sabe que son dos sus ojos,
dos sus colores y sus patas cuatro?
—Bajo resurrecciones y agonías,
él es la eternidad, yo soy los días.

YA ERES

Ya eres esa mujer bella y lejana
que cambia en luna desolada el canto,
frontera del insomnio y del espanto
donde toda palabra es cierta y vana.
Ni el marfil de la arena, ni la rosa
dirán esta penumbra que no cesa,
ya eres una ficción de mi tristeza
como enseñan los libros de Spinoza.
Mi fuego nace en mí y en mí se apaga,
arda en mi soledad el claro fuego,
porque en los ciegos mares que navego
la nave sólo para mí naufraga.
        Íntima arena en mí, psíquica rosa,
        como enseñan los libros de Spinoza.

Cada mañana nuevamente pido,
lejos de esas colinas y esa tarde,
que haya un espejo eterno que nos guarde
después de la ceniza y del olvido.
Y busco nuevamente cada día,
huyendo del rumor ajeno y triste,
la música severa en que dijiste
tu adiós que era promesa y que mentía.
Ya se borra aquel sueño, la promesa
ya nos deshace en el jardín secreto.
No volverás, el ciclo está completo,
hoy sé que aquí, otra vez, la vida empieza.
        Pero recaigo en esos cuartos, lejos,
        y me rasgan las manos sus espejos.

SABRÉ EL SECRETO

Sabré el secreto de estos viejos bosques
al apartarse la niebla indecisa.
Algo como un faisán vendrá a mis ojos,
denso de orgullo y vida,
y habrá un verde en mis labios como de ramas nuevas.

Sabré el secreto de esta noche en ascuas,
extinguidas las lámparas,
cuando una piel de luna cubra el campo.

Sabré lo que ocultaban estas grutas
cuando, bajo los árboles del alma,
la red de lo visible se aparte en las pupilas
y surja, al fin, el rostro
del que todos mis sueños eran máscaras.

ESPEJO

Mágicamente el resplandor asila
mi rostro que me mira, el asombrado
rostro que acaso soy del otro lado
y que se multiplica en mi pupila.
Cautiva del cristal, la luz me teje
esta ilusión de ser preciso y cierto,
pero en ella no está mi desconcierto
y el rostro no estará cuando me aleje.
Vuelvo a mirar al otro, al prisionero
de un día de cristal profundo y terso,
y mientras pienso ante ese rostro inverso
cómo será su mundo verdadero,
          parece preguntar su rostro vivo
          de qué raro cristal estoy cautivo.

PIEDRA

No hay corteza en la piedra,
sólo piedra.
No hay raíces, ni sed en las raíces,
sólo piedra.
No hay ojo que vigile o voz que clame,
sólo piedra.
Inexpresiva pesadumbre.
Piedra.

Pasa la joven mano acariciando
la áspera piel idéntica,
tibia de sol, como con vida.
Piedra
que parece haber sido,
algún milenio, reina de lo inmóvil,
flor que algún dios vio abrirse
antes del frágil vértigo
de la carne y el pétalo.

SUPERSTICIÓN

En torno va multiplicando el día
su inmensidad, más breve que una rosa,
y parece sentir la mente ociosa
que nada ha terminado todavía.

Que todo ayer en esta luz actúa,
que no ha llegado al sueño la fatiga,
que esta calle fatal no es enemiga,
que todo lo pasado continúa.

«La vida tiene que cerrar su esfera»,
dice una voz, y brota de mi olvido
esa vaga figura que me espera.

Como si alguien creyera allá, muy dentro,
que este lugar en donde la he perdido
será otra vez el sitio del encuentro.

ADÁN

Aunque siente en su carne la quietud de la arcilla,
un ciego afán de vuelo le empluma el pensamiento
y bajo el torvo influjo de la luna amarilla
tiende en vano los brazos para apresar al viento.
Solo, callado, enérgico, joven, libre, indiviso,
la huella de las manos del dios lo sobresalta
y al aspirar la sombra frutal del paraíso,
donde lo tiene todo siente que algo le falta.
Pasa el joven Adán por el mundo reciente,
¿qué es esta sed sin nombre que en su inquietud se fragua?,
con la boca encendida baja a buscar la fuente
y no le da sosiego la caricia del agua.
        Sin comprender qué impulso lo desvela y lo lleva,
        frota su piel desnuda contra la hierba nueva.

HILO DE ARENA

(1984)

PRÓLOGO

Los ejercicios literarios que aparecen en el presente volumen son resultado de muchas opiniones distintas, asumidas y abandonadas en el curso de los años, y de una constante fe en los misterios y las dádivas de la poesía. Alguna vez creí que esta dependía de la destreza verbal, de las astucias sintácticas o de las virtudes de la hipérbole y del énfasis. Alguna vez creí, como en su tiempo los surrealistas, que la fluencia desordenada del lenguaje podía capturar los secretos profundos del espíritu. Alguna vez creí que sólo el metro riguroso y las rimas exactas podían conservar el vigor de la poesía, que me parecía amenazado por las languideces de la prosa moderna. Ahora sé, ahora creo saber, que destrezas, desorden, medida y frecuencias sonoras son sólo instrumentos posibles; que ningún recurso puede ser rechazado de antemano, porque cada poema es único y merece evolucionar por caminos propios hacia su forma singular.

Con todo, creo que la sobriedad, la precisión, la pasión, la sinceridad y el ritmo (ese ritmo que, como pensaba Hölderlin, es el lenguaje natural del espíritu) son instrumentos que pueden acercarnos a la poesía. Esta permanece sin embargo secreta, protegida por una suerte de bruma sagrada, y su sola existencia en estos tiempos sombríos nos hace confiar aún en la posibilidad de que el mundo se salve y nuestra civilización prevalezca.

He llegado a pensar que acaso es cierto lo que escuchamos alguna vez: que tal vez el mundo volverá a fundarse sobre las conmovedoras e inconmovibles verdades de la poesía y ya no sobre los frágiles atisbos de la razón ni sobre las pueriles seducciones del lucro. A esa utopía, sin duda posible en este mundo esencialmente fantástico, podemos dedicar secretamente nuestra existencia, confiados en que las convicciones íntimas no pueden ser intervenidas por los Estados ni por las Iglesias y ciertamente generan más felicidad que muchas ceremonias colectivas.

¡Ojalá perdure en estas páginas un poco de la emoción que las engendró! (estas son palabras rituales). Ojalá unos cuantos versos de este libro cumplan con la sagrada función de la poesía. Con el antiguo deber de celebrar el mundo, de conservar la salud del lenguaje, de alentar en nosotros el deseo de vivir, la voluntad de permanecer en la tierra.

W. O.
Octubre de 1984

A Darío Ocampo

EL DÍA SE DESPIDE

Con ese azul nocturno
que llena todo el cielo,
con esa bruma de azafrán y de oro
sobre las irreales colinas del oeste,
el día se despide.

Nadie escapa al ocaso vehemente
que condena a belleza lo sórdido y lo triste;
yo mismo he detenido mi fatiga
en esta esquina donde
como ríos parecen despeñarse las calles.

La luz azul de un auto blanco,
su lúgubre sirena,
dicen que alguien se muere por estas calles vivas
y se apagan las letras menudas de los diarios
y una patrulla se hunde por los barrios violentos.

El día se despide.

Nadie sufre bastante
para apagar este zafiro inmenso.
Serenos, como ancianos que no temen la muerte,
vemos el mundo virgen que sobre eras de furia
dulcemente se apaga,
y una vez más el miedo se resigna a la sombra.

Por la acera, a mi lado,
el alterno sonido de un bastón inseguro,
y un hombre ciego
habla con negros párpados de este ocaso imposible
que centellea y que declina.

Conmovidos sentimos que en el cielo sin dioses
triunfará la tiniebla.

Más oscuro el azul. La luz más roja y última.

Ya la primera estrella.

TELÉFONO

A medianoche, en Nueva York,
ella, emergiendo de los mares del sueño,
escucha esa palabra cargada de agua azul
como otro sueño: Adriático,
y sobre un ajedrez de hierro y luna
acaso ve las naves.

BARBADOS

Vi, a través de la indócil ventana del avión
bajo nubes macizas la estela de los barcos,
las proas apuntando hacia un puerto invisible.
Mi cuerpo, suspendido sobre la piel marina,
buscaba, por la espesa red de rumbos del aire,
las orillas de Europa. Lejana, y a mi lado,
una joven británica recorría velozmente
las páginas de Tolkien. Su tersa piel dorada
por los soles de Australia ardía en la penumbra
de la nave, y abajo secos vientos atlánticos
fatigaban las curvas ciudades de las islas.

Esa tarde, en Barbados, Eileen y yo, en silencio,
porque ninguno hablaba el idioma del otro,
recorrimos la playa. Verdes casas inglesas
con espaciosos porches sombreados de cipreses,
desnudos pescadores y niños y muchachas
como una rebelión de sombras en la arena,
y el pequeño cangrejo de ojos verdes, curiosos,
y la fresca cerveza en sus botellas negras,
y aquel bar descubierto donde el ron reventaba
claras piedras de hielo. Era hermoso sentir
como una bruma blanca el resplandor violento
de la luz, y esa hora en que el agua y la arena
palidecen fundiéndose con el aire, esa hora
en la que todo es blanco y ardiente y la embriaguez
cruza como un herido galeón por las islas,
resucitando siglos, encendiendo los faros
y estremeciendo manos muertas en los escombros.
Silenciada la luz, junto al mar invisible,
cruzaban la autorruta los buses rumbo al puerto
y una turbia taberna nos recibió en Bridgetown
cerca al verdoso estuario. Recuerdo, entre el licor,
las comidas de fuego, la cavernosa música.
Ya no sé cuántas noches oí cantar esas playas

y no sé si en su curso la vida imprevisible
me otorgará aquel don que reclamé en silencio
por las costas nocturnas: envejecer allí,
oyendo entre el rumor de las lenguas del mundo
el idioma del agua intemporal que anhela
cubrir la esfera toda como al principio; allí,
envejecer soñando con los viejos piratas
de Marcel Schwob, oyendo los crujidos del tiempo,
y ante el paciente océano que arroja sus reliquias
sentir cómo discurren poderosos los años
con ventiscas y extraños fuegos sobre los faros.

Vuelvo a mirar la roja moneda del imperio
que encontré en un cajón del hotel, horas antes
de abandonar la isla, y en el disco oxidado
regresa a mí el latido del mar, con negros ídolos,
el cuerpo de esa joven inglesa que dormita
mientras la brisa mueve las sombras en los porches,
y frente a mí, en el denso sopor de los crepúsculos,
en las negras botellas de cerveza algo tiembla,
huyen de los marbetes las esbeltas fragatas
y avanzan decreciendo por el mar de los sueños
a hostigar galeones tripulados de espectros.

EL TEMERARIO LLEVADO AL DESGUACE

De una tela de William Turner

Con color de crepúsculo la nave que se rinde
parece, en la pesada soledad del regreso,
un anciano del mar que se apoya en un niño.
Herido el flanco de oro por la sal de los viajes,
vuelve a la vasta tierra que la engendró entre incendios,
al surtidor de hierro de las minas sombrías,
a los altos pinares que le dieron sus mástiles.

Pesó con arrogancia sobre hurañas corrientes,
recibió, como un árbol, los cielos y los pájaros,
unió blancas orillas que jamás podrán verse
y aún recuerdan sus velas cosidas las tormentas,
las raíces del cielo, las luminosas manos.

Un rostro se trasluce bajo este viaje extremo,
el de un inglés que mira hacia brumosas playas
e interroga los surcos que, con rejas, el tiempo
traza sobre las nubes, los llanos y las almas.

Es un triunfo este viaje del barco hacia la muerte.
El Temerario, guiado por ruidosos vapores,
deja atrás aguas de héroes y de piraterías,
ensenadas de espectros, noches que Joseph Conrad
contará para siempre. Británicas pasiones
donde el planeta entero no es más que un reino de agua
que surcan, desafiantes, indomables muchachos,
aros de oro en los lóbulos sobre las negras barbas,
sables que empuñan manos curtidas por los vientos,
corazones violentos como el mar. Atrás quedan.
Y *El Temerario* tiembla, en silencio, agitando,
eterno, en una atmósfera de orgulloso cansancio,
las rojas aguas últimas.

CEMENTERIO CENTRAL

Sordo a tantos mensajes de la muerte,
cruzo por esta calle de flores y de mármoles
donde austeros artífices pulen sobre las losas
lúgubres variaciones,
llorados nombres, fechas para el luto.

Aquí acaban precisos episodios del tiempo
que afligidos cortejos escoltan hasta el límite,
aquí, en lechos de piedra,
cada huésped se entrega
al laborioso abrazo de lo informe.

Veo el dintel que abruma la magra segadora
de costillas desnudas
y tras la verja hileras de cruces victoriosas.

Ánforas, bustos, ángeles...
Su lóbrega retórica cautiva a los dispersos
y en su horrible presencia nuestras horas se amparan
de bosques insondables.

Severa arquitectura
donde el polvo se asila,
sobre estas breves casas y estos pinos inmóviles
es cegador el cielo
y la plegaria es ínfima.

Pasamos pensativos
y es tan denso el misterio del aire silencioso
que un silencio más denso se repite en los labios
y las palabras yacen oponiendo a lo eterno
su metal de epitafios.

Tal vez por eso, alzándose
sobre los trenos de la mente y del miedo

alguien dice en el alma:
No, esta calle de flores
y estos martillos laboriosos que obstinan
definitivas frases
sólo son adjetivos de la muerte.

Ni la araucaria negra
que crucifica el cielo,
ni esas apasionadas contorsiones de mármol,
ni esa forma retórica
que lleva por los versos su filosa guadaña,
pueden nombrar los últimos palacios,
las costas intocadas por la espuma del tiempo
que sólo ven los muertos y los dioses.

Insomnes, vigilantes,
vemos surgir de nuevo las lunas y las calles,
vemos volver la brisa que agrieta las pirámides
y alza nubes de pájaros,
y hora a hora pulsamos las cuerdas misteriosas,
sordos al sauce inconsolable.

Comprendo en esta calle que aún la espera es nuestra,
que recorro otra música,
y más acá del cerco de invisibles murallas
busco cielos esquivos que mi carne conoce,
tardes que te repitan,
azares que me acerquen otra vez al milagro.

AMÉRICA

Si pudiera alcanzar los rostros de los dioses
que guiaron las borrosas migraciones del alba...

Por estepas de hielo, dejando un rastro pardo
de huesos en sepulcros de cristal, los mongoles
sufrirían con sus lobos la blancura enemiga
donde tritura peces el oso gigantesco.
Si alguien cantó aquel éxodo, los glaciales caminos
gastaron la plegaria. O acaso al ver los bosques,
los pinares edénicos, las tribus olvidaron
los infiernos de Bering. Una luz venturosa
doraba las astadas cabezas de los renos,
el ojo del salmón que salta en los torrentes.

Muchos son los terrores que blasonan la carne,
veo venir por el sueño los navíos de Islandia.
Barcazas cuya forma de dragón conjuraba
los bestiales y azules rostros de la borrasca,
guerreros a la sombra de serpientes heráldicas
que curvaba en las velas un viento de otro mundo.
Rudos dioses, lo sé, bajo cascos de cuernos
animaban los sueños de los rubios gigantes
que sembraron de túmulos las playas del planeta
y en la quebrada orilla del Labrador dejaron,
testigos de metal, sus monedas de plata.

Por el sur fragoroso llegaban otras barcas,
alargadas y humildes. Negras tripulaciones.
Nada perdían al lomo del espumoso océano:
el mismo sol, las mismas aguas, las vastas noches
de astros desamparados como un alto archipiélago
de luz, iban con ellos hacia el difuso Oriente.

Así, dicen las fábulas, por los lechos del tiempo
siguen viajando, recios, sobre el mar sin caminos

los padres de las viejas naciones. Su progenie
dio luego al cielo virgen humaredas de signos,
plantó cónicas tiendas para el amor, dio nombres
largos a la llanura y a la espera. Con formas
corrientes, lo sagrado brilló, y así se alzaron
en postes de colores las deidades silvestres,
en los valles centrales las hermosas pirámides.

En mi tierra adoraron las ranas y los pájaros.
Dieron sus nobles rostros al oro y su ceniza
a la arcilla ritual. En las frías montañas
su amor y su pavor fueron canto y perduran
sobre las desoladas ciudades de las cumbres.

Otras ciudades tiemblan bajo esta luz tan viva
y arden los huesos rojos en sus duros cimientos
como el oro de ofrendas que devoraba el lago.

Vuelvo el rostro al sureste que las nubes me ocultan,
a la severa selva que medita y aguarda.
Veo surgir de la niebla otras barcas. Alegres
colores en los flancos. Oh las grandes canoas
africanas. Soñando con leones, los hombres,
dejaron las canoas deshacerse en la playa
y entraron a un imperio de florestas lluviosas
y pesadas serpientes. Nunca volvió a las costas
de Malí la perpleja expedición y os digo
que hay un rey en el delta mirando al mar y a veces
cae de rodillas, besa la arena y, con voz vieja,
entona la plegaria que entre nubes de genios
el profeta recoge. Gira el cielo, apagándose.

Y oigo al fin los cañones. Acorazados cuerpos
vienen ya y una nube cubre las grandes tierras.
Cristo sangra en las proas, rebrillan las espadas
y he de callar al soplo de banderas y salmos
de hombres en cuyos rostros despiadados, morenos,
nuestros rasgos se acercan.

ATENAS

Hoy buscamos las ruinas de la cárcel de Sócrates
en las lindes del Ágora
y pensamos en la posibilidad de recuperar
esas viejas imágenes
con extrañas máquinas para rastrear en los ayeres de la luz.

Entre tanto, el sol plateaba el Egeo,
una mujer tendía la ropa mojada en una azotea
sin presentir el barco que a esa hora
a unos cuantos kilómetros de distancia
giraba lentamente por la bahía,
pequeño en lo profundo, como el barco
que un niño suelta sobre un estanque que ondula.

Pero desde la altura
la mujer y la nave eran la misma imagen
en nuestros ojos, regocijados en la tranquila contemplación,
y entre las dos vivía, atronadora, la ciudad,
con leguas de casas blancas y tejas soleadas,
con bruscas callecitas que azulaban los buses sucesivos
y colinas de pinos que no diezma el otoño,
y ese arte de Dios, lleno de personas sin nombre,
sin ayer ni mañana en nuestras almas,
que cruzan y se pierden por las encrucijadas del día.

Después, en el Museo,
vimos el Poseidón de bronce, que esgrime desde siempre su tridente
invisible.

Es bello imaginar que ese titán perfecto
es el que emerge entre las olas de Virgilio
y envía hacia los montes la legión asustada de los vientos.

Ya es de noche en Atenas.
La lengua griega, insomne, bordea los surtidores rojizos

y estos campos antiguos soportan, sosegados,
todo ese mar de historia que ha vertido sobre ellos el tiempo...

La inmóvil legión de los efebos desnudos,
las losas funerarias, las ánforas pintadas,
los jóvenes caballos eternos que relinchan y saltan en las salas oscuras,
los templos de Bizancio, los patriarcas barbados
y tantos hombres ciegos en los pasillos y en las calles
que son Edipo y cuya historia, aunque lo ignoran,
ya fue escrita en el verso.

Sentimos el rumor de las hojas quemadas del otoño
y vemos, como Heráclito, las hojas del acanto que caen
desde los capiteles de mármol.

A la sombra de sus guerreros y sus sabios,
bellos varones que cantaron su victoria y su ruina,
enciende la ciudad sobre las colinas miríadas de luces
y resplandece el mar bajo navíos de leyenda
que van hacia otras islas,
mientras sonríen desde el fondo del tiempo
los poderosos dioses y las blancas esfinges.

EL EFEBO DE MARATHON

De bronce es esta música que hurtó su ritmo al tiempo
y surgió, leve, al alba, de una frente amorosa.
De bronce, y sobre ella resbalaron los siglos,
titilando en miradas, en abrazos, fugándose.

De bronce es este cuerpo que exaltó en Dios al hombre
y que nos rinde al sueño de una fiesta lejana,
donde fue hermoso alzarse por los aires dorados
y en voz y en puro esfuerzo ser Arcano y Palabra.

De bronce es este efebo más durable que un reino,
más bello que un relámpago sobre vastas batallas
y acaso un día, a solas, dirá, invisible, al cielo,
que antiguas manos de hombre lo forjaron, amando.

De bronce, acaso, un día, sobre el sueño disperso,
mientras gire el planeta deshabitado, en sombras,
dirá a los astros firmes su desnudez sagrada
que duró más que el hombre su más hermosa imagen.

SOLUS REX

Hay fuego en las murallas,
algún herido gime
bajo las nubes desgarradas del norte.

El rey mira sus botas
sucias de barro y sombra
y el reino oscila en torno
como un mar cuyas olas fueran negros cañones
y el rojo pasto de los cuervos.

Aún lo exalta la música de balas
que oyó al abandonar la barca de su infancia.
Recuerda sin nostalgia
la derrotada muchedumbre asiática,
el rojo y barbado rostro del Zar
capaz de seguir riendo en medio del banquete
tras degollar a un hombre
y el día en que entró solo en la ciudad de Augusto
ostentando su arrojo
ante perplejos cercos de enemigos.

Ningún dolor perdura,
pero intacto en el alma queda y crece el orgullo
de haber jugado entre ventiscas con las coronas de los reyes
y al azar de las guerras
arriesgar día a día la vida en cada juego,
el entero universo.

Bajo el pesado cielo de Finlandia
Carlos sigue jugando con sus dados de fuego.
Nada le importa el Papa, que en un salón de púrpuras
escucha su leyenda,
extrañado de aquella familia incomprensible
que en las glaciales orillas del mundo
arroja como leños los cetros,

por perseguir a Dios en libros silenciosos,
la gloria entre blasfemias;
nada le importa el fasto de Versalles,
ni el Rhin, por donde boga la barca del Emperador
entre gansos salvajes,
nada le importan Suecia o las pirámides
sino su ración diaria de zozobra,
el goce del peligro en los arcos del vértigo,
esa lujosa y frágil y divina demencia.

Relumbran los cascos de bronce.
Alguna antorcha cae sobre el agua durísima
y la noche está llena de chispas y de asedios.

Sentado, cerca de un boscaje
del que huyeron los pájaros al llegar la batalla,
Carlos roza la espuela que, años antes,
desgarró el manto del Visir en esa tienda turca
a orillas del desierto.
Sonríe. Ha recordado
que fue un molesto huésped del Sultán de la Puerta,
o los grandes caballos manchados
y las crines con cintas en el viento de arena.

Carlos, en cuyos brazos sólo durmió la noche,
se yergue y mira la muralla asediada.
Oye lejanos estampidos, ve momentáneos fuegos,
oye pasos que quiebran los cristales de barro,
siente en torno la noche universal, la noche
por cuyos pedregales ruedan los grandes barcos
obedeciendo a un hombre que hablará con los ángeles.

Carlos está de pie, mira al Oriente,
no ve que a sus espaldas
Suecia le dice adiós, tiemblan trenzas doradas,
le dice adiós la guerra.
Lejos, sobrecogido,
Stanislás despierta pensando en el guerrero
que está de pie entre el cielo y la batalla.

El último vikingo
ve un fulgor en las negras almenas que resisten,
un resplandor dorado que crece y devora la noche.

Y Odín toca su frente con una rosa en llamas.

EN EL CAÑÓN DEL PATÍA

Esta es la tierra estéril que hace más de cien años
engendraba serpientes, torvos hombres oscuros
con pupilas de tigres y prestos al degüello.
Por estas polvaredas viajamos hacia el Sur,
entre estanques podridos una legión sedienta,
soñando que bastaba la exaltación de un jefe
para guiar a millares contra España. Los áridos
caminos olvidaron la multitud disuelta
como el montón de arena que un puño encierra en vano.
Por leguas, por semanas de fiebre y de osamentas,
indios y deserciones diezmaron nuestro ejército
y los tres hombres últimos entraron solitarios
en la plaza enemiga,
porque el planeta tiene, como el hombre, ruindades,
y estos son los lugares malvados de la Tierra
y los negros espinos que crepitan al sol
son como frases viles en labios de un verdugo.

Aquí he vuelto. No entiendo por qué quiero estos llanos
secos, ese peñasco sombrío que entre nubes
descuella como el lomo de un escualo gigante
sobre la cordillera.
Algo me trae ahora bajo este sol sin bordes
que asesina los ríos y alarga las raíces,
a probarme en el lomo de los potros, cruzando
la extensión sin caminos.

Esta es la tierra estéril.
Pero tras las cuchillas ardientes donde tiemblan
aldeas que se llaman La Quebrada, Arboleda,
y tras el bronco río que se burla en la hondura,
está el mundo de Arturo, crecen bosques fragantes
donde él vio descender la luna en las pupilas
de una noche morada. Allá se ahondan fértiles
colinas y las vagas cavernas de Berruecos

donde aún resuena el fuego de la oscura emboscada
y el joven Mariscal desconcertado cae
a ver morir el cielo tras un anillo de árboles.

Allá está el valle fértil, la tierra pensativa
donde el país termina. El Santuario en el centro
de las aguas brumosas. Una ciudad de iglesias
a los pies del volcán que se pierde en las nubes.

Pero aquí están la fiebre, la soledad, el polvo.
Aquí he vuelto, a los hondos cañones de hombres tristes
donde el maíz se abrasa en una luz de escombros.
El día es del color de los huesos desnudos
y en las almas hastiadas germina la discordia,
pero al atardecer, cuando la luz vencida
desagua por la orilla occidental, la tierra
se olvida de sí misma bajo el rosado cielo
y todas las leyendas con la luna, exaltándose,
cubren el firmamento. En la noche incontable,
mientras van las estrellas hacia el otro horizonte,
oigo encenderse en fábulas los labios de los viejos,
oigo el hosco rumor de los cerdos dormidos
y el silencio en que el campo brutal se purifica
mientras hablan su idioma los pesados planetas.

SAN JERÓNIMO

De una tela de Alberto Durero

La mano emerge de la roja tela
y acaricia la frente envejecida.
La mirada me alcanza desde ayeres
negados a mi cuerpo. Largamente
algo firme y fatal me anuncia y siento
que sólo para mí pintó Durero
a este anciano de barba luminosa
que alza los ojos del abierto libro
y exhorta a mi valor con su firmeza.

No es un santo varón, no es una imagen
para los vanos nichos de la iglesia;
su siniestra implacable me señala
un cráneo descarnado y tenebroso.
Soy digno de tu signo, duro anciano,
soy un cuerpo que viaja hacia su ruina
por el huidizo tiempo incontenible.
No un cráneo, un porvenir toca tu dedo
sin miedo y sin furor, serenamente.

Pienso en las arduas civilizaciones,
en las largas estirpes sucesivas
que son polvo en el polvo de los reinos.
Y siento que la vida me abandona,
que esta prestada inmensidad resbala,
llega, me colma, me deshace en ecos,
y para que yo sienta su riqueza
trae a mis ojos una forma eterna
que me recuerda sin cesar mi suerte.

Ante este hermoso lienzo amenazante
ya no soy yo. Ya soy la vida frágil
que desespera y teje su alabanza,
y traza breves huellas sobre un mundo
hospitalario, presuroso, ajeno.

CIERVOS

Sobre la luna hay muchos ciervos, pero sólo uno es rojo.
Los ciervos blancos querrían destruirlo, porque temen
que esa mancha sangrienta en la noche despierte a los demonios.
Pero los demonios sólo fingen dormir.

PALABRAS

Aunque conozcas todas las palabras
las verás volver vírgenes
y algo nunca soñado dirá el azar con ellas.

Un sentido más dulce o más atroz, un día
tendrán en tus oídos estas voces.
Escucharás que nombran imprevistos jardines,
los nichos sucesivos de alguna gruta espléndida,
los nuevos y distintos hábitos de tu cuerpo.

Aún cabe en las palabras algo que no sabremos
previamente.
Los ecos y los símbolos de la hora inconcebible
en que la tierra nos reclame.
Las últimas acciones, los pensamientos últimos,
la irrupción de los ángeles.

UNA TARDE EN LA TORRE

Ha roto con cuidado muchas cuerdas
del piano que le diera la princesa Von Homburg
y, a veces, pensativo, largamente persigue
una frase en las teclas, variando, repitiendo
su elemental esquema. Ya no hay en esa música
perceptible propósito. Urde sus variaciones
como altera la forma de las nubes el viento,
como repite el agua los coches bajo el puente
tras los últimos sauces. La entrecortada música
se mezcla en esta alcoba circular con el rítmico
martilleo que asciende desde el taller de Zimmer.

Lentas, las estaciones trazan su curva eterna
sobre esta torre plácida que la hiedra carcome.
Él inclina su rostro consumido, levanta
bruscamente los hombros sudorosos, y un pliegue
de dolor desfigura sus labios, pareciera
que va a morir, sufriendo, tenso el cuello, apretados
los párpados, y entonces, como el sonido extremo
de otra cuerda rompiéndose, brota el canto. Pausados
hilos de trenos fúnebres en idiomas remotos
y el viejo está llorando la soledad de Antígona
o el ardor de la sangre del centauro, que ulcera
la piel de Hércules; gime por los mármoles rotos
donde agoniza un Dios sobre arenales
quemados de cipreses; gime por Cristo, acaso,
por los siglos armados que se humillan; lamenta
los hermosos atletas mordidos por el tiempo.

Ha olvidado a Alemania. Ahora, en torno a su torre,
las llanuras del Neckar, Suabia, las sucesivas
colinas que se ensanchan bajo noches de pinos
son sólo el escenario de una oscura catástrofe.
Ella ha muerto. Ella acaba de morir. ¿O hace un siglo?
Cristo y Diotima han muerto. ¿No oís la negra boca

del tiempo susurrándolo? Caballeros, ¿no oís
que la divina vida que nos dio el Rhin y el sueño,
que puso en nuestros labios las palabras de Píndaro,
que hundió coches de amantes por fronteras en guerra,
que alzó del caos los brazos del Apolo de Olimpia
y bronceó de crepúsculos las orillas del Tíber,
ha apartado su rostro? ¿No veis que estamos solos
en la noche y el viento?

El viejo calla. Azota
con sus manos, que tiemblan, el teclado, y se queda
pensando en esas manos que la muerte atesora.
No existen ya los himnos de sus años de Frankfurt,
cuando también él tuvo lo que la vida otorga,
amor, belleza, orgullo, horas divinas, bosques,
el sagrado pavor de existir y ser Hölderlin.

Un viejo en la ventana, frente a un río, contempla
el rojo carro en llamas que se pierde al oeste
y un aire de leyendas lo envuelve. Como un niño
está riendo en su torre, secreto, inaccesible...
Ríe, mientras se llena la ventana de estrellas,
el pobre Scardanelli.

FUTURO

Inalcanzable y sola
una región del alma
aún en la plenitud del amor o la música
guarda para el futuro rostros imprevisibles,
imprevisibles cantos.

LÍNEAS

1. SUEÑO
Ayer no estaba en mí ese halcón de fuego.

2. MUERTE
El más cobarde cruzará esa puerta.

3. BONDAD EXTREMA
Cedo mi trono celestial a un réprobo.

4. CRISTAL
Pasa la luz y se detiene el viento.

5. ESPADA VIEJA
Una implacable paz la está matando.

6. ESPEJO
Llamas heladas, rosas sin fragancia.

7. PUERTA
Ha olvidado sus flores y sus pájaros.

8. NUBES
No hay más rostro que aquel que dicta el viento.

9. HUEVO
Seré serpiente o pájaro.

10. BERILO
La tierra aquí soñó ser agua o cielo.

11. MARINEROS MUERTOS
Ya son el mar que amaban.

12. VENTANA
Llena el salón de nubes y de acacias.

13. ESTANQUE
Se hunde el ave esquivando al pez que vuela.

14. ASESINO
No se lleva el tesoro que arrebata.

15. CANTA EL GALLO
Nadie sabrá si es regocijo o miedo.

16. BOCA
Un nicho donde el aire se transforma en leopardos.

17. RUINAS
Un Dios senil perdiendo sus recuerdos.

18. LA LUNA
Ni una piadosa esfinge en sus desiertos.

19. PARAÍSO
Alguien encuentra abiertos los jazmines.

20. TIGRE
La cadenciosa muerte enmascarada.

21. ROSA
La rosa entra en el alma como espina.

22. CONOCIENDO EL ROMERO
Se llenará mi ayer de su fragancia.

23. ARMADORES
Alimentos del mar construyen en la orilla.

24. VIOLÍN
Nunca escuchó la música.

AMENAZAS

—Te devoraré —dijo la Pantera.
—Peor para ti —dijo la Espada.

EL ESPEJO

Una región del muro está hechizada.
Sólo el ojo lo sabe.
Un cristal incansable paso a paso repite
las rectas sombras que la tarde desplaza.

Terriblemente dócil, no desdeña
la vertical sinuosa de una hormiga extraviada
y al fondo de sus cámaras
también crecen las plantas.

A veces miro ese país extraño
cuyos hombres no tienen más lenguaje que el gesto,
ese país sin música.

Sé que no puedo ser ese hombre que me mira,
sé que a él no lo alcanzan el temor ni la idea.

Cuando la noche apaga las letras y los ángulos,
en su país de eclipses
él no te ama.

OBREROS

ATARDECER EN TEUSACÁ

A María Elvira Molano

Como si ya supieran que la noche
cegará los caminos
en el bosque y el cielo,
las rudas golondrinas
no se dan tregua en sus oscuros círculos.

Casi no es luz
esta callada claridad en derrota
sobre las verdes razas dormidas.

En el oído seguirá su curso
toda la noche el río
y voces de muchachos y ladridos de perros
nos dirán las distancias...

Porque en torno a estas llamas
el círculo del mundo visible se reduce
a paredes y rostros familiares,
mientras la bruma cómplice,
borrando las estrellas,
celebra ya su alianza con la sombra,
para que el tiempo fluya
aún más inexplicable,
más misterioso e íntimo.

SEMBRADOS DE FRESNO

Este campo ha ganado
cierta simplicidad de cosa humana.

Si creciera sujeta solamente a sus dioses
más compleja sería la hilera de las plantas,
pero aquí manos tácitas dirigieron los surcos,
suspendieron con hilos
del cercado sinuoso los tomates silvestres
cuyos tallos sin fuerza se doblegan de frutos.
Manos esperanzadas
dieron orden al quieto follaje del café
que cubre las colinas
y con cables rayaron el aire luminoso.

Nutriéndose y soñando,
tantas verdes criaturas dócilmente obedecen
las leyes del viajero.
Con sabia indiferencia se asoman al estruendo
de la ruta asfaltada
y no cuentan las horas y no turba sus vidas
la conciencia de ser o de perderse.

En silencio toleran los troncos sus parásitas.

Detrás de los almendros de hojas sucias, al fondo,
los guaduales que ondulan delatan la invisible
corriente que los sacia
y en el oído vibran cañadas y cigarras.

Todo sonido aquí parece voz y oculta
un antiguo sentido. Hay hombres que descifran
el susurro en las hierbas de un reptil que se ampara,
los dialectos de pájaros
que exhalan y recogen los montes sucesivos,
el golpe sordo y seco de la hoja en la piedra.

Se sosiegan mis horas
pensando en esos lentos movimientos del mundo,
pensando que en el centro de una esfera de néctar,
bajo ácidas cortezas que el resplandor invade,
duerme ya la promesa de los futuros árboles.

En toda la extensión que mis ojos contemplan
no hay un templo a los dioses visibles de estos bosques,
ni atrás, bajo el radiante cielo que cubre al este
los llanos y las palmas,
pero junto al camino
una cruz blanca y tosca basta para enseñarme
que aquí también la tierra sabe que el hombre es suyo
y a nadie niega un lecho en su espesura inmensa,
ni perdurable música
ni epitafios de hierba.

ROMA

A Pilar Muñoz

No he olvidado la noche
en que exploramos juntos las primeras callejas:
una mujer lloraba junto a una hoguera enorme,
se alargaba en las calles la luz de las tabernas
y perros y soldados daban miedo en la sombra.
Desde una esquina sórdida buscamos con angustia
las estrellas doradas por la voz de Virgilio,
quisimos que la luz del poeta aliviara
esas monstruosas calles dejadas de los dioses.

Días después, volviendo del otoño ateniense,
comprendimos que aquel horror había sido un sueño,
tras cada muro odiado y temido en la noche
crecían las colinas sagradas, perduraban
íntimas plazas llenas de esplendor para el hombre,
el sentido severo de un pasado baldío
que el tímido presente no se atreve a invadir.

¿Qué dicen estas calles?
¿Los vagos paseantes que interrogan un texto
escrito con escombros?
Piedras en donde luchan el latín y la hierba,
nichos donde se miran las efigies burlonas,
quien recorre este suelo
entra a un tiempo secreto donde otra estirpe habita,
invisible. Son cónsules, son violentos monarcas,
más allá de sus cuerpos y sus almas, perduran,
la huella de sus manos tiembla en los capiteles,
no han dejado de hablar sus bocas calcinadas.
Esa raza fue el campo
donde Dios batalló contra todos los dioses.
Roma es su mundo. Roma es el mundo. Los cielos

se han trenzado en batallas sobre el moroso río
que fluye sin memoria bajo puentes de arcángeles.

Me pregunto en la noche qué ciudad me circunda,
quién soy cuando sus barrios y sus negras campanas
hablan, con la elocuencia de lo visible, al alma.
Voy vagando por Roma pero Roma me aguarda
más allá. Y estoy solo. ¿Cuál es mi nombre? ¿Cuál
es mi siglo? Tal vez sólo he llegado a Roma
traído por las tristes campanas de mi infancia,
por las blancas palomas de los atardeceres,
por las plegarias fúnebres de una anciana. Contemplo
los más hermosos rostros del mundo en estas calles,
oigo hablar el idioma de Dante, veo mi rostro
reflejarse en el agua intemporal. No sé
por qué tiemblo sintiendo que esta ciudad es mía,
que si muriera en estas calles desconocidas
no caería mi cuerpo en suelo extraño.

Desde la solitaria ventana del hotel
veo entre aros de coches, frente al campo de ruinas,
desplazarse las grandes sombras del Coliseo.
Y olvido esa legión de irrescatables seres
que el tiempo aquí bendijo o ultrajó; no pregunto
nada a los huecos cráneos que ostentaron coronas,
ni a los pechos que fueron abiertos por las garras.
Me hundo en la certidumbre de esta luz irreal
que aclara las columnas abandonadas. Siento
la vida presurosa,
los bellos descendientes que repiten su historia,
y a la luz de un sol último que borra cada grieta
veo avanzar en llamas a los gatos buscando
los nichos imperiales donde la sombra arrecia.

UNA CARTA PARA MARIE KAYSER

Cae otra vez la equívoca tarde de Paul Verlaine,
baña con luz enferma las colinas,
los grises cementerios y la tumba del rey
abajo del granero de Chaville, de la estación del tren,
en un campo vedado nuevamente a los hombres,
y estoy lejos, muy lejos, Marie Kayser, pensando
que una vez más regresa la primavera a Europa,
que una vez más florecen los cerezos, y estallan
como nieve final las ramas del almendro.

Y debo recordar, algo lo impone,
esa cabaña en llamas donde tu adolescencia
borró sus días alegres, y el simbólico Orfeo
que giraba en la negra veleta, entre humaredas.

Para una primavera planeamos nuestra boda
en el bosque, y la boda se disgregó en esperas,
en los pliegos tachados de esa historia alemana
que traducías, ausente, entre atriles y flautas,
en las rondas tempranas por mercados de frutas,
en la leche de almendras y el pan de miel robado
y en largas tardes de oro que con ávidas fauces
se bebían en sus gárgolas los diablos de Saint-Jacques.

Sé que fue áspero y breve nuestro tiempo común,
pero con la taberna del Rhin y con los cisnes
sobre la luz rosada de la iglesia en el lago
de Alsacia, vuelve el claro ruiseñor invisible
que me enseñaste a oír en la hondura de Ozoir,
y el caracol manchado que andaba por tu mano
en una casa blanca abandonada al viento
en los altos pinares.

Te imagino otra vez escalando las verjas
para hurtar las cerezas hendidas por los pájaros.

Vuelvo a ver tus cabellos al sol, las bicicletas
corriendo entre el susurro de espuma del trigal
y a Sophie Marx que llama tras muros de cipreses.

Marie, el alegre Dios que me llevó a tu lado,
que nos hizo reír en los trenes y un día
nos dio, frente a los sauces que se arquean sobre el Neckar,
los campos que vio Hölderlin
en su torre mordida por la hiedra,
ha extendido el océano entre los dos, las islas,
nubes de olvido y miedo.

Cruzas como una risa el cielo de algún sueño
y siento sordamente
que una red de secretos se deshizo en mis manos.

Trata de imaginar las montañas azules,
la sonrisa de un joven bajo los urapanes
y comprende por qué no te nombro estos llanos,
comprende que mi voz
sólo puede ofrecerte aquello que ya tienes,
jamás te podrá dar lo que sueñas o ignoras.

Cae la tarde en Europa. Una mañana plácida
muy pronto, sacudiendo la escarchada penumbra,
va a separar las hojas primeras de los álamos
y a cubrir con su espuma de capullos rosados
cierto rincón de un parque que amas como a la música;
lo sé desde este rudo mediodía
en que a pesar del agua divina y sus tritones,
en el fondo del alma y en el fondo del tiempo
hemos andado juntos,
recorriendo los únicos países que son nuestros,
burlando las decentes verjas de los suburbios
y oyendo susurrar los trigales al viento.

RUE DU FAUBOURG DU TEMPLE

De algún modo soy otro y estoy lejos
pero la oblicua calle del Suburbio del Templo
persiste en mi memoria.
Yo ascendí cada tarde por bares y almacenes,
por la nieve y los álamos,
entre altas avenidas donde hermanan destinos
rabinos y rufianes,
expuestos al cambiante resplandor del crepúsculo.

Tahúres que envejecen en garitos brumosos,
mujeres otoñales,
rostros dorados en las costas de África,
estrechas escaleras que se abisman
hacia alturas infames,
vastos negros que sueñan con las balsas del Níger,
quietos, con un zarpazo ritual en las mejillas,
fumando y recordando
el olor deleitable de sus secas aldeas,
olor espeso que repugna a los otros.

Esa calle tenía la profusión de un Atlas:
la estrella de David
en los rojos espejos de las carnicerías,
rugosos dedos castellanos que alternan
copas de pálido jerez y copas de baraja,
mudos perfiles contra el paño verde,
el golpeteo del marfil en los hondos billares,
la noche preparándose desde los callejones
para asaltar el cielo.
Esa es mi calle del Suburbio del Templo.
Olor de miel y almendras,
rachas de cantos del exilio, viento de cuerdas árabes,
y sobre la pesada muchedumbre de coches
el grito poderoso de un súbito muecín de traje blanco

que desde un alto piso convoca a la plegaria
como gritando hacia el desierto.

Cielo azul del verano quemándose en la orilla
de los barrios violentos,
aire de nieve silenciosa,
salvaje calle enternecida de estrellas.

Una vida he dejado entre esa red de vidas,
entre esa red de razas,
cuyos parciales rostros y astillados espejos
flotan en mi memoria.
Aquí los atesoro, monedas, secas hojas,
no urdiendo un lóbrego mosaico de escombros
sino atrapando amadas cosas mías,
horas vecinas del milagro,
arcos irrepetibles de relojes
que midieron asombros,
dichas inadvertidas en los andenes populosos
como chispas que sólo ve el recuerdo,
dichas tardías que me asedian
a mares de distancia
desde ayeres que, lentos, van cayendo en la infancia.

AHORA

Hace un instante apenas, por la ciudad hondísima,
oí pasar una noche de mi infancia en los campos,
un vuelo de caballos, de iluminadas granjas
y altos bosques de pájaros. Es como un pulso súbito
el recuerdo, una ola de sangre que no olvida
asciende de la bruma con ladridos de perros,
con salvajes ancianos que ven la luna alzándose
sobre la pleamar negra de las montañas.
Golpea al corazón ese puño secreto,
un viento que se burla de los años reanuda
su silbo en las agujas del pinar y derriba
de los negros ramajes las esferas maduras.

Tan lejos, de repente, vuelve ese viento antiguo
que desciende hacia el río, por los anchos cañones
del Tolima, curvando las cañas, despertando
voces sobresaltadas en los cuartos vecinos.

Tal vez no es más la infancia que un país ilusorio,
una raíz que hundimos en las previas penumbras
para sortear la vaga irrealidad del mundo,
pero su acre ventisca llega como un milagro,
hace crujir los muros de casas que no existen
y enciende sobre el páramo las increíbles voces
de los ángeles. Vivas y huyendo por los montes
veo las llamas indemnes. Veo el árbol temible
donde la enferma quiso que excavaran su tumba.
Oigo lejos gemir los camiones nocturnos
que cruzan rumbo a Caldas. Oigo las torpes bestias
que devoran el apio, que enferman los sembrados.
Y mi noche se llena de obliteradas noches,
se confunden en ella los pueblos de los riscos,
los entrevistos trenes, las iglesias monstruosas
y el sable de las fábulas vuela en fragmentos de oro

cuando truenan los cielos y los rifles. La noche
vasta de la ciudad asila esos espectros,
las bifurcadas noches que atesoran sus hombres,
ayeres que ya están en la sangre y, de pronto,
despiertan para hundirnos en el canto o el crimen.

BARRIO

Saliendo de la infancia como de un cuarto en sombras
vimos esas mujeres cantando en los umbrales,
respiramos el ácido olor de los talleres
en donde fuertes brazos del color del verano
quemaban los metales.
Al fulgor de un relámpago corrosivo y continuo
yacían en calendarios indolentes muchachas
y afuera, al sol, amamos miradas evasivas
mientras giraban, ebrias, las sombras de las palmas.

Llevo ese barrio en mí como se lleva un sueño,
siento el aroma espeso de las carpinterías
donde cambia el destino de los árboles.
Un cercado de guaduas, al final de la calle,
protegía un país de negros taciturnos,
de ancianas que fumaban en los atardeceres,
de jóvenes rufianes sigilosos y obscenos.

El miedo empezaría sus fiestas al crepúsculo
cuando en oro y en sangre se quemaban los cielos
y una radio alarmada efundía en los cuartos
espantosas historias. La sombra, dilatándose,
salía de los rincones, de los huecos zaguanes,
y como el brusco amor de ojos dorados
con cosas habituales inventaba otro mundo.

Era la hora inmensa
en que todo se vuelve ajeno y misterioso,
la hora en que cruzaban los cielos de la mente
navíos estelares,
la hora en que invencibles y enmascarados héroes
luchaban contra el mal en terrazas de plata.

Y el mundo, disgregándose, cedía ante otras fábulas.

El tiempo, que transforma todo en magia y leyenda,
va amonedando en oro esos largos veranos,
da al barrio y sus pobrezas condición de milagro.

También estaré allí cuando suene mi hora,
cuando, apurado todo lo que la vida ofrece,
me pidan que regrese.

UNA CARTA PARA FREDERIQUE MARMIER

Frederique, entre cúpulas recordarás que, siempre
de noche, en las brumosas cuchillas de los páramos,
se saludan los buses, y el viajero contempla
desde el vertiginoso corredor de la fonda
alborear la llanura inclinada. Con sus nieblas,
sobre el mar estas vagas alusiones te envío,
como cae, precisa, morada y silenciosa,
la húmeda flor de mayo junto a las torres rojas.

Humilde, habrá en las cosas que nombro sin concierto
una fracción de patria. La sombra temblorosa
de un viento de palomas sobre el héroe de bronce
o entre las dos montañas que oscurecen
la querida ciudad luminosa en el valle,
cuando, invisibles ya, los yarumos de plata
son pasado. Y tal vez avivarán memorias
en ti, tardes enormes y secretas (son ciertas
las vidas de tu vida), tardes que acaso invoquen,
elocuentes, el fango torrencial de los ríos,
o el saber que un amigo callado ha descendido
del auto en un recodo, para besar la tierra,
porque abajo asomaron los llanos infinitos.

Lo sé. Ni aun los idiomas del insomnio o la fiebre
dirán del todo aquellas barriadas presurosas
que llenan las ventanas del tren, ni los ceibales
que sostienen la red compleja de los cielos,
ni las bestias que rumian entre grillos la hierba
cuando Orión va por los samanes negros.
Pero verás los rostros borrosos que a tu lado
vieron crecer sin tregua con la altura
grandes hojas prehistóricas
hacia la soledad de la cumbre invisible.
Vendrán a ti, por lentas palabras castellanas,
el sopor de los trópicos y la palma de Arturo

que devoran las nubes cegadoras del norte,
la araucaria, que bebe muerte y llanto,
los balcones de sombra donde alumbran geranios,
las trenzas de una joven, la romanza en sus labios.

Allá, a la sombra de Montaigne, recuerda
que el minucioso tiempo que socava y humilla
también te dio estos bosques grises
envueltos en su aroma,
y verdes hojas grandes como un hombre.
Te digo que recuerdes los ríos impacientes,
los cielos turbios de ese valle, y rojos,
yo, que llevo en la sangre tus lagares de otoño.

NOTAS

PRÓLOGO

La afirmación de que el ritmo es el lenguaje natural del espíritu no se debe expresamente a Hölderlin sino a su admiradora Bettina von Arnim.

EN EL CAÑÓN DEL PATÍA

La expresión «Los tres hombres últimos» es utilizada por Borges al hablar de la colina del Gólgota. No pude impedirme utilizarla para aludir a la patética entrada de Nariño en Pasto después de perder a su ejército.

RUE DU FAUBOURG DU TEMPLE

Nuevamente Borges. «La pesada muchedumbre de coches» proviene de cierta «pesada muchedumbre de naves» que se desliza por las aguas de Oriente en uno de sus relatos.

BARRIO

El verso final corresponde a las palabras que, según es tradición, escribió Emily Dickinson a sus sobrinas antes de morir, y que ahora están escritas sobre su tumba.

LA LUNA DEL DRAGÓN

(1991)

I for my race and me
Shall apprehend Life's law,
In the Legend of Man shall see
Writ large what small I saw
In my life's tale: both agree.

ROBERT BROWNING

A la memoria de Estanislao Zuleta

PARTÉNOPE

Esos áridos seres que duermen en las costas
no saben quién los baña con tan hondas canciones.
Estoy desnuda y sola sobre los arrecifes,
el viento alado lleva mi voz hacia la arena
y hasta las barcas crujen anhelando el naufragio.

Yo canto los secretos del viejo mar, del lecho
donde se despertaron y murieron los dioses.
A esta hora también mis hermanas, muy lejos,
en Rodas y en las bocas donde se abisma el Nilo,
están cantando en medio de la noche encantada.

Si me oyeras, querrías morir entre mis brazos,
tocar mis fríos senos que ha crispado el rocío,
acariciar mis hombros de mujer y olvidarte
viendo la antigua hoguera de mis ojos azules.

No sé cuándo he nacido. Las leyendas anuncian
que moriré si un hombre sobrevive a mi canto.
Un Rey atado a un mástil me oyó hace mucho, y luego
volvió vivo a su reino. Pero en las largas noches
lo atormentó el recuerdo de estas agrias dulzuras,
y hoy yace en lo más hondo y es de coral su risa.

¿Quién puede preferir la tierra y sus miserias
a un sueño acariciado por milenios y enigmas?
Canto, canto en la noche con voz de plata. Ruedan
por mis escamas verdes breves flores de espuma.

Sé que no todos pueden salvarse, hundirse, amando,
donde es largo el silencio, los jardines hondísimos.

Por eso canto ahora, cuando los pescadores
más allá de sus barcas ociosas se han dormido,
para que un poco al menos de dicha los alcance,
para que el hilo helado de mi canto los bese,
y sueñen que ya duermen entre escombros de naves,
que son por fin el mar, la música en mi boca.

NUESTROS MUERTOS

No están en parte alguna,
ya son hierba y estrellas,
pero su sombra enturbia las palabras
y sólo a veces pasan por la mente,
vagan por nuestras almas, reclamando
lo que nunca les dimos.

ERA OCTUBRE

Pasaban las llanuras con urgencia...
es raro que esa tarde aún me inquiete,
tarde de octubre del 77
en los confines de tu adolescencia.

Hablábamos sin fin. El tren. Los caños.
Entre tú y yo reía el Dios desnudo.
Y algo de pronto en ti se quedó mudo,
y nos miramos como dos extraños.

La ausencia hace ya mucho que nos cubre,
es raro que no acabe aquel Octubre,
sombra en tus labios, luz en tu cabello.

Lo que en tu voz no quiso ser ultraje,
llenó de adversidad, como un lenguaje,
el viento, el brazo, la mirada, el cuello...

UN GATO

Lejos de sus hermanos que son oro y violencia
y saltan en las selvas sobre el ciervo alelado,
ante esta raza atónita que se angustia a su lado
está en su cuerpo hermoso toda la indiferencia.

Se entiende con la noche que devora y silencia,
no sé qué le habrán dicho los astros que ha mirado,
yo soy el que interroga su rumbo y su pasado,
él es el que ha nacido dueño ya de su ciencia.

El hombre que se aleja no es ya el hombre que vino:
esta criatura nunca cambiará su destino...
no recuerda la tarde ni presiente la aurora.

Algo en mí envidia a veces su misteriosa suerte,
pero a los dos el tiempo nos perderá en la muerte
y asombrado agradezco no ser el que lo ignora.

ARIADNA

Cerca de mí, ante el agua, crece un Palacio informe,
que es la réplica atroz de la mente de un griego:
puertas detrás de puertas detrás de puertas puertas,
pozos secos, rectángulos de triple piedra y cielo,
cámaras bifurcándose en sinuosos declives.

Allí hasta el recio viento de los bosques fracasa.
En la noche, a la luna, su red malvada espío
y adivino en el caos rasgos del mal. De niña
yo vi al griego trazando su red sobre el papiro,
después surtió la tierra blancas filas de esclavos
y entre sueños de polvo los confusos artífices
transformaron sus horas en insensatas cámaras.

«La casa para el hombre —mi nodriza susurra—,
un Dios en cada reino y un alma en cada forma,
la soberbia y sus muertos en las largas pirámides,
y un ser de tu linaje cautivo en la maraña.»

¿Cómo creerle a ella que mi hermano es un monstruo
si mi cuerpo desnudo transforma los espejos
en serenos recintos de belleza y de plata?
Nunca vi al monstruo y sé que ella es egipcia y miente.
Años llevo mirando la piedra y sólo he visto
dos hombres que escaparon hacia el mar, por los aires,
pero agitaban alas, y fue sin duda un sueño.

Sé que lo bello es rostro del bien, pero me aflige
algo que no comprendo y oscuramente existe.
Al Dios de los espejos pedí ayuda y consuelo,
pero una noche alzó del Palacio un lamento:
la voz más turbia y sola que he escuchado en la tierra.

Sueño que en el espejo yo soy el laberinto,
que es mi alma la que gime detrás de las murallas,

que un Dios o un hombre viene del norte a liberarme.
Pero despierta temo que el Palacio está vivo,
que es la voz de la piedra lo que clama hacia el cielo,
que la piedra se siente cautiva de una idea
maligna, y sólo quiere ser piedra para siempre.
Miro con viejos ojos la rosa despiadada,
sé que es preciso que alguien se obstine en vigilarla,
que interrogue entre asombros este humano desorden,
para salvar al ser que la piedra encadena.

Tal vez soy yo quien vaga por sus salas sin rumbo,
y sueño que lo miro desde los ventanales.

CASAS

Las casas donde he vivido hacen viajes de noche,
vienen en silenciosas bandadas desde abandonadas ciudades,
desde pueblos que asedian carboneros,
y siempre me encuentran en un sitio de la oscuridad,
ante una lámpara me encuentran, o en un lecho solitario,
y vuelan a mi alrededor como cosas de bruma,
muros y puertas que ya son pensamiento y nostalgia.

¡En cuántas he vivido desde los grandes días de mi infancia!
Quiero esquivarlas porque traen, como viejos papeles,
el testimonio de otros que fui,
de muertes que esquivé, de insomnes radios arruinando las tardes,
de amores que fingieron ser el único amor, el verdadero,
y que después huyeron como los caudalosos años en que ardían.

La substancia de mi ser parece cambiar como ellas,
y pienso en tantos seres que recorrieron siempre
una misma región de pasillos y salones y puertas
y crecieron tal vez con un alma más firme.

Es más definitiva toda pérdida
cuando la edad del perdedor quedó también dispersa,
tras esas puertas que no abriremos nuevamente,
tras esos muros que después cayeron,
en sitios donde hubo casas espaciosas y frescas
y ahora hay duras torres orgullosas
o sólo un campo que recorren sin prisa vientos que olvidan.

Porque así sé que sólo lo que se queda en la memoria perdura,
que ninguna lealtad me reclama en esas habitaciones lejanas.
Así he entendido que no hay morada
sino la que proyecta el corazón sobre un espacio cambiante,
ni techo más fiel que ese de blancas nubes y estrellas,
ni otro suelo que aquel de rumorosa hierba que aguarda.

ANTONIO LLANOS

Adolfo lo vio un día en su trágico encierro,
el cuerpo consumido, la razón fatigada,
de los años radiantes un temblor, casi nada,
una lumbre en los ojos tras las rejas de hierro.
Sólo un anciano triste que hablando a solas iba
por sórdidos pasillos de un hospital. Un viejo
viendo morir sus rasgos en el brumoso espejo,
musitando palabras: rebaños... preceptiva...
Entre el horror y el tedio. El mundo parecía
un pobre llano en ruinas con sótanos y puertas,
y un destello del sol de las tardes desiertas
dorando silencioso la jeringa vacía.
    Ni un lirio en las pupilas como postrer consuelo
    para el que vio en el mundo su irrepetible cielo.

NOTRE DAME DE PARÍS

A Mario Flórez

Siempre llegué al amor por caminos de engaño.
Antes de verte, indemne, frente a mí, en los declives
de un verano imborrable, piedra sagrada, fuiste
un vago sueño de arcos y de luz insinuándose
por el cielo inventivo de mi infancia, y al verte
real como mis manos, calladamente cierta,
tu corteza prehistórica se burló de mis sueños:
no eras el sol de piedra que flotaba en la mente.

Dormía allí una roca. La alzaron siglo a siglo
dolorosas estirpes de polvo. Vi en la noche
las puertas asimétricas, las toscas torres truncas,
los flancos floreciendo de demonios sardónicos.
Sólo vi tu apariencia de navío infernal,
tu alto cuerpo amasado por el miedo, y sentí
que efundiendo la lumbre de la superstición
todo lo contagiabas de pavor medieval
como un grito en la música apacible.

No todo en mis alarmas era error, pero luego,
frecuentando tus nichos, tu esplendor, fui entendiendo
que la belleza llega con máscaras atroces,
que a su primer encuentro lo sagrado horroriza.
Sé que da miedo hallar, hecho ya, lo imposible,
que antes de ser pensado, el mismo cielo espanta.

Así, como a los mundos que sin saberlo giran
hechizando la noche con sus brasas perfectas,
vi el vuelo de tus bóvedas, la ebria piedra sin peso
flotando sobre el río de la plegaria humana.
Vi los arcos quebrados, las remotas ventanas,
las altas escaleras cuyo rumbo es enigma,

los cristales que quiebran y disgregan la luz.
Lento husmea el sabueso de la mente en las causas,
tras cada ojiva advierte la previa idea, el acto,
y percibe en las cóncavas, exquisitas alturas,
la labor de una sabia multitud invisible.
Veo en un brusco instante hormiguear los siglos:
la piedra rigurosa
se ordena, fiel al sueño de afanosas estirpes,
cruzan picas, plomadas, martillos, sogas, ángeles,
en el aire alabean ecuaciones y andamios
y fe y miedo trenzados alzan la roca mística.

Y una paz misteriosa nos da el saber que el templo
ascendió de las frentes y las manos del hombre,
por la noche del viento, cayendo hacia los astros.
Que algo divino ardía como fiebre en la sangre,
algo que no sabemos y que no preguntamos,
porque el misterio debe durar en el misterio
y es bello para el hombre que algo perdure oculto.

Así aprendí a querer tu compleja estructura,
allí estaba, envolviéndome,
tu cielo acastillado donde aletea la música,
los colores mordidos por la húmeda tiniebla,
la meditada oblicua de la luz en las criptas,
los sepulcros que agrava un lóbrego latín.
Allí estabas, dibujo fiel de la mente gótica,
retrato de una edad hecha de ley y abismo,
batalla contra el caos perpetuada en la piedra.

Y te amé en esas tardes sin comprenderte, y fuiste
el sitio señalado para el éxtasis
cuando un aciago amor socavaba mi alma.

Ahora, lejos, Basílica, te recuerdo, orgulloso
de haber amado en ti todo lo que perdura.
En la memoria avanzo de nuevo por tu calma,
se ennoblece otra vez mi conciencia en tu música,
algo anterior a mí tiembla en mí contemplándote.
Morosamente busco lo que conozco y amo,
y no sé, al celebrarte,

qué celebro en secreto, más antiguo y más íntimo;
qué obstinado edificio de la mente o la sangre,
como el rostro anterior que un nuevo rostro evoca,
traza con sus hipérboles la memoria inexacta.

EL OTRO RÍO

Tarde. Orillas del Loira. La profunda
llanura. Bosques secos. Barro y plata.
Junto al espejo un hilo de escarlata...
la tórtola callada y moribunda.

Tarde. Orillas del Loira. No era triste
la muerte chica junto al vasto río.
Tus manos suaves que quemaba el frío
hacia el temblor agónico extendiste.

«Lo traicionó la brisa», el agua dijo.
Quisiste darle vida como a un hijo.
Murió en tu mano ese dolor pequeño.

El Loira lo llevó. Te vi abatida,
soñando junto a mí. Después la vida
se llevó el Loira, la llanura, el sueño.

POLVO

Esto que ves fue coronas fenicias,
fue un ánfora de Creta, fue entre gritos
la empuñadura de un cuchillo persa,
fue el griego que murió por el cuchillo,
fue una columna en un jardín, la oscura
madreselva abrazada a la columna,
fue la alondra y la voz que la maldijo,
fue mantos, búfalos, arados, rosas,
el papiro y sus tintas,
la dureza, el metal, la exacta forma
que laboriosos siglos disgregaron.

Arquitecto de escombros, lento, el tiempo
puso insolente herrumbre en las coronas,
vertió aridez en los trozos del ánfora,
gastó con blancas aguas los peñascos,
diezmó y diezmó la lima hasta la escoria,
tejió orificios en los viejos mantos
y devoró las fauces.

Quién sabe ya qué cosas fue este polvo.

Fuerte es el Dios. Cuando se inclina y besa,
vuela en arena el labio de la Esfinge.

UNA CARTA PARA ADOLFO GUERRERO

Porque ya se han manchado de luz los grandes parques
que imagino, y un viento de cereza desciende
a través de las islas hacia mí; porque acaso
algo ciego en mí sufre cuando el hielo se hiende
y dora el sol el limo del pantano, y los patos
del norte hacen saltar su sombra en los sembrados,
renace este deseo de hablarte. Reconozco
los recodos de sauces que bautizamos juntos,
la negra casa agónica que asfixiaban rosales,
el gemido oxidado del columpio o en el patio,
el tumulto salvaje de esa plaza entre camias
donde luchaste por salvarme.

Que sea cierto el ayer, una vez más me asombra.
No entiendo cuál es ya su obstinada substancia.
¿Qué mordió el tiempo, qué se dispersó, qué resta?
¿Qué eres ahora en mí, cuando tu hermoso cuerpo
vive bajo otras nubes su destino cambiante?

A nadie quise yo con tanta fiebre entonces.
Nadie inquietó mi espíritu como tú. Crucé noches
protegiendo tu imagen del caos de la mente,
y lo que supe allí de la amistad
nutrió mi corazón que entre espejos moría.
Agonías del cuerpo, llamaradas de escarcha,
esos ojos que miran sin juzgar y nos queman,
esas voces que llenan de alarmas nuestros nervios,
esas torsiones lánguidas que inician paraísos,
la grave majestad de la fuerza en reposo,
son formas de un secreto primitivo que insiste.

Bajo un prisma de luz olorosa a jazmines
te veo pasar las páginas de las Mil Noches y Una,
o dormir, mientras ruedan los relojes solares
por tu cara y la luz abandona los ángulos.

Y es un verano antiguo, ya espeso como un vino,
un verano que centra tu risa adolescente,
ese clima, esa brisa vegetal por las salas
cuando éramos todos más bellos y más tristes.
No escaparé a los círculos de ese tiempo imposible,
no saldré de esos cuartos,
de aquella cuesta ronca de ladridos y sauces;
pero aunque estoy en ellos para siempre contigo,
paradójicamente no volveremos nunca
a su umbría frescura
y aquí estoy, uno y lejos,
protegiendo al recuerdo del caos de la mente,
balbuciendo palabras que den muerte o sentido
a esta distancia enorme de sal azul y olvido.

ÁRBOL

A Fernando Herrera

No parece tan vivo ese ser silencioso
que mora en la colina,
pero sabe crecer, permanecer, surtiendo
delgadas, verdes láminas, que en el viento agonizan.
No parece capaz de asimilar lo externo,
de convertirlo en parte de sí mismo,
pero la sangre de la oscura tierra
fluye por este cuerpo sin corazón, sin finas
redecillas de nervios, sin cuerdas para el canto.
En él, un agua oscura
se convierte en vigor, en dureza, en impulso,
los verdes brazos beben el aire en que se agitan
y hacia la luz se vuelven ávidos los follajes.

No posee un idioma,
pero en él se complacen las locuaces criaturas:
el claro viento que habla cosas largas y antiguas,
la cigarra estridente,
las aves que reiteran sus pequeños dialectos.
Y en él construyen casas, dialogan al crepúsculo;
algo como una noble amistad acontece
entre el árbol sin ojos y esas criaturas frágiles
que temen a los hombres.

No ve girar en torno su ebria y ociosa sombra.
Ahí está, en la colina,
entre nubes de insectos que susurran,
siempre fiel a sí mismo, sin preguntas,
sin proyectar al cielo verdes ídolos,
divinamente libre de esperanza y memoria.

Esferas donde es dulce la sangre de la tierra
caen a sus pies, deshechas,
y a veces este huésped de los campos parece
pensar, pensar las nubes que no duran, la firme
luz de tantas estrellas que en esta luz se olvidan.

Un día exhala, lento, candelas de colores,
su vida poderosa quiere multiplicarse,
y esas formas ardientes, de un modo misterioso
alegran al que pasa.

Está firme en la tierra que lo sueña. No envidia
al potro que a su lado galopa resoplando,
pero en mi mente, a veces, emprende su camino,
con muchos pies recorre silenciosas distancias
y a su paso las vacas y los cuervos comprenden
que ese árbol va en busca de su Dios, y asombrados
van tras él, discutiendo, bulliciosos, los pájaros.

HOY

¿Recuerdas esa tarde en el Pireo? Ardía
en la iglesia ortodoxa la extraña ceremonia.
Atenas se agrandaba con la muerte del día,
Orión iba girando sobre la plaza Omonia.

Vivas como el amor nos urgían las calles,
para hablar era el mundo un estrecho recinto,
ante las blancas casas las naves en los valles
y allá lejos los besos de una noche en Corinto.

Qué viva estaba Grecia, como el amor. Los buses,
los barbados patriarcas, las duplicadas cruces,
rojo vino de Samos, semáforos y olivas.

Y hoy que evoco esos fuegos, Atenas, las colinas,
el amor demorándonos en las blancas esquinas,
ya sólo aquellas ruinas parecen estar vivas.

EL COLOSO DE RODAS

En bronce lo engendraron para que fuera eterno,
pero el mar lo deshizo con blandos dientes fríos
y esos puertos espléndidos nos parecen vacíos,
sin escudo los dioses, las aguas sin gobierno.

Sus pies eran tan grandes como templos, sus brazos
jugaban con los rayos. Fue erigido adelante
para que el Asia viera que Europa era un gigante
y el tiempo, que es más grande, lo derribó en pedazos.

Nada queda, en las islas, del Dios; sólo en la mente,
alto sobre las aguas prosigue eternamente,
cuidando el mar con ojos donde vela un soldado.

Y erramos indolentes por la viña encendida,
soñando que en las puertas del porvenir nos cuida
un vasto centinela, que ya fue derrotado.

ELEGÍA

En memoria de M. M.

Inútil amenaza del trueno
sobre la tumba que se cierra.

Y aquel en cuyo pecho
se enfrentaron los vientos
es ya un sordo fragmento de planeta,
brizna borrosa que ignorante discurre
girando con pirámides y estrellas,
lejos de la aflicción.

Su juventud se ha roto.
Sólo llantos menguantes testifican
sus años combatidos,
su azarosa aventura entre los hombres.

Porque el humano puede
hacer y deshacer vidas ajenas,
puede apagar de un soplo su propia llama
pero nunca encenderla.

Anónimo y dormido para siempre en su surco
que una vez más se dará a los arados,
madura ya sin fin para el olvido
mientras sigue su rumbo el mundo intacto
en ruedas de esperanza y de angustia.

También el oro de las hojas se pudre
y en negro aroma se dispersa el fuego.

Ya nada es suyo,
ni siquiera el silencio o la tiniebla.
Sólo en las manos viudas de unas pobres mujeres
su tibia piel persiste,
y en rotos corazones la memoria prolonga
lo que abolieron el destino y la tierra.

UN RECUERDO DE INVIERNO

Yo pasaba cada noche por aquella calleja sombría,
lento en un aire de hojas muertas,
y cuando la nieve giraba en torno a los faroles,
cuando el invierno arrastraba su manto de sucia niebla,
entraba tiritando en un mundo de humo y de gritos
a recibir un vaso de sangre que me tendía una mano amarilla,
una andaluza de ojos crueles y pesadas ojeras
en un hondo garito español.

No se veían arriba los solemnes planetas
que a toda calle terrestre dan su porción de misterio;
y después de aquella taberna había esquinas riesgosas,
un nido de rufianes judíos y, en medio de ellos,
la joven y hermosa irlandesa que leía el *Evening Post*
sorda al rumor de bajezas de los encorvados tahúres.

Y allá, donde el vacilante callejón como un arroyo
vertía perros y ladrones al caudal de una avenida inclinada,
antes del amplio café de dorados espejos
que ardía como un palacio al final de aquel negro desierto,
en la última curva maligna del maligno suburbio
había un triste hotel en cuyo fondo un invisible perro ladraba.

Su dueño era un bretón pequeño
de roja cara manchada y de rubia barba mezquina,
que tardaba en responder a mi llamado porque estaba siempre
insultando a alguien que se encogía rencorosamente en la sombra.

Era su mujer, y el lazo que allí los unía
era cruel para mí como aquel callejón, como el invierno
que estando en todas partes muestra en cada lugar un rostro distinto,
que a veces es un aire de cristal sobre los graves cedros hermosos,
un alféizar de nieve frente a lluviosos bosques,
dos muchachos que se abrazan bajo la ventana donde un gato mira en
    los astros

aquella conjunción melancólica de la Luna y Saturno
que, según los astrólogos, marca el destino de los hijos de marzo.

Cuando el bretón no estaba, su mujer acudía a la puerta
y sé que mi breve presencia atenuaba su soledad,
porque para aquella mujer cautiva yo era una prueba de que el mundo
existía,
el increíble mundo distante, los viñedos, los puentes,
playas de imposible blancura junto a los faros rayados de azul,
los jóvenes de bronce de una sala de Atenas,
todo lo que queremos y sin ser pronunciado asoma en nuestros rostros.

Sus labios intentaban alguna dulzura, ella encontraba su bondad oculta,
un sedimento de infantil alegría.
Y aquel dolor humano, aquella vida, tan importante para Dios como
Roma,
conclusión, como todas, de un infinito esfuerzo del mundo,
arcilla vuelta carne, agua cálida y roja,
aire impregnado de espíritu, fuego antiguo y sagrado,
porque todo ser vivo está hecho de fuego,
aquella mujer oscura de lentas palabras
algo inmenso decía a mi alma, algo que yo no podía comprender.
Y una de aquellas noches vino hasta mí y, mirándome,
me dijo: «Usted no volverá a verme nunca».

Poco después murió. La primavera
trajo al viejo bretón una esposa más joven
y aquella vieja historia pareció disolverse como un sueño de invierno.

Pero por calles soleadas, por calles de urapanes y mayos,
en mi país, donde la aérea nieve es una fábula de viajeros,
donde un siglo o dos o tres de caserones y bestiecillas de oro
es todo el pasado posible,
oigo venir otoños y ciudades, y el callejón aquel se impone a mi mente.
Muchas cosas destinadas a perdurar se hacen imprecisas,
un difuso esplendor que erosiona el olvido,
mientras el rostro y las palabras de aquella mujer
se van haciendo con el tiempo más nítidos.

Porque en la profusión de los días no sabemos
qué pertenece a la memoria, qué al olvido,

dónde descubre el alma sus profundas verdades,
hay en algún lugar para siempre una calle
donde una pobre mujer que me anuncia su eclipse,
su ineludible cita con las puertas del fin,
persiste y va envolviéndose en misteriosa música.

CIEGO

Como las sensitivas antenas del insecto
el báculo del ciego va explorando el espacio.
Es un rumor la tarde,
honduras y declives,
peligros que previene un cauteloso oído.
Para él está en las voces
la belleza que hallamos en los rostros,
la rosa está en el viento,
y en la alegría de los vendedores
la bruma roja que flota al oeste.

EL HUÉSPED

Mientras la tarde rueda con fuego hacia el Oeste
busco la imagen cierta que cruzó como un sueño
frente a mí en el urgente mediodía sin sombras.
Por declives del alma ya no es más que un recuerdo.
Ese que hace unas horas era un joven sereno
absolviendo una calle de tumulto y de estruendo,
ahora es un tejido de misteriosos símbolos,
una forma secreta que repaso y reinvento.

Yo sé que en la memoria nada es nuevo ni antiguo:
puedo soñarlo al lado de los centauros griegos,
está en mí con la rosa que vio el romano en Persia,
existe como existen mis sirenas, mis muertos,
pero no tiene nombre, ni pasado, ni origen,
lo hallé sólo un instante y detuve mis pasos
para verlo existir y pasar y perderse.

Oh, momentáneo amigo, don del azar, fragmento
de vida incomprensible que amé y perdí, qué normas,
¿qué secreto designio te impuso a mi destino,
me permitió al mirarte, fugaz como una nube,
saber que ya eras parte de mi vida en la tierra,
que pasaría las horas girando en torno tuyo,
creyendo hallar en ti lo que entregué a los vientos,
condensar en tu pérdida, pérdidas incontables?

Y sé que hay una zona de temblor en el alma
donde ya son lo mismo añoranzas y anhelos,
donde evadido al tiempo y actual como una música
lo mucho que he perdido ya es lo mucho que espero.
En ti estaba esa noche de hielo: la mansarda
donde un gato miraba las felinas estrellas,
y otra de hierba y ansia bajo un sauce invisible
y ese rostro inmediato que me asedia en la ausencia.

Y en ti estaban las claras esperanzas que brillan
como hermosos fantasmas en distancias de vértigo.

Aunque no puede estar tu substancia en los versos,
sólo para guardar ese instante perplejo,
para que no me pierda
la certeza de haber orillado un misterio
por una calle ajena,
para que no se pierda la huella de ese instante,
acaso inútilmente
persigo esta memoria de un don incalculable,
me resigno al poema
y pido al Dios que quiso dar zozobra a mi día
que estas pobres palabras puedan ser su elegía.

ÉL

Una extraña criatura
que inventa y canta y vende,
en la noche madura
mira los hondos astros que no entiende.

Mira la tierra que se exalta en vida,
y se asombra en su ciencia
por el incienso de la carne encendida
que es lenguaje y conciencia.

Recio el recuerdo, vaga la esperanza,
falta el futuro y el pasado crece.
Mortal y solo avanza:
ningún otro animal adora o enloquece.

Denso el misterio y grave.
Mira con torpe amor la noche inmensa
el solo ser que sufre y que lo sabe,
el barro vivo que se mira y se piensa.

Para que reine y hable
la voz donde se funden ritmo y nombre,
el Dios indescifrable
no creó a nadie más después del hombre.

Desnudo ante la aurora,
feroz, hermoso y triste,
tiembla, se sabe efímero, y no ignora
que es todo lo que existe.
Y si con tal afán busca y olvida
es porque acaso advierte
que sólo es suya la cambiante vida
y que no sabrá nada de la muerte.

EN LA VÍA APIA

Para Arnulfo Valencia

Guio el azar nuestros pasos por el muelle abrasado
y, sin saber a dónde, junto al mar, junto al viejo
zafiro oscuro y vasto de los llanos adriáticos,
se alargaban las sombras
junto al muro y las sogas tensas en los guindastes.

Ese otoño fue oscuro en Italia. Ante el sol
yo pensaba en los tétricos callejones de Roma,
en los sueños atroces que infestaron mi cuerpo
dormido, en ese tren, mientras tras él la tierra
cimbraba y negras grietas penetraban en Éboli.

Más allá de los trenes y el estrago
mi infancia a mis espaldas como un sueño se hundía
pero adelante estaba la infancia azul del mundo.
Grecia zarpaba ahora rumbo a nosotros. Todo
la anunciaba en aquellas playas últimas
y el sol reverberando, daba a los blancos yates
en mi mente otras formas,
perfiles de ceróscafos y trirremes de Naxos.

Un viento denso y cítrico que venía de otra costa
se detuvo en los bordes ásperos, y creímos
que una brusca fatiga nos detenía allí,
creímos que aquel alto lo ordenaba el cansancio.

Escaleras amplísimas remontaban la tarde,
flores cuyo color se ha perdido en mi mente,
quemando los parterres en cada escaño ardían,
y arriba había columnas de mármol gris. La tarde
nos atrajo sin voz a las sobrias terrazas,
formó dioses y sátiros jugando entre el acanto

gris de los capiteles
y acaso por sentirnos el porvenir fantasma
de siglos poderosos, soñamos un futuro,
dimos al aire plácido vagas bestias de bronce,
lunas de acero y sangre,
hasta cuando las aguas macedonias se abrieron
y el Livorno, rugiendo, recaló en la distancia.

Sólo entonces supimos dónde estábamos.
En aquel sitio abierto, frente al mar, sobre siglos
de cobalto y de viento,
empezaba el camino que transformó al Imperio.
La Vía Apia se hundía en la luz, hacia el norte.
Por ese río de piedra navegaron
con Helena y Medusa las partenias de Píndaro,
la frente del apóstol en el pecho de Cristo:
también allí empezaba nuestra historia.
Y en ese sitio, acaso bajo una tarde idéntica,
apenas descendido del navío imperial
Virgilio unió su voz a la voz de los muertos.

Recuerda, allí temblamos de sagrado temor
un día entre los días;
y hablamos de los rostros de La Escuela de Atenas,
de los labios de Príamo en las manos de Aquiles,
de la luna que asusta los páramos de América,
hasta cuando el silbato del Livorno en la bruma
nos reveló la noche que en torno alzaba estrellas
y nos dio a los desiertos mares llenos
de soledad y Ulises.

MUSEO

De los mantos emergen los castigados brazos.
Todos están heridos y todos están vivos...
Mármoles de Corinto, destrozados y altivos,
parecen un ejército que volviera en pedazos

de una guerra sublime que fatigó su empeño.
Ávida mano hermosa, soñadora cabeza,
no pudo tanta guerra contra tanta belleza
y hoy son como fragmentos que nos quedan de un sueño.

No habrá rencor ni fuerza que del todo los mate,
con firmeza infinita libraron su combate
contra un caudal ejército silencioso y paciente

que insiste. Siento el soplo de sus furiosos potros...
No triunfó en estos cuerpos el tiempo, que a nosotros
habrá de disolvernos irremediablemente.

LA AMENAZA

La ciudad, ya sin hombres, es una injuria al tiempo,
no va un cuerpo con fiebre buscando un rostro espléndido,
curvos cascos de hierro no arrancan chispas de oro
a estos rumbos que siempre prometieron milagros.
La gran ausencia infama los chorros de las plazas,
cada torre es un hondo surtidor de fantasmas.
Un puñado de polvo soñó estos firmes templos,
cortezas donde aún vuelan las postreras plegarias.
Esta nada fue todo cuando el hombre dudaba,
cuando ardía una espera en las hondas pupilas
en marfil florecidas y rayadas de pájaros.
Hubo aquí lentos tigres perpetuando sus normas,
tendió aquí brazos ávidos la semilla hacia el aire,
y sólo un dolor hizo que gritaran las piedras,
que el viento se cargara de rumorosas álgebras.
En las cornisas rotas se ha dormido el silencio,
los espejos se herrumbran de quietud, como espadas.
Dentro de las estatuas no hay discordia ni esfuerzo,
pero el viento en el agua sacude los palacios
donde habitó el orgullo cuando el futuro urgía,
cuando ardían promesas como niños las barcas.
Si un mendigo siquiera diera sentido al mundo,
de su traje en jirones se aferrarían los ángeles,
como el cardo reseco que no quiere quedarse.
¿Quién apagó ese incendio de amenaza y de lumbre?
¿Quién profanó el secreto de las disoluciones?
Aún la peste en las nubes vigila como un cuervo,
no volverán a alzarse corazones del barro.
Cruzó aquí la belleza dando avidez al cuerpo,
el tiempo amó lo efímero con devoción de orfebre
y lo más frágil fue prometido a lo eterno.
Ante la muda roca que resiste y perdura
fue más divino aquello que se aflige y que pasa.
Dura la ciudad sola como una oscura ofrenda,
rosa escrita en la piedra que olvidó el polvo errante,

y pasarán sin verla los rebaños de estrellas
y limarán los siglos sus esfinges de mármol.

No existe esa Babel de intolerable ruina,
como si despertara, vuelvo a mirar mis calles...
En cada frágil brizna la amenaza está viva,
y no peligran sólo nuestros cuerpos inciertos
sino el tiempo, los dioses, la eternidad, los muertos.

LA JOVEN FLOR PLATÓNICA

Disgregada en las rosas del sueño y del olvido,
con espinas de acero que enrojeció la historia,
replegada en las íntimas rosas de la memoria,
la rosa es una rosa para cada sentido.

Leve esfera de pétalos que en frágil fuego asoma,
luz que una mano copia con su matiz exacto,
fresca rosa de seda que fluye bajo el tacto,
densa rosa de almíbar, tenue rosa de aroma.

En cada puerta el ángel de un deleite distinto,
imaginario alcázar, cristal y laberinto,
melodiosa en los labios y en las letras cautiva.

Esfera multiforme, llama de amor violenta,
ayúdame a ser Uno, bajo este sol que inventa
una rosa de sombra junto a la rosa viva.

JEANNE D'ARC

Hubo entre dos naciones una frontera en llamas
y un bosque que cruzaban los blancos ciervos místicos.
Muchas veces la joven entró en sus soledades,
oyó los claros ángeles del agua,
las cosas que conspiran los seres del silencio.

Está en algún lugar de la memoria,
oye las voces de la tierra, comprende
la lengua que articulan los vientos en los robles,
y acata el rumbo que le imponen.
Es ella.

Vuelvo a ver la doncella que se envolvió en el hierro
tres veces inviolable de la fe, que dio forma
con sus manos ingenuas a una nación doliente.

Y hay un templo en el tiempo, un gris jazmín de piedra
cuya fugacidad se mide por cometas,
donde su armada imagen, presidiendo el crepúsculo
de una cripta, perdura; donde invisiblemente
la combaten los ángeles del olvido y del sueño.

Ella ya estaba en mí cuando la hallé una tarde,
pero allí supe cómo
mi oración que no implora, mi fe en el Dios que somos,
podía huir al río de adversidad y diáspora,
y algo que aún no entiendo me fue dado al mirarla.
No era más grande el gótico palacio que centraba,
ni más blanco el invierno que afuera hería al mundo
y dejaba coronas de cristal en las sienes
de las bestias de piedra.

Rendí a sus pies las brasas de mi amor imposible,
las reliquias doradas de otros años,
la indignidad del hombre que calla y se somete

cuando son su deber el clamor y el coraje.
Y hay en mí desde entonces otro amor impensable:
no sé cómo las llamas desataron sus nervios,
cómo destrozó el hombre lo mejor de sí mismo.
Pero ella en mí es más cierta que el mal que la deshizo,
ella anima sin tregua
la ilusión de algo heroico en mi pecho cobarde
y yo, sujeto al tiempo que prodiga y desgasta,
destinado a morir, puedo soñarme
la morada fugaz de algo inmortal, y a solas
adorar en secreto lo que del hombre nace
y es más grande que el hombre.

FRANCISCO DE QUEVEDO

Dulce en su hablar como en su obrar violento,
cambiando en luz la fuga recia y vana,
tornó al latín la lengua castellana
en los clamores del Renacimiento.

Dio su vida a su voz, su voz al viento,
y lento irá el rumor sobre el mañana,
con las certezas de la raza humana,
aliando la pasión al pensamiento.

¿Dónde Carlos Germano, Rey del mundo?
¿Dónde estarán Don Felipe II
y su invencible armada y su aventura?

Ceniza tanto imperio y tanta hazaña,
y aquella altiva, ensangrentada España,
sólo en el bronce de los versos dura.

GÓNGORA

No es el potro andaluz sino el torrente,
el ojo en luz, la crin salvaje, el fuego;
del corazón desde su pecho ciego
el trote altivo interminablemente.

Lo que los alminares del Oriente
dan sin sentido al cielo en ritmo y ruego;
no el cascabel, sino el sinuoso juego
que en música y rigor gira en la mente.

No es por decir verdad que canto ahora,
húmedo en los cristales de la aurora,
sino por olvidar duelo y sentido.

Cuando colmado y cruel se abisma el día,
sólo el rumor sosiega el alma mía
y todo lo demás merece olvido.

ALEJANDRO

1.

Cayeron los muros de Tebas, se abrieron las puertas de Tiro.
Miró las viudas a sus pies, con sangre enamorada en las manos,
y los crepúsculos fenicios pasaban sobre su cabeza
y los tronos de las ciudades habían sido labrados para él.

2.

Tronaron las aguas del Tigris en el extremo de la llanura.
Los caballos macedonios bebieron el Asia entre juncos;
y él miró sin nostalgia las verdes aguas de Babilonia
pues lo que amaba ardía invisible en la lengua de los augures.

3.

Temblaron los mercaderes de Arbela, los sauces de Ecbatana;
callaron de pronto los látigos sobre las espaldas de púrpura;
y cada nueva aurora persa llegaba en dulzura y violeta,
como agua de un pozo en sombras a las orillas de un desierto.

4.

Las gruesas manos de los sátrapas enterraban sus queridos zafiros.
La mancha que cubrió la llanura era de un lento, de un lento ejército.
Y el joven sonrió cuando supo que un alto Rey venía a su encuentro
con saludos de odio y de lanzas, con ofrendas de espadas.

5.

Alto era ese Rey y era fuerte; en azul se alargaban sus ojos,
y entre su barba perfumada brotaban palabras antiguas.
Bellas palabras que usó Ciro para perdonar a los príncipes,
rudas palabras que usó Jerjes para maldecir a los ríos.

6.

El cielo era luz y era sombra, y otra vez luz sobre las tiendas,
y el movedizo enjambre persa iba ritualmente a la guerra,
mientras los macedonios desnudos chapoteaban en los arroyos
y sus cuerpos color de luna irritaban a los dioses verdes.

7.

Y en la luz de Isa los cascos se mancharon de sangre de hombres,
y el Persa huyó lleno de angustia entre un mar de lamentos y crines,
y él sonrió en la seda baldía del lecho espacioso del Rey,
mientras un puñado de prófugos se perdía en la noche hacia el este.

8.

Se abrieron las puertas de piedra; cantó el ruiseñor babilónico.
Eran grandes los cielos de Asia, las aguas sabían de música;
pero él tocó los surtidores, besó los bellos cuerpos persas,
y volvió a mirar con codicia la luz de salmón de la aurora.

9.

Atrás se dormían las lunas sobre caminos de palmeras
y una prisa de dromedarios traía papiros de Grecia,
pero él no volvería nunca, porque su reino era su fuga,
y los días pesaban en su corazón como grandes monedas de oro.

10.

¡Qué viejo estaba su caballo, qué solitario en los establos;
en los flancos antes lustrosos qué laboriosa era la muerte!
Pero él sonrió, sonrió de nuevo, y avanzó con furia. Era joven,
y en sus manos caían los reinos, raros y hermosos como pájaros.

11.

Abandonaron sin descanso pobres cosas de plata y sándalo;
como el infatigable sol, arrojaron oro a las ciénagas;
dieron rojo vino a la sed porque eran veneno los pozos,
y una tarde se abrió ante ellos como una ciudad de diamante.

12.

Y amaron bajo antorchas persas donde Tamerlán cabalgara,
donde el Tártaro dio a Zenócrate, la blanca gacela de Egipto,
un trineo de marfil blanco tirado por renos blanquísimos
para cruzar los lagos helados, entre montañas cristalinas.

13.

Y allí los leones alados soportaban cabezas de hombre;
cabezas cubiertas de mitras, y barbas rizadas. En lo alto
columnas florecidas de lotos sostenían los bárbaros cielos
y el cielo parecía trazado por los arquitectos de Persia.

14.

Hermosos leones asirios, el alma se llenaba de Oriente;
y él, cabalgando vio las cosas que pinta en el viento el aroma,
y su desnudo cuerpo griego se deleitó bajo las túnicas
y fue dulce para su frente la prisión de la tiara roja.

15.

Persépolis los devoraba como un blanco mar de delicia.
Persépolis estaba hecha para matar a los guerreros.
Persépolis tendía palacios como cepos sobre sus almas.
Persépolis los embrujaba con adolescentes espléndidos.

16.

Durmió, para huir de la dicha, y en el sueño estaba Persépolis;
torres de Ur de los caldeos, buscando bestias en el cielo,
y del cielo descendían las bestias y anidaban en las columnas,
y las murallas de colores se plegaban sobre él como mantas.

17.

Vio la pavorosa belleza, lo que el hombre hizo con sus manos.
Quien desafió lo negro y lo rojo, ante lo blanco sintió miedo.
«¡Luz de las aniquilaciones! ¡Sálvanos de tanta belleza!
Para gozar el mundo humano, demos lo divino a los dioses.»

18.

Lo primero que amó en la vida, lo que amó con miedo y codicia,
lo entregó, estremecido, al fuego, y el fuego alumbraba sus lágrimas,
y el fuego doró las espaldas de los soldados que partían
y la labor del viento borrando lo que los pasos escribieron.

19.

Guardó su amor para el misterio que aguardaba tras las montañas;
por un camino de diluvios y heridas, por desfiladeros atroces,
buscaba los confines del mundo, la extrema orilla, el manantial
de donde brotaban los soles que iban a morir a la Acrópolis.

20.

Y los ejércitos adversos que salían a su paso rugiendo,
después de una fiesta de sangre quedaban atrás de rodillas,
y él cada noche examinaba su lecho, buscando serpientes,
y se dormía con el rumor de la *Ilíada* bajo su frente.

21.

Y una noche oyeron el Indo, al final de un tiempo de fiebre.
Tambores y flautas y hogueras enardecían sus orillas limosas.
Y entre millas de salvajes árboles florecían otros templos de piedra
con dioses muertos carcomidos por enredaderas enormes.

22.

Y a sus espaldas muchos reinos bajo la luna de papiro,
la amarilla, la inmensa luna de unas noches ebrias y vastas,
hablaban de su hermoso Rey que pasó sonriendo hacia el este,
contra los soles y las flechas, soñando con un mar de plata.

23.

Noches que el ronco gong ahonda, vuelo bajo de los murciélagos.
Los pálidos muchachos griegos entraban con fiebre en los ríos.
Íntimas ciudades de mármol los llamaban desde Occidente,
y se fue volviendo monstruoso el amanecer en sus ojos.

24.

Sonrió, y les habló de tesoros, más grandes y livianos que un sueño.
Ellos en su amor vacilaban entre la adoración y el espanto.
Y cada paso era más arduo, y cada aurora era más triste,
y cada día era más bella su vieja costa de cipreses.

25.

Ahora estás más solo que nunca. Tu amigo y tu caballo han muerto.
Tu esclavo está mudo en la sombra, con la jarra de vino en sus manos,
y bebe el espeso silencio que tu corazón le regala,
y la selva, entrando en tu cuerpo, volvió tu alma impenetrable.

26.

Afuera los soldados devoran serpientes; hombres oscuros cantan lejos
cantos que hielan las entrañas. Los montes son azules. La luna es roja.
Las lámparas se llenan de insectos. El esclavo escarba en las brasas.
El joven Rey está borracho, y después del amor se duerme.

27.

Se durmió en la tienda. Y afuera discutían los generales.
Y un viento de palabras griegas moría en las aguas de la India.
Y él vio en sueños una cadena de montañas inexpugnables,
y esas hoscas cumbres tenían la forma de un cuerpo dormido.

28.

Y era Alejandro esa montaña que lo separaba del mar.
Esos riscos eran su frente, cubierta de hondos bosques rubios.
La lluvia luchaba en su rostro, y sobre sus brazos la nieve
arreciaba como una blanca tempestad del cielo confuso.

29.

Las altas, las negras montañas, como un vasto cuerpo en reposo.
Como una muralla infinita. Y la muralla era Alejandro.
Entonces comprendió angustiado que allí terminaba la tierra,
que esa barrera tras el Indo era el confín del universo.

30.

Están llorando en Babilonia los ejércitos de cien reinos.
Viejos reyes están temblando como si cayeran los cielos.
Van dromedarios rumbo a Atenas, van enlutando las ciudades,
y están preparando una tumba los blancos sacerdotes de Egipto.

31.

No pudo rechazar la muerte quien supo rechazarlo todo.
Todos tendremos la corona que ahora pone luto en sus sienes.
Vamos lentos en el cortejo que lleva al Rey, vamos cantando.
Allá, muy lejos, nos esperan los brazos amarillos del delta.

UNO

Soy el hijo bastardo de César Borgia. Pienso
en el saqueo de Roma y en esa tarde sola
cuando vi desde el puente de una nave española
a Europa, atrás, hundiéndose, como un sueño, en lo inmenso.

Después, cálidas costas y montañas más grandes
fueron mi vida, sangre vertiéndose en el barro;
vuelvo a ver mis campañas con Francisco Pizarro
y el vuelo de los cóndores y el terror de los Andes.

Morí ahorcado en las costas del Perú. Fui soldado
después, junto a Bolívar por el páramo helado,
y algo busco hace siglos en el polvo y la guerra.

Mi tenue alfarería es la anónima historia,
sólo soy este cuerpo que vuelve sin memoria
y otra vez busca y busca su destino en la tierra.

ERÓSTRATO

Arriba la colina se prolonga en un sueño,
recias salas simétricas que alzó el orgullo al cielo,
y en su hondura una piedra monstruosa pide ofrendas,
más negra que el abismo, más antigua que el miedo.
La piedra es Artemisa. Yo no soy más que un hombre,
condenado a saltar en ceniza al silencio,
pero aquí estoy, desnudo, midiendo el poderío
de esta ordenada injuria que los hombres veneran.
Los ancianos me asedian con desprecio y nostalgia,
quieren dar a sus hijos mi rostro las doncellas,
sus vientres me prometen mi fracción de infinito,
sólo en sus hijos frágiles el futuro me espera.
Moriré y sé que nadie sabrá de mí más tarde,
nadie bajo los últimos, reverdecidos, cielos.
¿Quién recuerda al artífice que prefijó este templo?
¿Quién sabe qué secretos sepultó en sus espejos?
¿Qué presagio de escombros conjuran sus pilares?
¿Qué angustias de una carne narran sus frisos bélicos?
Tal vez la piedra oscura que es Artemisa y Hécate
evoca un cuerpo cruel que oscureció su tiempo.
Borrado todo. Instantes. Nombre. Rostro. Destino.
El soñador ya es polvo y aún gime en pie su sueño.
Oro aún los hexámetros y es ya un fantasma Homero.
Yo quise tejer músicas con mi fuga y fue en vano,
intenté firmes piedras con el humo y la niebla:
duras lunas doraron de burlas mi fracaso,
serenos, crueles dioses desdeñaron mi esfuerzo.
Fidias da eternidad a lo que toca, cambia
las rameras en diosas porque los dioses lo aman,
Sófocles nombra un perro y el perro asciende al cielo,
de los labios de Píndaro vuelan abejas de oro
y en mis manos proscritas se arruina lo más bello.
Pero hay un Dios más claro y antiguo que la Aurora,
un Dios que alza sus templos bruscamente en las cosas,
él dará vuelo al odio que se encharca en mi sangre,

él podrá en mi alma estéril engendrar destrucciones.
Quise romper los mármoles que en los sueños se animan,
derribar como un potro los aurigas de bronce,
destejer como el ciego los amantes trenzados,
pero hay algo más fuerte que ofrendaré a la ruina,
sembraré la semilla de un bosque de odio y púrpura
y guardará un puñado de ceniza en el viento
siglo a siglo este nombre que las piedras desdeñan.
Nadie me olvidará. Soy mortal. Pero hoy mismo
tendrán duelo los dioses en su reino. Estoy solo
y arriba, en la colina, la maravilla espera.
Mañana será escombros. Cambiaré en humo todas
sus molduras de sándalo, sus redes de soberbia.
Espejo de los hombres, voy a quebrarte ahora.
La noche es ciega y soplan los cipreses. La espada
no podrá contra el ávido poder que arde en mi mano,
que avanza entre los lirios, que el vano viento aviva,
que crece y traza arriba mi memoria en lo inmenso.

BUTTES CHAUMONT 1980

Atrás los barrios árabes brillaban en la niebla.
Entré en una cabina telefónica. Huía
la tarde, pero el gris *no era aún la tiniebla.*
«Aquí yo fui feliz con mi amor, algún día.»

Lo dije. Y sorprendido miré en torno. El profundo
declive con sus árboles desnudos. Aquel puente.
«Si nunca pisé antes este rincón del mundo,
¿por qué recuerdo todo tan minuciosamente?»

Los dos ante esos árboles. El sueño y la belleza.
¿Está lleno el pasado de lo que aún no empieza?
¿Quién fue aquella que ahora la mente no adivina?

Me sentí desolado, sin saber cómo o cuándo,
pero a veces quisiera de nuevo estar temblando
solo, en aquel invierno, y en aquella cabina.

DEL REGRESO IMPOSIBLE

Años de soledad, años de prisa.
La pirámide, el ala y el desgaste.
Después de aquellos años regresaste,
iguales la belleza y la sonrisa.

Algo sentí, no sé por qué, desierto,
y era por eso, al fin, que había llorado.
Algo en tu corazón había cambiado,
imperceptible casi, pero cierto.

Algo dejaba aquella dicha trunca:
tu amor, el que se fue, no volvió nunca,
por él tiembla la boca que te besa.

Alguien llegó, con cosas del pasado,
alguien que habla de ayer ha regresado,
pero aquel que se fue jamás regresa.

LA LUNA DEL DRAGÓN

Hablábamos de los dones de la tiniebla,
de los amores muertos,
cuando se perfiló sobre el Oeste
el oro espeso de la media luna.
«Mira: es la Luna del Dragón», me dijiste.
Y los dos la miramos
como si algo terrible pesara sobre el mundo.

El hemisferio gris parecía lleno
de hondos presentimientos.
No había una estrella sobre el mar en calma
de humaredas y torres.

Nadie dijo: «Es la luz que hace al Dragón visible».
Nadie dijo: «Es la casa donde el Dragón habita».
Nadie dijo: «Es la luna que ampara a los dragones».

Miramos simplemente el cuerno rojo,
la sobrehumana forma que doblegaba al cielo,
y pensamos acaso en los terrores
de la culpa y la fiebre.

«Sólo es la Luna del Dragón», me dijiste.
Pero algo negro ascendió de mi infancia
y di gracias a Dios de no estar solo.

Seguimos en silencio
mientras las nubes negras cercaban en la hondura
aquel objeto de alta magia y belleza.
«Tal vez el nombre viene de las baladas celtas.»
«Yo no sé por qué pesa y aflige como un sueño.»

Era la Luna del Dragón, y nadie
parecía comprenderlo.

Iban las multitudes, bulliciosas, urgentes,
atentas sólo a su pequeño misterio,
mientras sobre las hondas avenidas
un oro atroz vertía su intemporal influjo,
y algo terrible y bello batía sus alas rojas
como un polvo impalpable sobre las tristes tierras.

EL PAÍS DEL VIENTO

(1992)

Pero ¿cómo es posible que persista esto en tu memoria?
¿Qué ves aún en las tinieblas del pasado
y en el abismo del tiempo?
Si te acuerdas de alguna cosa antes de venir aquí,
debes recordar cómo viniste.

Próspero
La tempestad

INTRODUCCIÓN

Fue en una tarde de Bogotá, mientras miraba desde un café las calles lluviosas. Me pareció sentir una voz muy antigua, en la que estaba de algún modo contenido un mundo. Pensé, caprichos de la lluvia, en ese imaginario, irrecuperable mongol, que extraviado por las estepas asiáticas, por largas llanuras de hielo, no supo en qué momento pasó de un continente a otro y pisó por primera vez el suelo de América. Allí mismo escribí el poema que da comienzo a este libro, y comprendí que esa voz sugería o imponía otras. Voces del norte y del sur, dakotas y sioux, aztecas y u'was, desanas y pampas que cruzaron durante milenios este territorio. Y otras aún, vikings de Erik el Rojo, que dejaron sus monedas de plata en las costas de Terranova, navegantes de Malí que se adentraron por las florestas brasileras, inmemoriales artífices de la isla de Pascua que tallaron altas cabezas de piedra, viajeros polinesios que alcanzaron las costas chilenas. Así fue naciendo este país de voces. Ninguna de ellas pertenece cabalmente a la historia, que suele ser dudosa e imprecisa, pero todas pertenecen al sueño, que puede ser cierto y ser nítido.

Manchaba por aquellos días el ambiente la idea inconcebible de que América tiene quinientos años, y quise contrariar en mí esa mala ilusión. Sentir, siquiera de un modo fantástico, la antigüedad de las tierras y de las tumbas donde reposan cada noche nuestras cabezas. El tiempo trajo después otras voces. El marino español que percibió primero la luz de América en la oscuridad, el conquistador demencial que se proclamó rey de estas selvas de anacondas y de jaguares, el viajero alemán que pasó descubriendo por montes y ríos lo que todos miraban pero nadie había visto.

De toda la época de la Independencia, la única voz en el libro es la de una mujer, y no habla del presente de luchas y victorias, sino que evoca hechos lejanos desde su vejez melancólica; de todos los poetas que admiro, sólo aparecen aquí Whitman y Gabriela Mistral; de todos los fantasmas de la Colonia sólo está, y un poco ebrio, el sobreviviente del naufragio de un galeón. El autor cree ser el único que decide, pero las verdaderas decisiones las toma alguien o algo en secreto.

Los lectores advertirán que algunos versos y algunas situaciones se repiten, vuelven caprichosamente en poemas distintos. Tal vez ello se debe a que bajo la apariencia de ser muchos poemas el libro es uno solo, fue concebido como una unidad desde el comienzo, y ciertas imágenes y ciertos estados anímicos volvían a manifestarse mientras lo escribía. Se diría que todo aquí ocurre a la vez. El dakota que canta su amor en una tienda del desierto, hace siglos, y el astronauta que prepara el descenso, están mirando, en el mismo momento, la misma luna.

«Este poema es el país del viento», escribió Aurelio Arturo. Sentí que tal vez no había nombre más adecuado para este libro sobre un continente hecho de voces. Tiempo después llegó a mis oídos una leyenda, que nunca he podido confirmar, según la cual la palabra América, que otros tomaron del nombre del cartógrafo italiano, también existía en las antiguas lenguas indígenas, era uno de los nombres originales del continente, y significaba «el país de los vientos».

W. O.

EL MONGOL

Nunca supimos cuándo la desesperante blancura se había convertido en otro imperio.
El idioma del lobo era el mismo, y no le repugnó nuestra carne.
Pero todo hombre sabe que a través de cada nuevo pinar es Otro el que envía sus rayos,
que son las angustias de la tierra las que determinan los nombres del cielo.

¿Descubridor de un mundo? Un fugitivo perseguido por las uñas del viento,
amoratado por el odio del sol, escribiendo blancas palabras en el aire translúcido,
luchando sólo por evitar que la blanda tierra bajo mis pies se enardeciera en tumba.

Muerte es el nombre azul del amanecer, allá donde los días flotan como muros de cuarzo.
Muerte es el nombre de los dientes amarillos del lobo.
Muerte es el nombre de la luna salpicada de escarcha y de sangre,
cuando el guerrero cae a medianoche sobre la sorda estepa.

Hasta el amor cerca del fuego tenía un olor de frescas entrañas de morsa,
y el niño recién nacido bajo el cielo de pieles tenía olor de pez,
y en la tarde teñida de salmones veíamos aparecer los miles de ojos de coyote del cielo.

Oh noche en que los demonios aún no tienen nombre.
Oh estanques de labios de hielo donde se refleja un gris sin pájaros.
Oh la punta dentada del arpón codiciando la carne de los rojos planetas.

Allí donde el día está amurallado de hielo,
allí donde el ansia de amor no es más que frío en los labios,
allí donde las nubes de pelaje de oso se sumergen en la tiniebla,
estuvo un día mi corazón anudando los vientos,
estuvo mi carne sosteniendo las enormes montañas.

Los viejos están llorando junto a los grandes lagos azules,
los niños pintan de rojo tibio los vegetales cuernos del alce,
y la luna es un pez inmóvil que acaba de morir en el cielo,
y los delgados aullidos remotos llegan a través de la crepitación de la hoguera,
y ese largo camino blanco que nunca más desandaremos
tiene el color de los colmillos que no se han manchado en tres días.

EL AMOR DE LOS HIJOS DEL ÁGUILA

En la punta de la flecha ya está, invisible, el corazón del pájaro.
En la hoja del remo ya está, invisible, el agua.
En torno del hocico del venado ya tiemblan, invisibles, las ondas del estanque.
En mis labios ya están, invisibles, tus labios.

EL JEFE SIOUX

Los seres de la tierra son el aire y el mar y las llanuras incansables,
y el río tumultuoso que desciende, lleno de ojos y aletas,
y las arduas montañas con cumbres coronadas de voces,
y ese enardecido señor de luz que murmura en la hoguera.

Hemos venido un día para verlos.
¿Cómo podría la chispa ser la dueña del fuego?
Un día para verlos...

Giro del aire verde en la arboleda,
bordes de cascabel del mar inmenso,
luz del atardecer en cada hierba, en las brillantes antenas de la hormiga,
agua incesante y viva cuyas escamas son fragmentos del cielo,
altos riscos con flores donde se rasgan los vientos violentos,
y en la noche, en el tronco que arde junto al mar, la cabellera de las chispas.

¿Cómo puede ser mía la llanura?
Ella es la dueña de mi rumbo y mis huesos.
Ella es la realidad que permanece, y danzan en su pecho los alegres fantasmas.

Un día de altas magias para ver
las altas construcciones del viento,
los indecisos ciervos del cielo,
los bisontes que se deshacen en largos peces,
y el amor de ojos de vino temblando junto a los ríos más temibles,
y los íntimos bosques susurrantes de enigmas.

Ven, y humedece tus pupilas en este mar distante,
piensa en los rumbos de tu mente mirando la víbora sutil en la que no hay nada maligno,
pide permiso al manantial para beber de sus aguas tranquilas,
y canta tu gratitud a solas, cuando cabalgues buscando las moras silvestres.

Es de noche, encendamos fogatas en las cumbres,
pronto va a terminar este relámpago
y aún no han acabado de decirnos todos sus hondos recuerdos
la piedra y las estrellas.

EN LAS MESETAS DEL VAUPÉS

Qué son las canoas sino los árboles cansados de estar quietos.
Qué son los postes de colores sino los árboles hundiendo sus raíces en el cielo.
Qué son los puentes colgantes sino los árboles jugando con el vértigo.
Qué son las alegres fogatas sino los árboles contando su último secreto.

Follaje de las ondas que va quedando atrás con el golpe del remo.
Follaje de sonidos que en torno de los postes enardece al guerrero.
Follaje de invisibles caminos que comienza en el confín del puente.
Follaje de humaredas que ascienden en desorden entre las titilantes orquídeas.

Con granadillo hice el bastón para espantar a los malos espíritus.
Con la madera del caobo hice las cuentas de un collar para tu pecho oscuro.
Con fruto seco del tekiba hice la copa en la que le ofreciste el agua.
Con la madera del laurel hice esta flecha.

EN UNA TIENDA DAKOTA

La enorme luna blanca está tan cerca del horizonte que las hierbas se inclinan,
y el bisonte se duerme en un incendio frío bajo los invertidos desiertos,
y el grito del amor podría quebrar este cristal y esparcir sobre el mundo
informes monumentos de jade blanco y grandes rocas del color de las perlas.

La tibia la joven la firme doncella se interna en el país de la sangre fértil,
yo soy el bendecido por la miel de sus brazos en la penumbra,
y una sección rasgada en la piel de la tienda deja ver la maciza blancura,
el fulgor que sostiene en el cielo la continuidad de este sueño.

Abrázame que vienen las grandes paredes de hielo,
bésame para que una sombra de labios me salve en la sequía,
ámame para que mañana una antorcha disperse a los lobos,
canta o reza en mi oído después del amor para que en la luna no se sequen los ríos.

PABLO MIRAÑA

Con caimo de la orilla del río desvelaré mis ojos esta noche,
con esta antorcha alumbraré mi rumbo hacia los estanques oscuros,
y comeré castañas de cabeza de tigre y algarrobos,
y cada vez que piense en ti, con agua de nebanikeke,
escalera de sol y de luna,
aliviaré la fiebre, haré bajar la fiebre, como bajó por esa liana el sol,
y solo, por los bosques, en la noche, será la soledad mi remedio,
mi matijagua, mi licor salvador de diente de danta,
contra el veneno que me diste en tus ojos, corteza de raíz de la macana,
fulgor mortal del trueno del venado, muchacha de pechos hermosos,
sonrisa de barbasco que has hecho que mis peces se rompan contra la
piel del agua.

DE UNO QUE HA LLEGADO A LAS COSTAS DE CHILE

Venimos de las islas.
Muchos días de agua, muchas noches de espuma,
muchos cantos de adioses lanzados a las olas,
muchos rostros queridos desvaneciéndose debajo del agua.

Ya está la tierra bajo nuestros pies. Somos jóvenes, niños,
somos mujeres y hombres,
borrachos de mar, quemados de mar, hastiados de grandes visiones,
de abuelos gigantes con bastones de fuego que surgen de la espuma
y cabalgan la ola y juegan con el sol y muerden el arco plateado de la
luna.

A cien noches quedó la playa en que nacimos,
pero aquí están las aguas, y dicen lo mismo al romperse en la orilla.
El mar del reino nuevo sabe cantar los cantos de la infancia.
Y detrás de la arena está el llano,
detrás del llano las amuralladas montañas,
y sobre las montañas hay un confín de tierra blanca
en cuyo aire se congelan los pájaros.

El sol ha cambiado mi raza, la luna ha cambiado mi alma,
el mar ha cambiado la fuerza de mis palabras,
la distancia ha cambiado mi historia.
Pronto no habré nacido de padres isleños,
muy pronto seré el hijo del mar y del sol,
del plateado pez que se arquea en la onda
y del liviano pájaro que sigue las curvas del viento.

Sobre la ola salada las largas embarcaciones,
sobre las embarcaciones los incansables remeros,
remando hacia la muerte, hacia la hora extenuada.

Después de días en el mar, las canciones tienen forma de peces,
los deseos tienen forma de abismos,
y sólo las estrellas nos alivian con la certeza
de que existe algo más que el agua siempre idéntica.

Después de tan largos caminos ya no es un consuelo llegar,
pero después del mar todo adversario parece pequeño.
Seremos todos reyes de estos encadenados litorales,
y tendremos el mar a los pies, tributando día y noche,
hasta que nos devuelva en esplendor la alegría que nos ha robado,
los bellos muertos que le dimos, los gritos que arrancó a nuestros labios.

EL CONDENADO EN LA PIRÁMIDE

Piedra a piedra la tierra busca el cielo.
Paso a paso hacia el sol suben mis plantas.
La brasa de la vida aún palpita en mi pecho
y ocioso está en la piedra el cuchillo de piedra.

Si eres toda la vida ¿para qué necesitas mi corazón?
Si eres el fuego inmenso ¿para qué necesitas esta brasa?

Cada peldaño me borra un recuerdo,
y cuánto se parece a mi alma esta sombra alargada y quebrándose
sobre las últimas piedras del mundo.

INVOCACIÓN SOBRE EL RÍO NEGRO

Hiere aprisa las aguas, amigo,
de ti dependo ahora para llegar a las riberas del día.
Ya muchos meses estuviste inmóvil
bajo los pies del pájaro.
Ahora es tuya la forma de la hoja,
y el viento es más espeso y tiene peces,
y atrás la oscuridad se está llenando
de garras y de gritos y de puntas de hierro.
Hijo del árbol, sé más dócil que nunca:
vuela como la flecha, dile tu prisa
a la lenta serpiente que nos lleva en su lomo.
Mata las blandas leguas, espada negra.
Todo a mi espalda es cólera,
y sólo enlaza su cordel a mis ojos
la cenicienta luz de la estrella.
Única ala alterna de mi solitario descenso,
divide la enmarañada cabellera del agua,
apártame ese atrás lleno de barcas negras.
Por la caverna hostil de la noche,
a cada golpe ansioso de mi corazón hiere el agua,
bastón del fugitivo, espada del que huye,
sagrada rama,
rema.

EN LA ISLA DE PASCUA

Olvidarías esta isla si no fuera por su atrocidad y su belleza,
por el furor de nuestros rituales y la pasión de nuestros cuerpos,
por sus estanques de fiebre y sus colinas embrujadas,
por esas enormes cabezas de piedra que miran a las estrellas,
por esos ojos de piedra cuyo horario es lo eterno
y que cada mil años parpadean.

Olvidarías la isla, porque no hay nada más lejano y más solo.
Este es el más perdido país de los mares.
Mucho tiempo navegarás alrededor sin encontrar una región con
hombres,
sólo el extenso abismo del Pacífico
que efunde estrellas y devora estrellas
y que no explica sus borrascas.

Pero en esta remota cumbre, que apenas emerge del populoso abismo
del mar,
una raza extraviada y solitaria labró esos desvelados seres de piedra
que son imagen del desamparo y son imagen de la esperanza.

Los poderes del turbio cielo sólo responden a una larga paciencia,
y el hombre es tan fugaz, que aunque mirara al cielo la vida entera,
con ojos de pez, con ojos sin párpados,
no alcanzaría a descifrar una sola palabra del cuádruple abismo.

Si te hicieras de piedra, si tu vida fuera tan lenta como la vida de la
piedra,
si tu corazón sólo tuviera la imperceptible palpitación del peñasco,
quién sabe qué verían tus quietas pupilas en la vertiginosa danza del
cielo.

Tal vez la piedra sabe todo ya, y por eso está inmóvil,
y tú te agitas en la nerviosa hoguera de la carne porque todo lo ignoras.

Estos seres de piedra miran a las estrellas
y su oficio es espera y acechanza,
porque la isla está sola, porque la ciñen sucesivas inmensidades,
ojo de pez en la extensión ilímite de las escamas de agua,
apenas recordado por el tiempo y la estrella.
Olvidarías ésta, la isla más sola, el rincón más distante,
si no fuera por su paciente rebaño de seres de piedra
que interminablemente esperan una señal del cielo,
una voz o una aniquilación o una nave,
pero la soledad que dicen sus rostros inmóviles
no es sólo la de un arrecife escondido en el amontonamiento de las borrascas,
es la angustiada espera de una raza perdida en un pequeño planeta solitario
bajo la inexpresiva niebla de las galaxias.

UN VIKING EN TERRANOVA

Sólo unos días veré esta costa que me miente una dicha eterna,
muerdo sus uvas azules como si fueran labios,
trepo a los riscos de piedra lisa y veo a lo lejos
los verdes dragones diminutos que se ovillan sobre las aguas.

No una mujer para el deseo, sólo una costa curva y fría.
No hay aldeas donde la espada pueda probarse en las gargantas.

Gracias mar por la dádiva de la sal en los labios,
pero otra vez debo cruzar tus puertas, hacia noches de incendio,
hacia el tejido de las flechas,
hacia esas largas fiestas que convierten las costas en flores de ceniza.

Ando en busca de antiguas destrucciones,
y estoy viendo por última vez estos árboles rojos.
En el barco ya cantan los muchachos nostálgicos,
y están arrugadas sus manos enormes
y están blancas sus trenzas
y están marchitos sus rostros amarillos y crueles.

Sólo por unos días tocamos estas costas
y no sé cuántos años después vamos bajando hacia los barcos,
para huir de sus uvas dulces como labios,
de sus riscos erguidos y lisos como senos,
de las curvas ensenadas llenas de un fuego frío,
de esos árboles rojos que en los sueños
quieren ser barcas rojas y remos rojos y seguirnos
hasta las costas blancas de la memoria,
y ser lanzas y arpones, rojos como lunas nacientes,
en los pechos intactos de aquellas muchachas que esperan.

LOS OJOS DE RODRIGO DE TRIANA

Tienes que comenzar por sentir el mar a tu alrededor:
poderosas tinieblas profundas y un golpe de agua mansa contra los costillares del barco.
Debes pensar que es de noche y estás solo con aquellos recuerdos,
y el mar casi invisible es también la enorme bodega donde tu padre almacenaba los toneles de vino
(por un momento la mole de las aguas allá abajo sonará como el vino en el fondo del tonel tenebroso).

Siente ese mar oscuro donde esta tarde flotaron ramas terrestres,
vive el recuerdo de los grandes pájaros que hace poco cruzaron sobre las jarcias.
Así, mientras dejas que el mar obre en tus nervios,
no ese mar que conoces sino el otro: un mar remoto y cálido,
el tenebroso mar de las sirenas,
el mar tejido de pesadas serpientes,
el mar embrujado y pagano de nombre latino en donde se agazapan los crueles abismos,
eres un cuerpo humano, pequeño y frágil, meciéndose en lo alto del mástil,
como un péndulo inverso oscilando en el viento salado,
en el viento hechizado, en el aire,
y por instantes te adormeces en el balanceo de las pesadas montañas de agua.

Puedes diferenciar las arquitecturas de la tiniebla.
Abajo son niveles y niveles, los superpuestos sótanos,
la impenetrable casa de los rebaños de ballenas,
muchedumbres de peces, aletas dorsales, las pupilas sin pausa, caudas dóciles,
pero estos pensamientos te llevan a la avidez, no al asombro.
Arriba, espacios sucesivos, una estrella enredada en el desgarrón de las nubes,
la conciencia de Dios y su mirada abrumando los cielos discordes.
Ya te circunda el mar, ya te sostiene la nave cóncava,

y en el vientre del barco, separados del agua por sólo una pared de
madera y de sueño,
duermen en montón los marinos fatigados soñando con sus pueblos de
España,
viendo cruzar sus novias y sus muertos,
viendo toros monstruosos o monjes obscenos o lujuriosas tabernas,
y en su cabina el Almirante, al extremo del puente, ya dejó de escribir
y ha apagado la lámpara.

Entonces estás solo, la tiniebla oprimiendo tu rostro
y la brisa en el cuello humedeciendo más tus cabellos.
Todo es inmenso y nada es conocido y el silencio está lleno de pequeños
sonidos disímiles:
crujir de cuerdas, rechinar de maderos, el escalofrío de miel de las aguas,
el silbo de un viento en las lonas, la tos de un marino que duerme;
y tus ojos, que vieron la belleza y la sangre y la muerte,
campos de primavera manchados de amapolas, última luz de invierno
plateando los álamos,
senos crispados bajo la caricia, rosas que un gesto cruel rechaza,
un inmenso rostro de anciana que dulcemente te mira desde lo alto,
un enrojecido rostro de muchacha que de cara al cielo te mira;
tus ojos, que vieron un duelo en una calleja, y al rey en la distancia, y
tantos días borrados,
esos ojos, tú no lo sabes, existieron para este día, para esta hora,
para esta vasta y vacía soledad penumbrosa,
y tienes el deber de ser el hombre más solo de la tierra,
el más solo y distante,
el ápice ignorante de la lanza del tiempo,
casual e involuntario pero al instante eterno,
y te agitas de pronto como con un dolor,
como ceñido por un suave vértigo,
porque la tiniebla que sella tus ojos abiertos parece romperse,
algo imposible palpitó en la distancia,
y para ser testigos de este fuego engendraron sus padres a tus padres,
para mirar así, con este espanto, fueron esas guerras de tu estirpe y esas
noches de amor y esos crímenes,
para apretar así las sogas del barco con las manos atónitas,
y ver de nuevo eso indudable que está allí, estremecido,
y gritar esa antigua palabra que gritas,
esa palabra mágica que despierta a los hombres.

LOPE DE AGUIRRE

Yo vine a la conquista de la selva, y la selva me ha conquistado.
Aparto con las manos los enormes ramajes,
miro a solas las encendidas flores con forma de pájaros,
la extrema contorsión de la serpiente herida
que las nubes parecen reflejar en el cielo.

Nada es piedad aquí, nada es dulzura.
Si son crueles los monjes en los penumbrosos claustros de España,
si son degolladores los reyes y envenenadoras las reinas
en sus artísticos salones llenos de lienzos y de lámparas,
si son perversos los obispos y lascivos los papas
en la nube de mármol de sus tronos romanos,
si son despiadados los clérigos, que leyeron a Homero y a Séneca,
si son salvajes los capitanes que comen la carne cocida,
salpicada de jerez y de orégano,
si bajo Europa entera aúllan las mazmorras,
¿cómo puedo ser manso en estas tierras,
ceñido por las selvas impracticables,
lejos de esos palacios tapizados por la letra y la música?

He decidido ser un tigre.
La selva invade el alma como un vino.
Aquí no hay bien ni mal sino el zarpazo.
La rauda flecha del halcón hacia la comadreja de aguas,
el estupor del conejo salvaje ante el bostezo de la enorme serpiente,
el salto de la hormiga roja escapando un instante de las fauces de la salamandra,
la innumerable y cíclica y recíproca voracidad
de la gran selva de oscuros dioses que se alimenta de sí misma como un dragón de fiebre.

El rey está muy lejos, gobernando sus yermos de Castilla,
sus puertos que miran al África, sus chambelanes obsequiosos,
sus espejos prietos de cortesanos, sus olivares retorcidos como doctrinas,
su orgullo salpicado de galeones, sus panoplias marchitas

(en cada daga sangre de un viejo amigo)
y el mar está exornado de sus blasones hasta los confines de Oriente,
y la tierra gime de leones españoles desde el río Sacramento hasta los arrozales de Manila,
desde las charcas fétidas del infierno hasta las últimas plumas de los ángeles.
El rey es rey del mundo, pero la selva es mía,
y ese ojeroso príncipe de piel de cera y manos puntiagudas
no podría avanzar con sus tacones de nácar por estos riscos de tristeza
donde la carne pierde toda esperanza,
no podría aventar con sus abanicos de pavo real
en los húmedos aires a estos mosquitos rojos que prodigan la fiebre,
no hundiría jamás sus tobillos lechosos
en los pantanos infestados de dientes.

Déjeme a mí el palacio de estos atardeceres de tormento que se parecen a mi alma,
donde bestiales tropas me adoran de miedo,
donde debo mirarlos como un buitre para que no me maten,
donde los últimos ángeles de mi infancia se descomponen en las ciénagas tibias,
donde los hombres solos, desprendidos del barco de los siglos, aprenden a ser crueles,
a combatir el cielo a dentelladas, a recelar en el amor la emboscada.

Selva monumental, aire de flechas súbitas,
humaredas que traen olor de extrañas carnes,
ancianos indios extasiados de ojos amarillos
que miran como reyes o santos las vacías regiones del cielo,
y diente de jaguar para la suerte,
y montones de rojas semillas maceradas que me harán fértil,
y los senos oscuros que penden como frutos,
y la rana que se hunde en su reflejo, y bóvedas de frondas meciéndose en el agua.

Descendemos gritando por los ríos violentos en barcazas pesadas de odio.
Sé que al darles la espalda, estos hombres me miran como perros.
Sé que estoy afilando el cuchillo que pasarán por mi garganta.
Hemos dejado un rastro de cadáveres desde las sierras de Mérida,
por los llanos resecos, por las enloquecidas serranías,

un rastro de caseríos en llamas, alaridos de madres ya sin destino,
rostros atónitos debajo del agua que un remo empuja hacia el fondo,
pero qué puedo hacer si la selva me ha trastornado,
me reveló las bestias que habitaban mi carne,
si sólo sé mandar y codiciar todo lo que pueda ser mío
y aquí cada ramaje se opone a mis designios,
qué puedo hacer sino amasar el oro de estos pueblos brutales,
y ser el rey de sangre de estas tardes de lástima,
y poner al tucán de pico extravagante sobre mi hombro
y coronar de flores como incendios mi cabeza aturdida,
y declarar la guerra a las escuadras imperiales que cubren los océanos,
con esta voz que grita en la selva y que jamás los alcanza,
y ser el rey de ultrajes de estos soldados rencorosos
hasta que sus cuchillos se apiaden.

RELATO DE UNO QUE VOLVIÓ DEL INCENDIO

Nos espiaban desde el comienzo, en torno a la bahía de Cádiz.
Nunca una Flota de Tierra Firme salió hacia los puertos de América
sin que salieran a la zaga los perros, fumando sus pipas,
los bastardos de ojos de lince, la pesadilla de fragatas.

Esperamos meses y meses, en la molicie de los muelles,
gastando y volviendo a gastar el rancho destinado al trayecto,
bebiendo y volviendo a beber el turbio vino y la ginebra,
despidiéndonos cada viernes de los mismos rostros dolientes.

Por fin se perdieron atrás los últimos faros de África,
por fin apareció en la noche un cielo de horror y de hastío,
por fin nos vimos arrojados a las fauces grises del miedo,
casi ninguno había sentido ese frío de noche en los huesos.

No piense usted en heroísmos, matando ratas en bodegas
todos sabíamos que acaso un día tendríamos que comerlas,
con sólo y que el viento del este se enloqueciera sobre la ruta,
pero alcanzó el jamón hasta el fin, y el vino, y el agua, y el miedo.

Recuerdo a Durante Solís contando historias del demonio
que nadie quería escuchar de noche en el vientre del barco,
Lope Martínez imitaba grotescamente al Marqués viejo
que iba de Virrey al Perú y hacía poemas en cubierta.

Por fin una tarde sentimos en pleno mar una extraña euforia:
algo llenaba los pulmones de vigor, los ojos de fuego,
cada quien sintió que empezaba a enloquecerse de impaciencia,
pero era el olor de agua dulce de los grandes ríos de América.
Y así llegamos al socaire de Bocachica. Y vi por fin
las grises murallas de piedra de las colonias del Caribe,
los loros que decían blasfemias, las esclavas vendiendo bálsamos,
el amor barato y aprisa entre las costosas alfombras.

Y al zarpar ante la gran flota hacia el oeste no sabíamos
que nunca más vería la nave las grandes aguas planetarias.
Calculábamos, avanzando sobre los infiernos del istmo,
que ya en el Perú preparaban el fruto de las minas negras;

que los barcos pesados de oro iban zarpando de El Callao
sobre la espuma inconcebible del océano de las Indias,
que ya en el Darién desfilaban lentas mulas innumerables
con el lomo casi quebrado por el peso de los lingotes;

que ya las piraguas rojizas bajaban por los ríos estrechos,
llenas de tesoros espléndidos, hacia el playón de Portobelo,
y al fin apareció la costa, mientras soñábamos con ella
para no pensar que en el este las nubes parecían fragatas.

Todo quedó en aquel bazar: las alfombras y las vajillas,
los costosos muebles brillantes, las rojas sedas de Venecia,
los negros violines de Praga, los espejos de las condesas,
los toneles de vino verde, los tiovivos y los cristales.

Y llenamos tres galeones con los lingotes y las joyas,
y pesadamente zarpamos ensombrecidos como selvas,
y el miedo ya tenía un peso de metal, y oprimía los sueños,
y nunca había sido tan dulce el rojo vino del Imperio.

Crecía el miedo, crecía el mar, crecía la luna sobre el tiempo,
crecía el gesto de acechanza de las nubes del horizonte,
qué desoladas esas tardes en el mar hirviente del trópico,
qué triste el confín de palmeras de esas islas que borra el día.
Y las deficientes carenas no protegieron la cubierta
y otra vez hubo que virar hacia el sur, a las costas blancas.
Aquella tarde apareció la luna antes de la tiniebla,
iba a ser una noche clara, pudimos seguir en la noche.

Pero el capitán conocía los peligros de la ensenada,
los traidores bancos de arena, los cercos de coral, los demonios
que acechan a los galeones en las noches de luna llena,
los sortilegios que extravían a las naves entre las sombras.

Por eso las naves anclaron, por eso ganó tiempo el diablo,
el pérfido inglés que sin tregua nos rastreaba desde Cádiz

con su flota de hermosos barcos ágiles como perros de oro
que en los bosques siguen al ciervo, invisibles, mudos, exactos.

Y al mediodía sopló el viento, sopló Albión, sopló la desdicha,
y antes que asomara la luna nos dieron orden de batalla,
y súbitos surgieron los perros del cazador sobre las aguas,
cientos de cañones ladrando, y entendí que estábamos muertos.

La gran flota se dispersó como un sueño cuando te llaman.
Yo vi la hendidura en el casco del galeón, y vi aterrado
que la grieta crecía al golpe de nuestros propios cañonazos,
y de pronto, en el mar ya oscuro, mi viejo barco estaba en llamas.

Todavía recuerdan mis brazos el trozo de madera negra
que abrazaron por horas y horas hasta cuando fui rescatado.
¿No quiere otro vaso de vino? ¿De dónde me dijo que era?
¿Quiere saber cuánta riqueza yace en el fondo del abismo?

¿Ya le conté de aquel marino que se ahogó frente a mí esa noche?
Soy el único que quedó vivo de cuatrocientos que zarpamos,
pero en sueños veo a esos hombres llamándome desde el infierno,
no se extrañe de que prefiera pasar la noche en la taberna.

ALEXANDER VON HUMBOLDT

¿Sabe la rosa que la espina podrá defenderla
vulnerando la piel del que ataca?
¿Sabe la ceiba que lanzando a volar sus semillas en una gasa leve
lejos germinarán en suelos más propicios?
¿Dónde termina cada cosa y empieza su designio?

Veo entre rayas de luz el trazo delicado de las naves en la catedral
  silenciosa
y las comparo con la forma de una orquídea salvaje,
veo el trazado blanco de las nervaduras sobre la hoja
y pienso en las rayas del caballo africano,
y pienso en el blanco trazo de las costillas,
y me pregunto por qué tienen la misma forma el ojo y los planetas,
por qué la honda extensión de las montañas parece un oleaje.

A solas me pregunto
¿respiran de otro modo las plantas de follaje rojo?
¿Tienen alma las piedras?
¿Es un lenguaje el color de las flores?
¿Por qué el aceite al caer en el agua forma perfectos círculos?

Ahora bien, si somos iguales los hombres,
¿por qué tanta insistencia en prodigar diferencias?
¿A qué tanto cuidado por la forma
hecha para borrarse como una nube?

Mi cielo está dorado de preguntas.
Aún lo espero todo de la piedra y las olas.
Pondré mi oído en la piedra hasta que hable,
hasta que ceda su secreto de cohesión y firmeza,
de indiferencia y persistencia.

De ese cuerpo que busco son noches los cabellos, son estrellas los ojos,
no es un juego retórico, hay rigor en mi mente,
el vientre es el océano.

Estoy juntando las estrellas de mar y de río
y persigo el secreto de sus irradiaciones.

Esta es la ávida región de los buscadores insomnes,
después de tan cerrada eternidad,
entro por fin al bosque donde florecen los misterios.
Me atraen por igual los discordes secretos
de la voluptuosidad y de la enfermedad.
Esta es la tierra prometida,
y el orden que la rige está mejor guardado que la perla más honda.

Aquí toda verdad proyecta largas sombras,
toda revelación multiplica el misterio
y toda desnudez es encubrimiento.
Nada me falta, nada pido, este es el asombroso mundo que quiero.
Los bosques centenarios están pensando y un Dios habita en ellos,
un animal fantástico alza sus mansos ojos sobre la hierba
y siente que le llega al corazón la punta de oro frío de la estrella.

Entré en las místicas cavernas donde se amontonan por millares los
pájaros,
he pasado una noche con el cuerpo sumergido en el río
y sólo la cabeza expuesta al aire negro de mosquitos,
llevo en el corazón las horas de un naufragio
y el alegre descenso de las canoas raudas por el Orinoco
hacia lugares llenos de crepúsculo,
y el peligroso avance sobre las mulas por las altas cornisas del Quindío
y el esplendor de un vuelo frío de pájaro sobre las nieves perpetuas.

¿Qué luna es ésta que gira sin fin en torno de mi carne?
¿Qué fascinante muerte combato sacudiendo estos ramajes cargados de
hechizos?
¿Qué vacío interior que no colman siquiera las estrellas innumerables?

Voluptuosidad de conocer, no me apartes jamás de los propósitos de la
tierra.
Haz que yo sea siempre el discreto aprendiz de este anciano milenario.
Y que mi mano no sueñe jamás con hacer más bella a la rosa,
más brillante a la estrella.

UNA SONRISA EN LA OSCURIDAD

De noche, cuando vuelvo de los algodonales,
cuando a pesar del ardor de los latigazos y la ulceración de las muñecas
soy el único rincón de la sombra que se arquea en sonrisas;
cuando miro la estrella nerviosa y solitaria
y entiendo que hay un lazo que une a mi corazón con la estrella,
vuelve de pronto a vivir alguien que nunca ha sido,
unas tierras como hijas de la fiebre
parecen extender sus praderas en torno
y estoy despierto y sueño sin embargo.

Veo un reverberante país de enormes selvas
en donde hasta los dioses son negros.
Sueño con grandes perros de pelaje dorado
con melenas enormes,
sueño con recios potros visibles sólo a trechos,
con bestias imposibles de larguísimos cuellos
y otras cosas extrañas.

Una legión de hombres majestuosos y negros recorren mis pupilas,
y algo ha pasado con los trozos de árboles
que llevan en sus manos.
Siento que son mis padres, que son magos y príncipes,
y que la tierra les ha dado su poder más profundo
para limpiar de males cuerpos y almas,
para saltar como esos ágiles venados esbeltos
de cuernos que se arquean igual que negros trozos de agua,
y que escapan saltando por mi sueño.

No sé si es Dios el que así me consuela
con un alegre sueño sin cadenas
para que olvide el sol de tormentos que hierve sobre el campo,
para que olvide la lívida crueldad de los rostros blancos,
para que olvide el cerco de cuadrillas con rifles
que me separan de mi origen,
o si es verdad que alguna vez mi estirpe

fue reina de una tierra encantada
donde madres magníficas amasaron en barro
dioses capaces de alegría.

Pero tal vez lo que sonríe en mi rostro
son los trasnietos de mis nietos
ya danzando desnudos bajo el tambor sagrado de un cielo de truenos,
despertando la lluvia con la danza,
amansando a las bestias con el poder de su mirada
y recordando, como al paciente guardián del origen,
a ese hombre encadenado que soñaba hace siglos
en una tierra ajena,
en una tierra ajena poblada por demonios,
donde sólo le fueron amigas las estrellas.

LO QUE DICE UNA MUJER VIEJA EN UN PUERTO DEL PACÍFICO

Este rostro fue bello, pero la belleza no es más que el resplandor de lo nuevo o lo eterno,
y aquí de las antorchas extinguidas mi carne es la ceniza.
¿De qué nos sirve lo que puede perderse?
Estas manos morenas empuñaron la espada. No ría usted, yo fui guerrera,
yo entré en la batalla y arriesgué mi cuerpo en sus vórtices de humo y de hierro,
y acaté la voz de mi hombre como un soldado más de sus tropas,
pero en la noche de la victoria fue mío su lecho,
para mi dócil desnudez su desnudez invasora,
para mi oído atento el misterioso rumor de sus labios.

Todo ocurrió hace mucho, tantos han muerto ya,
tanta ceniza se va vertiendo en el suelo insaciable.
Pues la vida consiste en ver cómo se quiebran las espigas,
las altas y asombrosas vidas maduras que deben volver a lo informe,
en ver cómo se vuelven uno tras otro a la tierra los orgullosos corazones
que hicieron temblar al destino, que fueron la risa y la música,
la lealtad, la vanidad, la verdad, la perfidia,
los antiguos juegos humanos;
en ver cómo se borra lo increíble sobre los flancos de la montaña,
cómo se desvanecen en el cielo las nubes magníficas,
hasta que llega nuestro turno,
donde morían las letras la muerte de la página,
donde morían los peces la muerte tumultuosa del mar,
donde morían los colores la incomprensible muerte de las pupilas.

Estoy vieja, lo ve usted, y no sé a dónde fue mi belleza,
a dónde fue mi esplendor, a dónde fue mi victoria,
la plenitud que toqué con mis manos, la maravilla que besé con mis labios.
Recosté mi cabeza en el pecho de aquel que gobernó las tormentas,
respiré la saludable envidia de las repúblicas,
moví al odio y al amor y a la veneración a miles de seres.

Nadie ha dejado ofrendas más preciosas en las fauces del tiempo.
En este puerto miserable, en un cuarto cualquiera,
viviendo de un humilde comercio,
en esta ranchería bajo cielos de amarillas tormentas,
llena de selva el alma ya, llena de mares viejos,
oyendo el partir de los lentos barcos decrépitos,
yo trato de vivir, yo trato de espantar mis recuerdos
como si fueran pájaros malignos;
en la luz de azafrán de las tardes bato en vano mis brazos
espantando aquellos años de oro,
la embriaguez de las crueles batallas, la hora de las capitulaciones,
la entrada bajo lluvias de flores en las ciudades libres,
los orgullosos desfiles, las damas mudas en los bellos balcones,
y yo entre todos los soldados, digna y radiante,
la mujer del guerrero.

Pero lo que no pudo la batalla lo pueden los minutos inexorables,
que ablandan la carne y fatigan los ojos y afantasman los finos cabellos
y aquietan el corazón bajo los cielos invadidos.

Como las balas en el pecho del Mariscal, la enfermedad en su pecho,
mi hermoso General dijo adiós a sus vastas repúblicas
y sobre su ceniza recién enmudecida se alzaron las guerras facciosas,
y todo se dio al cambio, al examen del fuego.

Yo, que lo tuve todo, sé que es de humo el mundo,
reales de oro, trajes de seda, el poder, la victoria,
nada resiste al soplo del viento sutil e implacable.

Nadie me reconoce, y ya no quiero que me reconozcan.
Soy una mujer más, una anciana que vende pescado en la plaza,
no aquella reina en los salones radiantes, centro de un círculo de reyes de espadas.

Nadie podría reconocerme sino uno.
Ese que llega cuando estoy sola al atardecer, en el balcón ruinoso
mirando al mar que se apaga en torbellinos de amaranto y de sangre,
ese que me susurra al oído «Manuela» y hace correr la sangre otra vez joven por mis venas,
y que al volverme es vasto como el atardecer porque está junto a mí y me sacia de orgullo,

ese que intento rechazar con mis manos rugosas y viejas
porque es un joven aún, elegante y travieso,
ese que trata a una vieja pescadera como si fuera una reina,
vestido de soldado en estos tiempos muertos,
ese que viene a decirme que sólo es nuestro lo que no podemos perder,
lo que impregnó de orgullo cada fibra,
un alto sueño de un día altivamente llevado y vivido,
altivamente sostenido contra la tempestad, contra el mundo,
y escrito con amor en cada piedra para que las noches en torrente lo borren
y el día desnudo lo vuelva a escribir cuando una mano aparta las hierbas fragantes.

Usted no creerá que un guerrero llega al crepúsculo
a esta cabaña olvidada en este puerto en ruinas,
al pie de un mar hirviente de calor y mosquitos,
pero debe saber que aunque los vivos sí,
los muertos nunca olvidan,
los muertos son antiguos como el aire y perduran,
soplan sobre los rostros evanescentes de los vivos con salvajes perfumes
y hacen pasar un alto pregón que habla del honor y la pasión y el orgullo
sobre los largos muelles abandonados.

WALT WHITMAN

No deploro ignorar lo que ocurrió después con los Estados,
en otro o muchos siglos, qué vino después de los raudos ferrocarriles,
después de los telégrafos asombrosos y de la cósmica muerte de
Lincoln.
Algo habrá ocurrido, naves más veloces reemplazarían a aquellas,
segadoras inmensas habrán sustituido a los hombres en la cosecha de
los continentales campos de trigo,
y los hombres así liberados de su labor habrán podido dedicarse a ser libres
y a cantar más ociosas canciones
(ese, al menos, mi deseo)
o se habrán lanzado, por orden de obscenos jefes, a la guerra en
arrozales remotos
(siempre habrá también lugar para que triunfe el espanto).

No me aflige ignorarlo. Ignoraré demasiadas cosas que no sabría contar:
el porvenir es tan innumerable como el más cuajado y nítido cielo de
invierno.
No me aplico a la enumeración melancólica de lo que dejo:
si algo existe en verdad, estaba antes de mí, persistirá más tarde,
apenas si lo conmoví a mi paso como a un manojo de hierba.

¿Qué vino después de las grandes rotativas, de las torres populosas?
¿Hicieron aún mejores barcos, con velas más audaces y más complejos
mástiles?
¿Y cómo terminaron mis parientes sus vidas?
Tal vez la pequeña y rubia sobrina llegó a ser una anciana severa,
abandonada por sus siete hijos,
y aquel niño que quise se hizo un gran Magistrado, o un gran criminal,
o un genio demente.
Siempre algo imprevisible, algo que resolvió felizmente lo angustioso,
o que le dio un vuelco atroz a lo que avanzaba radiante.

No me aflige ignorar lo que pasará con mi amada república.
Cada final es melancólico pero está rodeado de comienzos espléndidos,
y es bello ver rodar al viejo roble bajo el hacha del desguace

si alrededor se alzan los robles jóvenes.
Todo aquello que quise seguirá su destino, cada cosa sujeta a su herrumbre de azares;
todos esos que quise se irán rindiendo dóciles a los abrazos de lo informe,
sé que ese declinar es la condición para que el sol vuele de nuevo desde las manos de la noche.

Padres, borrosos padres de mis padres, hoguera suprema de las generaciones cuya sangre viva corre por mis venas,
no les fue dado ver lo que seguía, siempre asombroso y nuevo, ni cosechar lo que sembraron.
Otros vehículos más raudos, formas milagrosas de enviar señales a distancia,
conquista de las selvas inexploradas, los lechos del mar, los planetas,
todo está bien dispuesto para que los hijos del hombre avancen en su formidable aventura.

Y bien pudiera ser que la guerra o la peste redujeran de nuevo en aldeas a estas vastas repúblicas,
o que una maldición sellara para siempre libros y tumbas
y del pasado se prohibiera el recuerdo.
Nada se habrá perdido, sin embargo,
es magnífico el vino, pero el agua es mejor, embriaga de manera más mística,
no me revela al otro que se agazapa en mí, me revela a mí mismo.
A ti, dentro de siglos, sólo puedo decirte que nada nos fue dado distinto,
podrás reconocerte en cada arbusto y río, en el giro mareado de la abeja.
Lo que nombro es eterno.
Nada será mejor de lo que ha sido.

Las fiestas en los pabellones rosados donde con salvajes flores y licores incomprensibles se despide a las audaces tripulaciones
(van a Marte y a Venus, sus nietos cruzarán la cabellera de Andrómeda)
no son menos alegres y solemnes que esos festejos en las tiendas asirias (estoy viéndolos) antes de la batalla.
Y mientras la cerveza sea cerveza sabrá lo mismo en las tabernas de la luna que en los mesones soleados de Mesopotamia.

No hay siglos, ni milenios, ni eras para las titilantes estrellas:
cada fulgor un comienzo, cada parpadeo una agonía,
y lo más asombroso no son las cintas plateadas por donde van las naves
del futuro,
ni la torre que ellos levantaron en Babel, junto al gran río,
sino este mediodía de verano, la pequeña ventana
contra la que estrella sus olas el universo,
y esta persiana que secciona la luz,
y estas mágicas voces que cruzan las salas,
y esta roja escalera de sombras macizas que une los niveles del mundo.

EL GEÓLOGO

Aquí hubo un mar hace un millón de años.
El hombre no lo sabe, mas la piedra se acuerda.
Pártela: hay un cangrejo en sus entrañas,
todo de piedra ya, forma magnífica
que se negó a ser polvo.
Ante el peñasco y el guijarro, piensa
que acaso fueron seres dolorosos,
sangre y pulmones palpitantes.
Entre la ciega roca
y el trémolo extasiado de la salamandra
tan sólo hay tiempo.

LOS VERDES TIGRES DEL MAR

Nadie sino yo los ha visto. A nadie le he contado que existen. Volverían a decir que estoy loco, que mi madre murió en el asilo, que mi padre era un borracho sin remedio.

UN VIEJO HISTORIADOR CUENTA SU HISTORIA

Soñé que había un agujero en el enrojecido cielo del verano,
un trozo de universo como papel quemado,
y desperté con un sabor amargo en los labios.
Allí estaba la luz de las ventanas,
la briosa luz de México, como contaminada de claveles,
y el cielo estaba entero sobre las nevadas montañas dormidas.
Cayó la luz del cielo entre mis libros,
hizo brillar las letras de la Historia que Cortés ha dejado,
cayó sobre el grabado de una pirámide
a medias escondida bajo los bosques.

Siempre un fragor de violines al fondo
que nunca sé si pulsan en el aire o la mente.
Siempre la sensación de que hay un hombre muerto
enorme, ilustre, milenario, paciente,
sobre el que crecen montes, lluvias, guerras, pueblos.

Y volví a recordar aquel instante que marcó mi destino,
aquel instante que, después de las guerras, me movió a asistir a la escuela,
a viajar leguas y leguas en mulas silenciosas para pedir mi ingreso a la Academia,
a leer día y noche en aquellas pensiones sombrías
mientras alrededor la ciudad se hacía enorme.

Recordé aquel instante que me arrancó a los campos,
a los potreros de hierbas azules en los amaneceres,
a las noches de pueblo, arrulladas de liturgias latinas, puntuadas de balas,
al ruido triste del cántaro en el fondo seco del pozo,
y que me convirtió en este hombre que soy,
envejeciendo entre volúmenes de Historia, entre las crónicas abigarradas,
revisando fragmentos día a día, reseñando odios viejos,
sacando filo a los puñales oxidados,
poniendo nuevamente tibias palabras en los labios resecos de los muertos.

No fue mi voluntad ser soldado:
yo andaba joven y baldío por tierras de mi padre,
cuando llegó la conscripción, cuando fui convocado.
Y preferí buscar las cuadrillas rebeldes,
enrolarme en la tropa contra los invasores.
Pero ¿qué sabe de la patria un muchacho de 17 años?
Sólo sabe oprimir el gatillo a la orden de fuego
y mirar esos ojos imborrables en el último instante en que brillan.

Mucho indagué después si las guerras son justas,
he gastado mis ojos recorriendo gloriosas infamias,
y sólo sé que es hondo y ciego el drama,
que había inocencia en esos ojos.

La tierra es un inmenso cementerio que florece sin fin nubes y pájaros,
no hay materia de árbol que no haya sido alguna vez humana
o que no tienda a serlo,
todo lo que pisamos es ceniza sagrada.
Como una inmensa playa a donde el mar arroja sus reliquias,
despojos de admirables generaciones, los calcáreos residuos de un viejo orden,
años de vida espléndida resueltos en dócil arena,
el mundo es cántaro de las ansiosas generaciones deshechas.

Pero en ninguna región del planeta están tan vivos los muertos
como en este país que se arquea en torno al golfo
como brazos de una mujer en torno al jarro.
Aquí toda memoria se enardece y persiste,
los dioses muertos cenan en las montañas
y cada pecho es tumba de sus mayores
y el que mata es sepulcro de los que mata.

Y yo redacto largos libros de Historia,
vuelvo a estudiar la vida del triste Emperador y de su esposa enferma,
los fastos de la corte de Bonaparte, el trazado ostentoso de sus bulevares,
y las melancolías de la casa de Habsburgo,
y la vida de Juárez, y su trágico amor por la justicia,
y el ardor de los jóvenes mexicanos que entregaron su vida a los sables germánicos,
y los pechos llenos de amor que se rompieron contra las balas francesas.

Vuelvo a mirarlo todo, vuelvo a pasar las páginas, y hay algo que no pasa,
porque yo estuve en los ejércitos, y cumplí mi deber, y fui victorioso,
y nunca maté a un hombre en la batalla,
aunque fui herido y apresado y liberado,
pero sin odio, y sin comprenderlo, y más solo que el halcón en los riscos,
yo formé con los otros en aquella hilera terrible
y el capitán nos dio la orden de fuego.

LUCILA GODOY

Ven y dale otra vez tu calor a mis labios
antes que sean ceniza,
y contempla conmigo la bóveda del cielo
antes de que se arruinen sus cadastros,
y miremos la luna blanca y perfecta
que un día yacerá en pedazos sobre la llanura,
y miremos el sol antes que se desangre
en el atormentado crepúsculo del mundo.
Ven y acaricia mi cabeza
donde se habrán de destejer los abismos,
llena con tu hermosura mis pupilas
que verán disgregarse los Palacios,
toma en las tuyas tibias mis manos blancas
que un día no hallarán asidero en lo inmenso,
pon tu cabeza en mi pecho, oye cantar a mi corazón
que un día en su quietud matará a las estrellas.
Oye otra vez mi voz en el viento,
aún puedo nombrar los limones y el vino
que al final se unirán en su amargura,
ven y contemos todavía los hilos de la luz de septiembre
antes de que los corte la tijera de octubre.
Hay un gran espectáculo en el cielo: una nube,
gózala junto a mí antes que arrecie el viento.
Acércate y desnúdame de estos pesados mantos
antes que el tiempo me desnude de mí,
toca mi arcilla estremecida
antes que sea tristeza en el tiempo.
Mis senos tiemblan para ti, cruel amigo,
y no los cubres con tus manos ardientes,
ven y cierra los ojos junto a mí, siente el bosque
lleno de mi perfume,
antes que este esplendor sea despojo.

Qué triste es ver que es inútil la luna,
ese ciego cristal resplandeciente,

que por el bosque huyen las voces recias de los cazadores
y no hay quien tome a la agitada liebre,
qué tristes las ciudades llenas de tristes rostros,
porque el único rostro fue al destierro.

En tu exilio de huesos, en tu exilio de sombras,
en tu pecho de hierba, en tu silencio,
compadece a esta pájara cautiva en la tremenda jaula del mundo,
entre el mar y la estrella,
amigo mío diluido en la muerte,
mientras yo miro como abeja enferma
la rosa inhabitable.

LO QUE PIENSA EL VIAJERO EN UN CUARTO DE HOTEL

El mundo está callado esta noche,
las grandes rocas de la eternidad se yerguen entre las estrellas,
el pensativo enjambre de los mundos pasa sobre las ciudades dormidas,
en donde ansiosos y desnudos se desvelan los rojos amantes.

Estoy solo en mi lecho
y un ser hecho de arroyos y de selvas
asciende como un turbio oleaje, como una música,
del fondo de los valles y los años.

Rotas todas las lunas,
disgregadas las formas en un charco de tibia tiniebla,
se evade el pensamiento al cerco de esta lámpara
para husmear como un viento por las avenidas abiertas,
por los barrios que titilan sobre las cordilleras del sur,
por los grandes incendios que ascienden por los bosques,
por grandes playas de niebla que afantasman avisos de neón,
por las rutas silenciosas que ahondan faros de camiones,
por el peñasco con su estatua de piedra que abarca las aguas lejanas,
por las insomnes fábricas que bajo el cielo negro efunden nubes blancas,
por patios de cuarteles y un silbo de alas oscuras en cornisas de niebla,
y soy testigo de esta cosa infinita
a la que nada le importamos y sólo por nosotros existe.

¿Qué juego es este de tinieblas y cielos?
¿Qué inexplicable juego así agravado por el amor y la muerte?
Dime, sombra, Dios mío, hermano del espejo,
agua, muro, durmientes,
dime, rosa y jardín de asesinos y estrellas,
¿piensas tú de verdad que el hombre puede
perder todo el milagro
y después de haber sido esta substancia impregnada de mundos y
recuerdos
puede ser algo ajeno, arrojado en el caos de las disoluciones,
negado ya para toda esperanza?

Vasta es la noche y misteriosamente
la carne va hechizada por su ignorancia,
rueda sobre las cosas un enjambre
de alas ciegas y mágicas palabras,
y me sosiego en mí como un viajero
que no sabe qué montes ha cruzado,
que no sabe qué aldeas ayer lo despidieron,
que ignora qué criaturas lo guiaron en la sombra,
pero ya está en su habitación y está solo
y siente que está cerca todo aquello que quiso,
que no puede perderlo,
y lentamente rueda por las aguas del sueño.

EN LOS ANDES COLOMBIANOS

Viajan sobre las mulas, pero el viaje es el último.
Las mujeres procuran a su paso ser ciegas.
Todo el día las mulas con su carga tristísima
que dejan a la orilla de un rebaño de cruces
donde sólo la piedra recuerda a los que fueron.

Los ordenan en filas como a niños,
y sobre el rojo prado donde no están sus almas
la forma es fiel aún al sentido en que ardiera.
Los rostros se demoran absortos, combatidos,
antes de hacerse al caos.

La noche va extendiendo ramajes silenciosos
y el miedo enciende fuegos mientras se apaga el aire
que en estos labios nunca volverá a ser secretos.
Doran su adiós las llamas en las bocas inmóviles
que aprenden ya el silencio de la piedra y del hielo.

La lluvia no sabrá qué sangre apaga en ellos,
la lluvia en los tejados fabulará batallas,
catástrofes más nobles que el odio que nos ciega.
También han de morir los que aún no han nacido:
no es la muerte, es el crimen lo que nos estremece,
el tajo del rencor donde algo aún soñaba.

No cesará en sus gritos el bello y sordo cielo,
vagamente monstruosos perdurarán los templos,
aunque caiga mil veces la vida misteriosa,
aunque en legiones sórdidas nos gobierne el infierno.

Y si del polvo se alzan otra vez las alondras,
nada podrá borrar la infinita certeza
de que fue inmenso el precio de la dicha más tenue,
de que este sueño casi tuvo en su contra al cielo.
Lentos muertos de oro, derrochadas monedas,

bajo piedras sin nombre, fragmentos del planeta,
la vida en verdes y alas ha de ser su epitafio,
duermen bajo el misterio, soñadores sin sueños,
mientras ruedan los astros sobre los montes rojos
y tiembla en nuestros labios lo que no comprendemos.

SANGRENEGRA

Es difícil hallar un hombre en el paisaje,
y allí está, sin embargo.
Atrás las montañas se envuelven en una niebla triste
anterior a la historia
y en la pared de roca, como antes de Colón, como antes de las ranas de
oro,
el agua intemporal brota y se abisma,
un chorro de blancura sobre la oscuridad
y no llega hasta ti su sonido de azote y de espuma.

Hay aquí un cuerpo humano, sí, pero ¿un hombre?
Hay hambre en ese cuerpo, hay impulsos,
ráfagas de memoria, iras, bruscas ternuras,
que combate con odios.
Pero también debemos llamar hombre a este ser salvaje,
también debemos pensar en él con generosa paciencia.
Porque no somos él, porque el destino o el azar no fueron
tan crueles con nosotros.
Piensa en el tiempo como en un artista
que sucesivamente dispone sobre un espacio todas las líneas posibles
tan diestramente que jamás teje el caos
sino riscos y océanos, el planeta y la hormiga, diosas, lunas,
y que ha labrado el mundo sin más grietas
que la locura y el sueño.
De su labor brotan las maravillas incomprensibles:
en las orillas deletéreas donde pululan lo sucio y lo obsceno
todo tendrá sustancia y peso y sombra
y hasta la pestilencia se somete a las leyes
y hasta la lenta putrefacción es rigurosa como un axioma.

Odia si quieres a este pobre bárbaro,
es igual a un instante salvaje de Alejandro o de César,
pero no lo alcanzó la redención del espíritu,
es como Tamerlán sin un carro de hierro para entrar en la historia,
es un pobre bandido de Colombia.

Cércalo y mátalo si quieres, si puedes,
pero no olvides que es el tiempo quien lo ha forjado,
que lo educaron sacerdotes ilustres, diosas llamadas
privación y venganza,
que otros como él se gestan en los hornos del odio.
Porque el hombre está hecho de años irrompibles,
el pasado es un inconmovible bloque de viento
donde flotan inmóviles las rígidas arenas,
y nadie rompe ni corrige un hecho
aunque martille sobre él en el yunque de los remordimientos
la vida entera.

Bórralo al fin, si quieres, y sin embargo nada podrá deshacerlo,
sólo el olvido corrige el pasado,
pero si bien el tiempo anterior es implacable y de hierro,
el hoy enorme se abalanza sobre nosotros
y el porvenir depende de los actos
y podría ser dócil como cera en tus manos.

LA CANCIÓN DE LOS VIEJOS EN LAS ACERAS DE METRÓPOLIS

Íbamos y veníamos por las azarosas repúblicas,
atrás quedaba un esplendor en ruinas, un perdido paraíso
de hierbas tiernas e inminentes milagros,
el país de la infancia,
y sin cesar cambiábamos de hogar, de horizontes, de amigos.

Era el más agrio tiempo de la historia, era el escurridizo presente.
Pasaban y pasaban los rostros, las puertas, los espejos, los autos,
algo buscaba nuestra carne por las enmarañadas comarcas.

Y volaban contra los rostros ebrios pájaros de belleza,
alguno nos mareaba de aroma, otro rasgaba al vuelo nuestra mejilla,
y había una verdad, pero yacía en el fondo negro de un pozo,
y los dentados monstruos del mal tenían delicados esqueletos de oro,
y las rosas del amor florecían en el posible centro de unos bosques de
espinos.

Éramos fontaneros, herreros, albañiles,
traíamos el agua a las ciudades, descargábamos la ira en el yunque,
construíamos blancas casas para príncipes insensibles,
a nadie le importó nuestra suerte, nadie sintió piedad en la tierra ni el
cielo,
nadie apartó por un instante las nubes para pasar su mano por nuestras
frentes,
pero una ley nos arrastraba en busca de algo indefinible.

Íbamos todos en montón por las calles, nos cruzábamos en los turbios
comercios,
alguien que pudo ser nuestro cielo desaparecía en la esquina siguiente,
y las más imposibles criaturas, que hubieran sido el centro de magníficas
fábulas,
quedaban en su umbral inaccesible, bajo la oración del poniente.

A manos llenas derrochamos la vida, nunca el mañana importó
demasiado,

el hoy bastaba para nuestro esfuerzo, nos saciaba de gozo y de espanto.
Aprendimos a amar lo que huye, aprendimos a alterar los recuerdos,
y en la noche caíamos rendidos en vastos lechos solitarios.
Mensajeros de sórdidos dioses, amanuenses de dudosos espíritus,
chispa y ceniza de los hornos profundos, arena de las vastas
    corporaciones,
inspectores de cosechas en la sequía, guardianes de torres inútiles,
centinelas de ciénagas turbias, correctores de rutas brumosas.

De nada sirvió nuestro esfuerzo, de oficina a oficina pasábamos,
sucios ángeles ponían su sello sobre nuestros papeles en orden,
y aquellos pálidos despachos parecían la antesala del infierno,
pero después se abría el crepúsculo, y nacía la belleza en sus calles.

Así pasó el hermoso tiempo, la edad más cruel, la impura vida,
gota de cerezas eternas en nuestro vino de mandrágoras.

Envejecieron los espejos, se hizo arduo el dócil espacio,
la altura se llenó de vértigos, la tierra llana de peligros,
se apagó el deseo en los ojos, ya no eran hogueras los cuerpos,
y el cielo que ardía de promesas se fue adormeciendo en recuerdos.

Pero bebimos la amargura cada vez que llegó la copa,
y nunca pedimos clemencia aunque nos doblara el cansancio.
Estamos listos para el golpe. Ya están maduras nuestras almas.
Ya puede proponer lo eterno otras tareas más audaces.

EL ASTRONAUTA PREPARA EL DESCENSO

La enorme luna blanca está tan cerca
y aún no puedo creer que soy yo el elegido
para dejar mi huella en sus desiertos.

Todo es ya la blancura.
Miro entre olas de sombra a la ballena blanca del cielo.

Hijo de turbias razas que temieron la noche,
las ideas oscuras, los dioses, las pieles oscuras,
ahora soy el ápice del arpón antiquísimo
que codicia la carne de este planeta blanco.

Alguien sabe en lo alto que estoy girando en torno de la luna.
No puedo recordar en este instante si Él habló de la luna en sus
parábolas.
No sé si aprobará que un hombre hecho de polvo,
de polvo y de pecado, pise los peldaños del cielo.

Para saber quién soy, sé que debo contar con la última estrella,
sentir que en mí se cruzan infinitas distancias,
que soy el ojo que titila de profundidades incandescentes,
la mano que moldea como cera las masas de hierro,
la que traza las ínfimas parábolas
y levanta en neblina la geometría de las aguas.

Nunca estuve tan lejos de mí mismo
(porque soy el planeta, porque el aire es mi sangre,
porque verdes criaturas silenciosas sin cesar se convierten en carne mía,
porque sangrantes animales sacrificados se convierten sin fin en mi
fuerza y en mi pensamiento)
pero sé que no sueño, sé que estoy ascendiendo a otro tiempo.

Vengo aquí a visitar los reinos de mi infancia,
un país de espectrales cañones de polvo,
un país de nostálgicos cráteres como lagunas secas,

un país de opresivo y submarino silencio.
Sé que esta soledad tiene su precio,
pues todo explorador de jamás visitados abismos
algo profana con su carne mortal,
algo perturba con su mente atestada de recuerdos.

¿Qué pensará este ser de imposible blancura
cuando sienta en sus valles el peso de un ser vivo?
Nunca nadie tocó sus plateadas polvaredas inmóviles,
nunca el dolor humano ni la esperanza humana
agitaron su atmósfera,
nunca sintió su piedra eterna la tremolación de la vida.

Si se soltara una paloma a volar como flecha en este espacio dócil,
si se soltara un tigre de duros y ágiles músculos y piel de nocturnos incendios,
si se soltara un saltamontes nevado, a saltar de verdad sobre los montes lunares,
no sería tan extraño el instante.

Traigo los dones y las maldiciones que fueron acuñados para el hombre,
la memoria y sus hijos asombrosos, el tiempo y la muerte,
y los tres están llenos de criaturas que ya no abandonarán este suelo.

Durará en una huella sobre la piel ceniza del mundo blanco
el peso de los siglos, la reverberación de los rostros
de las entretejidas generaciones que me hicieron posible,
y acaso en la memoria de las estrellas no se hablará de un hombre,
se cantará que un mundo mágicamente tocó las mejillas de otro
y volvió lleno de un impalpable horror, de una maravilla imperceptible,
de una sola certeza que se adicionó en oro al caudal de su sangre y sus sueños.

ÉL

Sólo una sílaba me nombra pero no preguntes quién soy.
Yo estaba aquí desde el comienzo, sobre los sinuosos peñascos.
Vi las nubes incandescentes reconcentrándose en estrellas,
vi las nubes inventar rostros que después asumió la carne.

Mi ser se mide por galaxias, por atardeceres de dioses,
por funerales de milenios que escoltan las negras borrascas.

Mi soledad se ha dilatado sobre las inquietas llanuras
y el viento se ha crispado en dedos para arrebatar mi corona
y mis recuerdos tienen forma de desolaciones y lluvias
y a mis pies siguen deshaciéndose grandes galeones decrépitos.

Soy un anciano solitario pero tengo senos de diosa,
una lepra fosforescente mancha mis muslos en la noche,
y tres repúblicas salvajes vierten su fango en mis abismos
y oigo crecer en la tiniebla los peldaños de sus pirámides.

He visto los cuerpos desnudos de las acezantes doncellas
y los tres mil negros ahogados que el agua azul transformó en agua.
He visto las rubias hogueras llenar de demonios los aires,
he visto, en las fiebres del mar, catedrales llenas de pájaros.

Luchan por mi cuerpo de niño los negros pulpos de la noche,
pero en el mar nadie es más ágil, nadie es más sutil en el aire,
nadie es más triste en el subfondo donde los cráneos muerden perlas
y en las cuencas negras los peces fosforecen como miradas.

A veces bordeo en lo inmenso los acantilados de Cuba,
a veces grito en el estruendo de las reinas del Mississippi.
No me ves cuando tu velero se inclina, pero me presientes,
como me sueñan las sirenas talladas en la piel del agua.

Vi pasar el rebaño cruel de los dragones islandeses,
esta espina que hay en mi palma es una flecha escandinava;

vi pasar los palacios fúnebres pesados de mercaderías,
vi otra vez pasar los galeones, aullando con bocas de hierro.

Sentado en mi grano de arena, junto a los cangrejos enormes,
oigo las batallas del cielo, la arena bebe un mar de sangre.
Pueblos de opulentos espectros pueblan los desiertos marinos
y un faro de oro macizo quema la brumosa ensenada.

Estoy gastado de esplendor, limitado de inmensidades,
oh sed de no ver nunca más esta región de maravillas.
Pero sin fin los huracanes ladran en los cielos agónicos
y este mundo que sangra y muere no es más que otro inútil ocaso.

¿CON QUIÉN HABLA VIRGINIA CAMINANDO HACIA EL AGUA?

(1995)

INTRODUCCIÓN

Aviones solitarios, ciudades bombardeadas, la locura en los ojos del Führer, grises fotografías, tazas de cereales, portadas de *Life*, trenes subterráneos, sierras eléctricas, lunas pobladas de artefactos, estruendo de tranvías, cinematógrafos, yates y rubias, casinos y Ferraris, metralletas San Cristóbal, placas de zinc, taxis amarillos, reflectores entre los rascacielos, pantallas luminosas, grandes corporaciones, también a mí me alarma la pretensión de que con estas cosas se pueda tejer la poesía. Se me han impuesto, sin embargo, y he accedido dócilmente a la aventura riesgosa y seguramente fallida de escribir poemas sobre el siglo XX, con los personajes y los decorados del siglo, con los prosaicos lenguajes del siglo.

Discursos de ominosos histriones políticos, cartas, despachos de prensa, entrevistas, tonadas populares, en muchos de esos lenguajes he jugado a encontrar posibilidades patéticas. Hasta soñé con un poema que fuera una cuña publicitaria, con otro que fuera el catálogo de un almacén, pero esos poemas, sin duda posibles, no me han sido concedidos.

Aquí están, de todos modos, viejas obsesiones de mi vida: Kafka, el horror del nazismo, la guerra, los dictadores del Caribe, Tolstoi, Borges, la muerte de Gaitán, Picasso, Virginia Woolf. Y, para comenzar, Nietzsche, pues fue bajo la luna de su agonía como empezó este siglo, el peor y, por supuesto, el más entrañable de todos.

W. O.

WEIMAR, 1900

Veo en el espejo un monarca con el pecho adornado de sangre,
veo en el espejo un tirano presidiendo noches de antorchas,
veo en el espejo navíos que arrojan el infierno a los campos,
veo en el espejo cansado pueblos de esqueletos que lloran,
pero no puedo ver mi rostro.

Veo en el espejo los rayos que se arquean sobre el firmamento,
veo en el espejo una serpiente que forman millones de hombres,
veo en el espejo desiertos con incendios inextinguibles,
veo en el espejo auditorios que miran rostros gigantescos,
pero no puedo ver mi rostro.

Veo en el espejo la luna, y en su polvo una huella humana,
veo en el espejo vías rectas que rasgan atroces carruajes,
veo en el espejo las noches ciegas de torres luminosas,
veo en el espejo los astros sobre quietos reinos de herrumbre,
pero no puedo ver mi rostro.

NIETZSCHE

Está muriendo un Dios en el centro de un ópalo del color del crepúsculo.
Está muriendo una hoja de hierba en el pecho de Cristo.
Está muriendo una rosa en el aire estancado de la catedral de Maguncia,
traspasada en el aire por una quemante aguja de sol.

Está muriendo una llanura donde retozan embriagados leopardos.
Está muriendo un ángel sobre un glaciar blanquísimo.
Está muriendo un barco lleno de ancianos en una colina del cielo,
en un aire cargado de delfines livianos y azules.

Está muriendo una cúpula bajo el asedio de las mariposas.
Está muriendo un lupanar lujoso y sonoro de besos enfermos.
Está muriendo mi corazón bajo los crueles halcones del olvido de Lou.
Me estoy borrando en sus pupilas bellas y esperanzadas como comienzos.

Está muriendo un pájaro en un bosque de nubes.
Está muriendo una luna glacial bajo mis sábanas de seda.
Algo muy bello está borrándose por las bahías de mi infancia.
Algo muy triste calla en sus violines.

UN ANARQUISTA

Yo no soy el que mata a distancia, escudado en el aire invisible.
Yo no soy el que hace inviolable su crimen bajo el ropaje de una ley o una iglesia.
Salgo de en medio de las multitudes, ebrio de indignación y de cólera;
no me importa morir, sé que mi muerte es poco comparada con esta empresa espléndida
de mostrar al tirano que su carne es mortal, que hasta el último esclavo
puede tocar la estrella con la frente, puede tomar el hacha de la justicia;
que no hay nadie tan mísero que no pueda despojar a un rey de su trono,
que hasta el último hombre puede ser en su hora el estruendo y el rayo de un dios de cólera.

Avanzo hacia el cortejo marcial; quedan atrás la multitud y el pasado.
Tomo las riendas del caballo del príncipe, miro su rostro elegante y perplejo.
Apunto el arma hacia su pecho cargado de medallas y emblemas.
Ya en vano corren hacia mí los sobresaltados esbirros.

El caballo me salpica de espuma. La barbada boca del príncipe intenta una maldición o una orden.
Este seco estampido se está escuchando hasta en los últimos confines del mundo.

INVOCACIÓN A OLGA TSARATUKHINA

A ti te invoco, reina de una niebla con hocicos de lobos,
a ti que tienes la memoria llena de lagos fríos y de escuelas bloqueadas por la nieve;
hagamos que se levante el enorme oso blanco, el invierno,
que amaine un poco la tempestad para que salgamos tú y yo de este bosque espesísimo
y crucemos tres o cuatro leguas, con escarcha en los ojos,
hasta la vieja estación abandonada que es hoy nuestro propósito.
No estás en Petrograd, donde arden coronas de oro,
no estamos en Moscú, ante las cúpulas suntuosas,
Stalingrad todavía está ardiendo, porque el combate duró muchos meses,
casa por casa, viga sobre viga, hombre a hombre,
y Rusia duerme hoy sobre los huesos de millones de jóvenes
y tenemos que llamar paz al congelado río que formó tanta sangre
vertiéndose abundante y solemne desde los cántaros de sus jóvenes pechos.
Pasemos en silencio junto a los cementerios, no es la deploración de estos miles de tumbas
lo que ahora nos trae sobre la espesa nieve,
quiero narrar sólo una muerte, una muerte de invierno, una sencilla muerte rusa
allá, en el cruce de las paralelas de hierro,
años antes de las banderas rojas y los incendios rojos y las rojas hazañas y las rojas traiciones,
antes de las proclamas y la electrificación y los soviets y los uniformes y los cadáveres embalsamados,
cuando Rusia no reía ante la palabra esperanza,
ante las palabras justicia, igualdad y futuro,
cuando la iniquidad del presente prohibía presentir que el futuro traería iniquidades,
cuando nada peor parecía concebible.

PALABRAS DE LA CONDESA SONIA EN LA ESTACIÓN DE ASTÁPOVO EL INVIERNO DE 1910

Todo el día luchando con el agua y el fuego, con leña y nieve,
con la fiebre y la muerte, con la humedad en paredes y bronquios,
hasta que el último pequeño se dormía, y en los campos profundos se
apagaba la última luz,
y bramaban los últimos renos hacia la luna de hielo;
entonces había tal silencio, tan dulce paz en el alma y el mundo,
que yo no habría cambiado esa exhausta tiniebla por todos los tesoros
de Samarkanda.
A esa hora empezaba;
copié letra por letra tus novelas, el avanzar de las tropas rojas y azules
sobre las llanuras de nieve,
y los destinos engrandecidos por la guerra,
y el tono de la voz de mi hermana en aquella muchacha exquisita,
y el avanzar de la nieve sobre las tropas rojas y azules,
y Rusia ardiendo en la tristeza de los corazones.

Una novela y otra y otra y otra,
entre leguas y leguas de silencio, apenas si rasgado por un lobo
diminuto en la hondura,
hasta que el primer llanto venía a despertarme
sobre los pliegos que tú tacharías de nuevo,
mejorando un corcel, un florero, una música,
de mi opulento y solitario refugio nocturno.

Pero tú te sentías maltratado, ahogado por la vida doméstica,
cercado por criaturas mezquinas,
sin cesar expulsado de tus sueños, de grandiosos proyectos y de mundos
espléndidos,
y yo terminé siendo lo peor en tu vida,
porque yo no era ella, esa criatura hecha de luna y sueño
que no podía envilecerse en carne.

Tú fuiste siempre así, León Nicolaievitch, un arrogante príncipe;
predicando humildad porque te avergonzaba tu orgullo;
predicando la pureza del cuerpo, la castidad, la abstinencia,

para no pensar más en las pasiones que quemaban tu carne,
porque tal vez no hubo mujer que no desearas,
desde las pálidas princesas que hablan francés en los salones de
San Petersburgo,
hasta las vendedoras de frutas junto al Volga,
hasta las hijas de los siervos con sus mejillas de manzana,
hasta las desordenadas zíngaras de las tabernas del campo;
predicando la paz, la mansedumbre,
tú: que ingresaste voluntario en la tropa
y cantabas de dicha en los infiernos de Sebastopol,
entre la música de los demenciales cañones;
aconsejando austeridad y pobreza,
después de haber perdido en los juegos de azar una fortuna inmensa,
derrochado la hacienda de tus padres, los príncipes,
disipado la herencia que debías a tus hijos;
enseñando moderación en las costumbres,
mi lujurioso conde, desordenado y turbulento,
que convertiste la mansión señorial en una casona ruinosa,
tus tierras con sus siervos en nidos de reproches,
y a tus hijos casi en mendigos.
Siempre el mismo, arrogante como un patriarca bíblico,
colérico y elocuente como un profeta,
viejo de muchos siglos, recio como los montes,
callado y peligroso en los días serenos
como el mar interior.

Todo lo sé de ti, León, todo lo supe,
y te engañas si piensas que he husmeado en tus diarios,
aunque he debido hacerlo, para desbaratar conspiraciones.
Yo lo sabía todo desde aquellas jornadas de Moscú,
ambiguo señor Conde, poderoso, inseguro:
que amabas a mi hermana pero a pesar de todo te casaste conmigo
y engendraste trece hijos,
aunque en tu alma sólo había lugar para esos largos libros
que escribías sin fin en el salón borrado de luz blanca,
al calor de los últimos samovares de plata.

Y al fin huiste de la vieja casa,
ya con ochenta años, en la noche, en invierno;
pero pasó la edad de la aventura,
quien sale así sólo busca la muerte

y dejar una estela de amargura en las almas,
un hondo surco de remordimientos,
para así castigarme, para así castigarte
porque no fuimos más que un par de humanos,
León Nicolaievitch,
dos que así se cruzaron en la historia, en la nieve,
sin ser refugio el uno para el otro.

Tú me replicarás que no puedo quejarme
si acepté ser tu esposa, aun presintiendo todo,
y dar cada verano un hijo al mundo,
dirás que a nada me obligaste, y es cierto.

Noche a noche luché por comprenderte,
entendí tu violencia como las convulsiones en un alma extraviada
y comprendí el desorden de tu carne
como el de una inocencia sin sosiego
y sentí que buscabas dilapidar tu vida
hecha toda de puras y preciosas substancias.

Acaso yo no fuera cosa alguna admirable,
ni demasiado bella, ni rica, ni ilustrada,
pero lo que tenía para dar te lo he dado:
juventud y vigor, pasión, paciencia,
y ternura en la leche de mis senos de humana
que fue gastando el tiempo,
y dulzura en las manos que hoy tienen manchas pardas
y brotadas las venas,
y candor en los ojos que ya enturbió el cansancio.

Y así termino yo, hablándole a la nieve de invierno,
nieve que escarcha los párpados, nieve que alegra a los lobos,
la misma nieve eterna con la que el cielo ruso sepultó a las tropas
francesas,
nieve que ahoga el estampido de los cazadores,
el rugido del oso pardo, el llanto sin consuelo del corazón.

Los trenes derrotaron las distancias,
la mañana de bosques deshojados ha vencido a la noche,
el círculo de llamas de lo humano ha confinado a los lobos,
la blancura del día ha apagado las nocturnas rosas de fuego.

Ya la vejez mató a la juventud,
ya el presuroso día deshizo los días,
ya el presente clavó su bandera sobre los huesos del pasado,
ya los idiomas de la mañana destrozan el silencio nocturno,
ya los hijos rudos y vigorosos rodean al anciano enfermo,
ya la fiebre somete a la carne
y el delirio se adueña de los últimos nichos de la razón.

Estoy mirando el verde de los pinos que ha vencido al invierno,
estoy oyendo el aullido del último lobo,
y veo que el sucio fango triunfa donde estuvo la nieve purísima
y veo a la muerte cargando de cadenas al mundo.

Ahora estás muriendo en la estación de Astápovo
y las noticias vuelan sobre Rusia.
La muerte está en tu rostro, tu rostro está en los diarios
y cae y cae la nieve sobre lo irreparable.
Van y vienen los trenes sobre el imperio blanco
y el Zar envía las tropas y llegan por millares los paisanos,
reporteros, fotógrafos;
todos entran y salen del cuarto improvisado junto a las paralelas
y cabecean los médicos, y nuestros tristes hijos van y vienen,
y todos pueden verte y despedirte y acariciar tu frente
menos yo, que te di mi vida entera,
yo, que me arrojé al lago cuando supe tu ausencia,
yo que viví cuarenta largos años
sosteniendo ante Dios en el vacío las tormentas de tu alma
y salvando tus sueños,
no podré sostener tus viejas manos que ya explora la muerte,
las viejas crueles manos de mi príncipe,
no tendré para el resto de mi vida el consuelo de una palabra,
debo mirar de lejos la cabaña
tras un fragor de trenes y soplos de humo azul y nieve que no cesa,
porque así lo has querido, porque de toda Rusia,
del país que te llora como si fuera el Zar el que se muere,
sólo a mí me has cerrado para siempre las puertas.

GUILLAUME APOLLINAIRE

Los pequeños y vertiginosos planetas de plomo
incandescentes cruzan el aire del crepúsculo
buscando estos calientes pechos llenos de miedo.
La certidumbre de perder esos bosques
los torna de frágil cristal, quiebra sobre sus ramas
el cántaro rojo de una luna de vino.
El olor de la sangre asciende de las sábanas blancas.
Lo más feroz de la guerra quema en los labios,
que están diciendo adiós desde su fiebre
a unas novias lejanas.
Vienen por las trincheras, llenan los hospitales:
la honda guerra está llena de mujeres bellísimas:
sólo las ven los ojos de aquellos que las aman.
Esos espectros adorables
pasan inmunes entre la venenosa luz de las armas,
sobreviven a las salpicaduras del metal y del odio,
y van dejando besos que sosiegan
sobre las frentes destrozadas.

APOLLINAIRE CANTA UNA CANCIÓN DE FIEBRE

Lou pasa entre la fiesta de las balas de octubre
y es sólo una coraza de amor lo que la cubre.

No morirás, Lou mía, no acabará tu espera
en el regazo rojo de esta roja trinchera.

Es sólo mi memoria lo que así te convida
a negar estas sombras con tu risa y tu vida.

Lo que hace que en las recias barricadas te vea,
allá donde la insomne guerra relampaguea.

Lou, gacela. Lou, rosa. La noche de oro empieza.
Lou, tormenta. Lou, espada. Y al volver la cabeza

la sombra despoblada
se hace carne y me besa.

Perdona al insensato, que no calla
su atroz fascinación por la batalla,

su desdén por las alas,
su admiración de nórdico por la luz de las balas,

y ven así, intangible, serena, dulcemente,
antes de que me besen las brasas en la frente.

FRANZ MARC

El cuello del venado se alarga en la línea de la colina,
el ojo de la pantera es una pausa de fuego en la noche,
los apacibles caballos tienen el color del barranco,
la paloma se desvanece en la nube, el pez dorado hace ondular los follajes.
Están cantando las ramas en el corazón del verano,
la abeja es invisible en la astromelia, la mosca azul se delinea en el lirio,
el murciélago se esconde tras el cielo nocturno,
el águila amarilla se sumerge en el atardecer,
el lagarto manchado era visible sobre el tronco manchado,
el león es el desierto que centra, la rama fría serpentea.
Líquido pez fluyente, plumas de aire, voraz hoja ovillándose,
súbito salto verde, contorsiones de tierra,
luciérnaga en la noche estrellada,
sólo yo nunca estoy donde estoy,
sólo yo soy extraño en la tierra y el cielo.

OYENDO GEMIDOS DISTANTES
EL ENFERMERO SE INYECTA

Allá va la luna recorriendo mudos cielos de angustia
y parecen de oro las ciudades bajo esta lluvia cruel
de saber y de fuego,
tiemblan y se destrozan los instantes, los árboles de vidrio
bajo el canto del mirlo,
y oigo a la nube estremecida escondiéndose bajo las barcas.
Porque aquí hasta la llama siente culpa,
siente que la pervierten nuestras manos,
y quisieran mirar hacia otro mundo las estrellas cansadas
de esta obsesión de heridas,
y ruedan lentas lágrimas de los ojos de bronce
entre el bosque que sufre y el cielo mutilado
y el agua atravesada de cuchillos.
Ojos de horror abriéndose en las zarzas,
la flor ha enloquecido, el día se alza en plagas
y el enfermo horizonte odia su cielo.
Los espejos azules expulsan a la hermana
y sólo queda una redoma fatídica
en este rojo caos de hospitales concéntricos
de sangre y sangre y gritos sobre gritos,
un infinito anhelo de ignorancia y de olvido.

Y el beso de la muerte en los tulipanes amargos
que ascienden de la savia de las trincheras.

FRANZ KAFKA

Padre, le digo, dame tres granos de cebada para despertar al durmiente.
Pero mi padre no responde:
es un enorme jinete de bronce, alto sobre colinas y sinagogas.
Madre, le digo, aparta tanta niebla,
muéstrame un rostro dulce, del que broten palabras ingenuas.
Pero ella se ha perdido por los callejones de piedra
y sólo encuentro en el espejo sus ojos inmensos.
Abuelo, digo entonces, ya no luches más con el ángel,
ven a contarme historias junto al fuego, mientras se hiela el Elba.
Pero el viejo me mira con ojos ausentes, y comprendo
que no es este mi abuelo sino un viejo gitano que quiere venderme un recuerdo.
Hermana, bella hermana, le digo,
toma mi mano que está oscuro en esta casa inmensa.
Pero a mi lado pasa una condesa polaca monumental y arrogante
y se escucha un violín, y se cierra una puerta.
Hermano, digo, qué bello cabalgas sobre el potro de madera y de laca,
¿hacia dónde nos llevan estas tardes inciertas?
Pero él es sólo una imagen, una gris fotografía en mis manos,
y a lo lejos, atroces, los cañones resuenan.
Goethe, le digo, cántame una canción romana,
haz que yo sienta en mi corazón esta antigua tristeza.
Pero la tumba calla y sobre ella vuelan grises palomas
y no puedo abrir este libro porque sus páginas son de ceniza.
Milena, digo luego, tal vez tú puedas finalmente salvarme,
dime que soy de carne y de sangre, que esto que me atenaza es un deseo.
Pero ella se afantasma entre miles de seres escuálidos
y apenas si percibo dos llamas que se apagan muy lejos.

¿Entonces es delirio todo esto? ¿A quién puedo llamar que me salve?
Su reino es de este mundo. Todos están aceptados y absueltos.
Son demasiado humanos, son demasiado justos,
y yo no logro hablarles con mi estruendo de élitros,
y no aprendí a cruzar las puertas,
y no sé defenderme.

Si ves dos grises ojos de gato en la gótica noche de Praga
comprenderás que temo morir si me duermo.
Si oyes una canción en la gótica noche de Praga
comprenderás que intento saber dónde me encuentro.
Si oyes un corazón en la gótica noche de Praga
comprenderás quién sostiene todo este sueño.

DISCURSO DEL DUCE EL 5 DE MAYO DE 1936 EN EL PALACIO VENEZIA DE ROMA

Italianos:
Bajo los rostros de mármol de los cielos de Italia
anuncio a nuestros padres, anuncio a nuestros dioses,
una vez más el triunfo de las rojas espadas romanas.
Hemos desembarcado en las costas de África
y de nuevo en las patrióticas pupilas de los legionarios
han saltado asustadas de nuestros leones las gacelas etíopes.
Aquí están los miles y miles de obreros de la patria,
aquí estan las mujeres romanas, que tejieron sudarios para nuestros cónsules,
aquí están las muchachas romanas, que tejen guirnaldas para el Duce,
aquí están los niños de Roma, que pondrán sus pies sobre el mundo.
Camisas negras: ¡saludadme!

Han pasado dos mil seiscientos ochenta y nueve años
desde aquella mañana de piedra en que Rómulo sembró los cimientos de un mundo,
de la eterna ciudad que hoy se estremece con nuestros gritos.
Sobre estos puentes pasaron volando los ángeles,
y todavía entre el humo de las hogueras y el estruendo de los tranvías
un Ángel de Victoria está petrificado sobre el mausoleo de Adriano.
Bajo estos puentes nadó el joven Antonio con un gato amparado en su pecho,
aquí un coro de pontífices contó las mareas de las lanzas y de las espigas.
Ahora yo anuncio el tiempo de la guerra:
Roma vuelve a mostrar a las naciones su rostro terrible,
adiós a los arados, adiós a las lánguidas danzas,
seamos dignos de la hora de hierro.
Que sepa el mundo que Italia es todavía un águila
que hace siglos lo mira con ojos atentos desde lo alto del Capitolio.
Camisas negras: ¡saludadme!

Los fuertes deben dominar el mundo.
África es nuestra desde que la marcaron las sandalias de César.
Y así como a los pies de los Dogos el mar ladraba como un perro,

así están de rodillas ante los lares de Roma los dioses con cabezas de halcones,
y así están de rodillas ante los templos del Tíber los faraones de piedra.

Que vuelva a las mesas romanas el tributo de las razas vencidas,
que el rojo planeta erizado de lanzas brille sobre los negros cuernos de África,
y que el Nilo recuerde los tiempos en que se desplomaba en latín hacia el delta.
Camisas negras: ¡saludadme!

Queridos niños de Italia: qué bello es morir por la patria.
Laboriosas madres de Italia: ahora quedan prohibidas las lágrimas.
Que sólo haya heroísmo, que sólo haya grandeza, que sólo ostentemos la fuerza.
Qué bello es ver este mar de rostros saludando a la patria.
Han vuelto a ser nuestras las doradas orillas de Abisinia,
se han rendido a nosotros sus doncellas y sus antílopes,
una embriaguez de triunfo está corriendo de campana en campana,
y ahora mirad cómo el Imperio Romano
se alza nuevamente sobre las sagradas colinas de Roma.
Camisas negras: ¡saludadme!

ESPAÑA, 1939

Ay Carmela, no sabía
mientras te estaba besando,
hasta dónde y hasta cuándo
me despedía.

Se va el rojo, queda el blanco.
Cómo espiga la guadaña.
Ay Carmela, se va España.
Queda Franco.

Ay Carmela, mi ventura.
Ay, no llores, no estés seria.
Salva lo mejor de Iberia:
su locura.

Ay, qué rotas van mis alas.
Ay, mi orgullo tan deshecho.
Ay, qué poco puede un pecho
contra las balas.

No me ofrezcas oraciones.
Ay Carmela, el cielo engaña.
Salva lo mejor de España:
sus pasiones.

Ay Carmela.
                                        Ardan tus besos
sobre mis huesos.

¿CON QUIÉN HABLA VIRGINIA CAMINANDO HACIA EL AGUA?

Si tú me vieras caminando a esta hora hacia el río
me dirías: mujer, ¿en dónde está tu hogar? ¿Dónde tus hijos?
¿Dónde los sacos de lana, el tambor de bordar, la sartén en el fuego,
el té del atardecer, las cortinas de flores, las lámparas con su limitado crepúsculo?
¿Dónde las tardes sepia de las fotografías?
¿Dónde la soledad que el fonógrafo arrulla?
¿Y el cofre con las cartas y las blusas de seda
y el gato que se ovilla sobre el piano como un pacto secreto con una selva antigua?

¿Y qué podría responderte yo, hermoso viajero invisible?
Hombre o Dios que imagino para que me interrogues en esta hora extrema.
Si sueño tus labios latinos, no habrá besos en ellos sino terribles preguntas.
Si sueño tus ojos de hogueras distantes no encontraré ternura en su mirada.
Si sueño desnudo tu pecho, y enorme en el cielo, sobre las dudas de la guerra y del Támesis,
oiré palpitar en el fondo un corazón valeroso y ausente.

Tú tienes el deber de ser valiente; la guerra cierra sus alas sobre Inglaterra.
Tú tienes el deber de vigilar las bandadas de hierro, la basura del cielo, los pájaros del Führer.
Tú tienes el deber de salvar a Inglaterra, de salvar de la peste del odio piedras y almas.
Para mí se han cerrado los caminos, se han cerrado los días, las flores;
en el jardín los picos de los últimos pájaros ya por última vez dialogaron en griego,
y entendí que algo más triste que la guerra, más triste que la codicia y el odio
se está cerrando lentamente sobre los mudos cielos de mi alma.

Tal vez todo está bien, tal vez así fue el mundo siempre.
Monstruosas cabalgatas con sus lunas de cráneos aplastando las
pequeñas ciudades
que intentaron un poco de fe y un poco de belleza y un poco de orgullo
frente al sollozo interminable del mar.
Reyes y santos y pontífices que no sienten que hielan sus rostros los
vientos inicuos.
Y un desamparo de jardines sin sol, cuya humedad recorren con sus
corazas rotas los ciegos caracoles.
¿A quién le estarán explicando estas cosas mis labios?
¿Quién estará llenando con su forma ilusoria mis últimos instantes?

Oh piadoso testigo, resto tal vez de un sueño.
Último moro de labios triunfales, ofrecedor del último violín de la noche.
Tú que no has existido jamás, y sin embargo,
llenas con tu presencia mi camino hacia el río,
la pesada labor de recoger estas cómplices piedras
que he puesto en mis bolsillos, las muchas, negras, firmes,
antiguas, prodigiosas, inexplicables piedras,
cuyo peso tasado por dioses ya imposibles
me retendrá en el fondo de las aguas.

Tú que incesantemente, sensual hijo de mi alma,
reiteras tus preguntas, tus gritos, tus reproches,
tratas de arrebatarme mi secreto que ignoro,
demorarme en la tierra
que se están disputando los verdes rojos ácidos venenos,
los sonoros cuchillos, los ángeles horrendos.

Tratas de retenerme pero ya nada soy
que pueda herir el mundo.
Fui el alma de mi patria una mañana;
hice sonar de estrella a estrella, hice sonar de espuma a espuma,
hice sonar de sueño a sueño la sensitiva lengua inglesa;
dije a las hondas madres sumergidas
tan hermosos secretos,
que una a una se alzaron del mar con sus flores de púrpura,
y tremolaron hilarantes y hermosas entre las nubes de oro,
y perfumaron de hierbas salvajes las cavernas de agosto.

Pero ya nada soy, hombre o duende que enredas mis pasos
para que nunca encuentren la orilla del río que debe arrastrarme.
Las ninfas de las aguas morderán estas manos,
masticarán mis cabellos como una hierba misteriosa y nocturna.

Como el gato que escapa hacia la selva
escapó de la lámpara el crepúsculo;
el piano enloquecido cantó una tonada brutal al fulgor de las bombas
y va por las cortinas el incendio marchitando las rosas de Morris.

Ya sólo soy el peso de estas piedras,
las piedras que arrojaban las hondas de los padres antiguos,
restos despedazados de una ciudad de los tiempos de Alfredo,
piedras que hicieron tropezar a los potros romanos,
piedras de indescifrables inscripciones
que puso en estos bosques un dios inaccesible,
que sembró en estos bosques, antes que hubiera humanos,
un poderoso ser
para
ayudarme.

LO QUE DECÍAN LAS CANCIONES DE AQUELLOS LOCOS AÑOS

Duran los dones de la tierra:
bajo la orquesta lenta y fina
se desvanece o se asordina
la guerra.

Entre las sedas y el derroche
de la medialuna de octubre,
no preguntes qué es lo que cubre
la noche.

El gran salón es un oasis.
Aquí no llegarán por nada,
ostentando su cruz gamada,
los nazis.

Mira los dorados adornos,
bebe el perfume dulce y blando,
no preguntes qué están quemando
los hornos.

AUSCHWITZ

Cuerpo desnudo de Rebeca Gottlieb
                    en las cámaras de la noche
estriado de amenazante luna.

$E=MC^2$

El velo ha sido por fin levantado.
Se ha satisfecho el más viejo deseo.
El más antiguo viajero ha llegado.
Está la antorcha en el puño crispado
de Prometeo.

HAIKU DE HIROSHIMA

Todas las hojas
de diez largos otoños
en un instante.

ELLOS SON PODEROSOS

No digas que tienes sed, porque te darán un vaso con tu sangre.
No digas que tienes hambre, porque te servirán tus dedos cortados.
No digas que tienes sueño, porque te coserán con hilo los párpados.
No digas que amas a alguien, porque te traerán su corazón putrefacto.
No digas que quieres al mundo, porque multiplicarán los incendios.
No digas que buscas a Dios, porque te llenarán de brasas la boca.
No digas que está bello el rocío que dulcemente cubre los campos,
porque en cada gota celeste inocularán pestilencia.

RUDOLF HESS

A todos los otros les dieron la muerte, el tesoro de un lecho sin sueños,
a mí un palacio interminable en el que abre puertas la fiebre,
puertas que llevan a trigales de sangre, puertas que llevan a la luna llena
de roperos de muertos, de zapatos vacíos, de sombreros que yacen
como oscuras palomas.

Ni siquiera estos largos pasillos en los que sólo puedo conversar con
espectros,
ni estos muros donde en la noche parecen gesticular vagos rostros,
me harán pensar que soy un monstruo, que soy un insondable pozo de
infamias,
soy algo menos lóbrego, soy un hombre extraviado,
que tuvo fe, que tuvo sueños, que creyó en los severos ángeles de la patria,
que aprendió la obediencia como otros aprenden el amor o la astucia.

Qué triste regresa la música por los hondos recintos de mi alma
perdida,
qué silenciosa pasa mi infancia por estas infinitas salas de piedra.
¿Quién me escogió para ser el último guardián de la rosa en cenizas?
¿De la sangrienta flor hecha de hierro y de desvelo, de cianuro y de gritos?

Vuelvo a verme en las nubes en el pequeño avión solitario,
volando sobre los florecidos bosques del infierno, sobre las
bombardeadas ciudades,
sobre los campos llenos de huesos de soldados, sobre un cansado
pueblo de esqueletos vivientes
y pálidas mujeres que ingresan con sus hijos en las cámaras últimas.
Vuelo sobre el infierno. Vuelo rumbo a Inglaterra.

Cuando el infierno triunfaba, el infierno era el bien;
contra el desorden monstruoso opusimos los ordenados regimientos,
y sólo quedo yo para entender que el orden también es garfio de
infiernos,
que el mundo también puede ser atenazado por el rigor y la pureza.

Madre mía, Alemania, dame el único vino, dame olvido.
Soy un niño en los pliegues de tu manto de piedra.
Soy hijo de los sueños que acunas cuando tienes la espada,
cuando tus pensamientos dejan de ser consejos y se exaltan en leyes.

Águilas de Berlín, jabalíes de Prusia, hadas del Rhin, coyotes
que devoran los pies de los reyes a la sombra de las pirámides,
rosas de pedernal, castillos de aroma, grandes puertas de plata,
custodios de mi carne desesperada que busca vanamente la libertad,
la soga.

Yo comprendí el error, yo volé sobre barrios en ruinas,
yo vi las alas de la locura sobre los ojos fijos del Führer,
y eran las viejas alas de las águilas de Austria, águilas cuyas plumas son
feroces ejércitos,
y eran las viejas alas de los buitres de Oriente sobre las lanzas de las
hordas.

Madre mía, Alemania, que no graznen más tus neblíes,
vuelve a los bosques, oye la entretejida canción de las fuentes,
bebe la sangre del Dios en la lluvia de los viñedos,
no escuches esa voz de escombros que te ordena salvar al mundo.

Piensa y sueña. Que arda en tus labios la gótica selva insondable;
borra el recuerdo de los campos de cráneos, de las hachas humeantes
de sangre;
terminó la salvaje aurora, no más coronas, no más criptas;
te habla el último y el más solo de los férreos jinetes de Atila.

Veo tu futuro, borradas la cruz gamada y la cruz recta,
bajan a los sauces del agua las intrépidas muchachas rubias,
y en el centro de la sala inmensa, donde se bebe hidromiel y cerveza,
donde se canta hasta perder el aliento, donde se danza hasta perder la
conciencia,
el roble gigantesco tiene clavada la espada en su flanco
y ningún rey, ni hijo de rey, quiere tomarla.

DIÁLOGO DE DOS EXTRANJEROS QUE TOMAN CAFÉ EN UN SALÓN DE BERKELEY

—¿Es verdad, señor Einstein, que ustedes, los científicos, creen en un mundo fuera de la conciencia humana?

—Hay una realidad más allá de nosotros. Toda verdad humana sólo deriva de ella.

—Ah, no diga usted eso. Yo sólo puedo hablar de lo que he percibido.

—Señor Tagore, escúcheme: la suma de los ángulos interiores de un triángulo sería igual a dos rectos aunque no hubiese humanos.

—¿Y quién puede probar semejante supuesto?

—La razón, pues sus leyes imperan para todos. Budistas, musulmanes, pielesrojas, albinos... nadie puede evadir los axiomas del mundo.

—Sólo porque aquí hay hombres son verdad esas cosas.

—¿Afirma usted entonces que si no hubiera humanos, el Apolo de Belvedere dejaría de ser bello?

—Sí, señor, eso digo.

—Pues yo pienso otra cosa. Aunque todos muriéramos, y el sueño de la especie se borrara, fuera de nuestras mentes persistiría el mundo, y el mármol, ya invisible, guardaría su belleza.

—Entonces, señor Einstein, usted es mucho más religioso que yo.

ORACIÓN DE ALBERT EINSTEIN

Advierto con profunda perplejidad
que el hermoso guijarro que abandono en el aire
se precipita recto hacia la tierra.
Tal vez para una hormiga que fuera en el guijarro
sería más bien la Tierra lo que cae,
verde planeta que se precipita.
Para el soldado inmóvil
antes de halar la cuerda de su paracaídas
vertiginosamente asciende el mundo.
Y si al pasar el tren ante su cobertizo
el mendigo no viera los vagones
sino al niño que en ellos deja caer la manzana,
vería que la manzana toca el suelo
lejos del sitio donde el niño la suelta,
que la manzana cae oblicuamente.

Advierto que la firme realidad de este mundo
cambia de ser a ser, de conciencia a conciencia.
El gato observa las felinas estrellas.
Nunca verá el astrónomo
que mira el arco de la medialuna
el sobrehumano rostro que esa luna diadema
o esos pies de una virgen que la huellan.
Es tan sincero el mundo
que ni una piedra olvida tener sombra.
La memoria del prado
recuerda el rojo de las amapolas
y al primer soplo tibio lo despliega.

¿Cómo agradeceré que el agua no se incendie
aunque asile en su rostro sereno las hogueras?
¿Cómo agradeceré que las alondras canten
aunque Julieta las maldiga a todas?
Sé que esta luz de estrellas es más vieja que el mundo.
Que estas constelaciones son como un plano fósil

de lo que fue hace siglos el firmamento.
Sé que la masa enorme de los cuerpos celestes
altera el curso de la luz de la estrella
y que ese punto inmóvil que brilla en las alturas
innumerables veces se retorció en su curso,
trazó letras de luz en la piel de los siglos.
Todo rayo de luz porta antiguas imágenes,
y la energía es la terrible victoria
de la materia sobre el tiempo.

Las caprichosas nubes einstenianas
fulminan con sus rayos einstenianos los árboles
y rota la ecuación del vapor leve y del líquido peso
dulcemente se perlan las llanuras.
Me gusta el mundo dócil donde atrapo mis peces
con el anzuelo de un interrogante,
y pregunto en mi alma
cómo agrava la música la substancia del mundo,
qué es lo que escapa del violín y nos hiere.

Se marchita la música
en las elipses de la sinagoga
y Cástor envejece más que Pólux.

Gracias, Señor, porque no tienes rostro,
porque eres rosa y dédalos de azufre
y muerte tras la herida y tras la muerte larvas
y previsibles astros tras los discos de eclipses.
Permíteme atrever mis inútiles fórmulas,
líricos mecanismos, serventesios de cuarzo,
trinos brotando de un vértigo de átomos.
¿Qué puedo hacer contra el ángel que altera?
¿Contra el que cambia todo azul en cianuro,
toda belleza en daño?

Algo mayor que el mal rige estos mundos.
Cada mañana pido a mi silencio
que el corazón gobierne al pensamiento,
y cada noche pido perdón a las estrellas.
Pero después olvido
y sé, mientras la luna danza en el pozo,
que Dios será sutil, pero no es malicioso.

EL DIRECTOR DE ORQUESTA

¿Por qué vuelve a las manos ese libro olvidado justo cuando la vida iba
a necesitarlo?
¿Por qué siempre encontramos el amor verdadero cuando íbamos
buscándolo por caminos de engaño?
¿Por qué resurge, más feroz, el César? ¿Por qué la hija de Aspasia es
nuevamente Aspasia?
¿Por qué hay cosas e instantes perdidos en los días que parecen de
pronto darle sentido a todo?
¿Por qué florecen de sus ruinas los templos? ¿Por qué vuelve en los
sueños la nariz de la Esfinge?
¿Por qué la dicha más fugaz puede borrar rebaños de insomnio?
¿Por qué sólo unas cosas del tiempo se alargan en recuerdos?
¿Por qué vuelve la muerte donde estuvo la muerte?
¿Por qué la última flor del horror es la belleza? ¿Por qué la última flor
de la belleza es el horror?

Estas cosas me inquietan.

¿Por qué nuestro destino se parece tanto a nosotros?
¿Por qué el que tiene amor encuentra amor? ¿Por qué el que tiene
espanto encuentra espanto?
¿Por qué el sueño nocturno nos redime del día?
¿Por qué siempre esos golpes en la puerta de Macbeth?
¿Por qué el bufón se borra cuando Lear enloquece?
¿Por qué están asustados los espinos? ¿Por qué están tan serenas las
garzas?
¿Por qué es el agua dócil y concéntrica?
¿Por qué todos completos después de tantas muertes?
¿Por qué está Troya intacta en la memoria?
¿Por qué odiamos al bárbaro pero somos el bárbaro?
¿Por qué no desespera el caracol de su ritmo?

Estas cosas me inquietan.

¿Por qué tantos encuentros casuales? ¿Y por qué es tan difícil encontrar
lo buscado?
¿Por qué después de tantos milenios industriosos vuelven a ser
perfectos la hierba, el agua, el aire?
¿Por qué nada se hunde definitivamente? ¿Por qué regresan a la luz los
galeones dorados?
¿Por qué este mismo amor que hace tanto había muerto?
¿Por qué lo más precioso se pierde? ¿Por qué lo más precioso se salva?
¿Por qué siempre golpea la sombra donde más doloroso es el golpe?
¿Por qué sigue este puñado de vivientes, pequeño en los tobillos de
Babilonia,
intimando con ellos, uniendo su grito al dorado rumor de los muertos?

Mortales, ésta es mi respuesta: porque la vida no es camino ni escala,
porque la vida no es expiación ni justicia,
porque la historia no asciende hacia la plenitud, ni va buscando la verdad
ni lo eterno,
porque hay una perfección en el abandono
y hay una perfección en el esfuerzo,
porque la salamandra no es menos importante que Shakespeare,
porque la vida es música.

LOS HIJOS DEL SOLDADO

Mi padre era maestro. Yo tenía siete años.
Y un día recibió, como todos, la carta.
Había sido aceptado en el partido
(aunque él jamás habría solicitado el ingreso).
Le enviaron un escudo con la esvástica.
Unos meses después marchaba rumbo a Rusia.
Mi madre estaba enferma aquel invierno,
los tres niños debíamos hacerlo todo en casa.
Y a veces venían cartas desde el frente oriental.
La guerra era una ausencia, un silencio, un temor que crecía.
Después las cartas se acabaron, y se acabó la guerra.
Y los hombres volvieron, pero él seguía en el frente.
Qué larga fue la infancia; qué triste está Alemania en la memoria.
Los tres íbamos juntos cada sábado
a esperar aquel tren.
Sin hablar lo esperábamos.
Y mi madre creía que estábamos jugando en los campos vecinos.
Año tras año, sin faltar, cada sábado,
sin decírselo a nadie,
esa estación nos vio crecer callando.
Cuando caía la noche, regresábamos.

9 DE ABRIL DE 1948

Para entender el gesto de su brazo
debes haber mirado cómo el niño amazónico
calcula el sitio por el canto
y dirige hacia el cielo de las hojas la cerbatana mágica.

Para entender el modo como decía «patria»
debes haber oído al viejo U'wa
narrando el vuelo de las tijeretas,
sentir un soplo de águilas arcaicas
sobrevolando un territorio eterno,
y saber, como saben el kogi y el sikwani,
que somos estos mares, estas selvas,
que las gentes del agua no son viajeros codiciosos
sino el oro viviente de regiones muy hondas.

Para entender su mente
debes haber oído cómo bajan los ríos,
cómo confunden en la noche sus oscuras riquezas,
y en el amanecer cantan cosas proféticas
que le parecen fábulas al dueño de la orilla.

Para entender esa pasión inmensa
que iba de pecho en pecho, de grito en grito,
debes saber de siglos de vergüenza,
de indios educados por los blancos,
de llagados esclavos que vivieron a solas
sus meses de agonía,
debes saber de dioses vivos que caían,
de dioses muertos que triunfaban,
del cansancio infinito de vivir en el mundo
sin amor por el mundo,
de la torpeza de unas castas tristes
que intrigan, hieren y ebriamente humillan
mas no saben ser dignas de su suelo y su cielo.

Para entender quién era
di quién eres tú mismo,
por qué estrella del cielo de tus noches
darías la vida entera,
por qué trozo del barro en que brotaste
darías la silenciosa gratitud de tus lágrimas.

¿Qué es el amor sino el recuerdo oscuro
de ser parte de un todo?
¿Qué es la fe sino el ansia
de que un sueño divino se confirme?

Para entender su grito debes tener entrañas,
debes sentir en ellas que no hay vileza eterna.

Antes el día era uno,
turbulento, infinito;
después los días se suceden, negándose,
pesa el futuro sobre cada instante
y la vasta amenaza de un fin se llama Historia.

Para entender su causa
debes haber oído las flautas en la niebla,
coros de ancianas negras sobre los litorales,
y gaitas solitarias y la melancolía
que ganó en manos indias la guitarra española.

Por sabanas de Córdoba, por landas de Nariño,
rumbo al Chocó, cruzando el Cauca ardiente,
por bosques de palmeras del Sumapaz, o arriba,
donde buscan el cielo que se esfuma las rectas palmas,
o en la pradera hondísima
donde todo se llama lejanías y pájaros,
una esperanza dura como un grito en la noche.

Indios, negros, mestizos, dorados, blancos rostros,
el país más diverso se ha cansado de odiarse,
pero ¿cómo lograr que el azul ame al rojo,
que el verde ame al violeta?

Para entender su sueño
debes pensar en besos en los puertos,
barcas ansiosas por los litorales,
yarumos plateando los generosos pueblos,
tierno rumor de cuerdas en la noche,
encuentros jubilosos de extraños en los montes,
árboles respetados como ancianos,
cantos en lenguas indias por las largas sabanas,
ráfagas de aventura, rojas danzas frenéticas
y unas mestizas frentes altivas como palmas.

Pero alguien piensa ahogar en sangre tantos sueños.
Alguien conspira nuevas centurias de mazmorras.

Vientos de Montería, plata gris de las ciénagas,
roja anaconda de agua que separa las selvas,
luna por los cañones del Tolima,
algo se gesta contra nuestro sueño.

Por calles populosas hay un hombre que avanza con un arma.

Gaitán mira el reloj de San Francisco.

Una paloma asciende a la cornisa.

Ay, Casanare. Ay, Macarena. Ay, Guajira.
No es un balazo, es un soplo de incendios.
Un coro de degüellos, ráfagas rencorosas,
la hora atroz de las decapitaciones,
los dragones concéntricos del odio y de la injuria,
la multiplicación de los suburbios.

Pájaros sepultados en las rotas guitarras.

Donde un pueblo soñó por fin su orgullo
baja un río de sangre con cadáveres.

CORRIDO DE MIGUEL PÁRAMO

Plateada noche de mayo
como no he visto ninguna.
Con qué tropiezas, caballo,
cuando se oculta la luna.

Agua en la piedra resbala,
niebla en la niebla se anula.
Una me espera en Comala,
otra me espera en Sayula.

Sus ojos daban la cita,
bastó mirarla y lo supe,
la noche está suavecita
como los muslos de Lupe.

Una mujer en la puerta
y una niña en la ventana
dicen a la noche abierta
que no veré la mañana.

Salta, caballo encendido,
diablo, tormento y lucero.
Si es el amor prohibido
es el amor verdadero.

Ay, los nopales sombríos.
Ay, los plateados maizales.
Si sus maizales son míos,
de ella serán mis nopales.

Sayula, que no la hallo.
Comala, que se me esfuma.
Y al espolear el caballo
clavo la espuela en la bruma.

COMO SI SÓLO ORGULLO LE QUEDARA

La enfermedad perdió todo peligro,
el amor todo encanto,
ni siquiera las lágrimas de incontables doncellas
le harán abrir los ojos.
Polvo de eternidad son las estrellas
y no sabe mirarlas
como si el espectáculo que llenara sus párpados
fuera más bello y vasto.
La más honda canción no alterará sus sueños,
no lo seduce el esplendor del mundo;
el gesto de sus labios
es un firme desdén por diablos y ángeles.
Nunca preguntes dónde está. Los lugares
son poca cosa ante ese reino.
No preguntes qué siente. Sentir es algo tenue,
algo que queda más acá del fuego.
Solo como un navío cruza entre llantos,
alumbra más que el sol,
pasma más que la luna,
hiere más que la espada,
protege más que el yelmo.
Ahora es como el centro de un país de certezas:
da fuego a todo amor,
une en letras de enigma el firmamento.
Tócalo, si lo tocas, como si fuera un Dios,
como si fuera dado tocar un alto sueño;
no le enseñes los rumbos de su viaje
pues ni tú ni los dioses pueden saberlos;
pero aprende una noche lo que enseña
su divino aprender el arte de la piedra,
su infinito entregarse
a la disolución y a los misterios.

Aprende del futuro que te muestra
cómo anudar cada hierba a una estrella,
cómo pulsar estas cuerdas inmensas.
Ahora que sabe todo lo que ignoran los sabios
ya no saldrán palabras de sus labios.

EL SOLDADO QUE PERDIÓ SU GUERRA

Toda la noche combatiendo los interminables ejércitos.
Descienden de un dragón de juncos, con armaduras de colores.
Todos tienen el mismo rostro, me atacan con sables y lanzas
y al final siempre retroceden por los pantanos amarillos.

Despierto, y comprendo otra vez que esta es la guerra verdadera,
aunque demoren los guerreros, aunque los grandes barcos tarden
y no manchen el cielo de plata las rojizas moscas de hierro
ni se abra en llamas y gritos el macizo de los bambúes.

En verdad, qué larga es la guerra. Yo tenía 23 años
cuando escuché al Emperador declarar el odio a los diablos,
odio a los cielos de Occidente, furor contra las mil naciones
que querían volver cenizas el crisantemo solitario.

Combatí en los montes de China contra los rojizos mongoles,
comí en el Yang-Tse peces crudos, me hirieron los riscos de hielo,
vi un Dios con cabeza de mono, vi un joven sentado en la luna,
y una noche nos extraviamos por estas islas incontables.

Después la nave se alejó, dejándome por centinela
y el capitán me dio la orden de resistir, de ser a solas
el escudo de los jardines donde cantan los diez mil dioses,
el sable del Emperador alumbrando en oro las ciénagas.

Un día llegará la orden del Gran Señor, y sólo entonces
podré volver donde me esperan mi mujer y su hijo de brazos,
podré despedirme del tigre que arde al ocaso en la colina,
podré despedirme del ibis que vuela sobre los pantanos,

podré deshacer la muralla que hice con cañas y con juncos,
desarmar las trampas de estacas puntiagudas en los barrancos,
recoger las sogas alertas que aguardan al diablo furtivo,
liberar el alud de piedras suspendido junto al estanque.

A veces antes de la aurora tiembla la isla y yo despierto
de mi guerra de tantos años contra el guerrero innumerable
y creo que llega el enemigo, que a su paso cimbran las selvas,
pero es tan sólo el respirar de los dioses de los abismos.

Me he visto en los lagos del Fénix; está viejo mi rostro triste,
una larga barba de lana cae como arroyos hacia el agua,
pero aún soy fuerte y cada día inspecciono los mecanismos
de las trampas inevitables que he sembrado sobre las playas.

Ya no caen en ellas los tigres; ya no hay cigüeñas destrozadas
blanqueando al amanecer en la maleza o en las charcas;
los sutiles seres del bosque no son asunto de mi industria,
pero los demonios de Europa no han sabido encontrar su rumbo.

¿Dónde estará la hermosa guerra que hace cuarenta años espero?
¿Dónde maldicen los cañones? ¿Dónde se desangran los héroes?
¿Por qué el cielo no me bendice con ejércitos de mil rostros?
¿Por qué siempre el mismo combate con ese guerrero y sus sombras?

En mis sueños el enemigo lealmente me busca y me agrede,
pero su rostro es casi el mío después de tanto conocernos,
y está empezando a envejecer bajo su armadura hermosísima
y sé que si un día le doy muerte no veré nunca más las islas.

HABLA EL ESPÍA

Mío es el reino de los sobres sellados,
de los mensajes cifrados, de pasos sigilosos por pasillos de archivos.
Mi oído descifra la música de las cerraduras.
Yo estoy tras esa única ventana que no ha apagado su luz en la noche.
Estoy detrás de los lentes oscuros, detrás del diario abierto.
El desmedido laberinto de la ciudad está hecho para albergar esa calle,
esos porches gastados, esas escalinatas, esos discretos jardines,
y ese buzón donde a la hora más sola
deslizaré el informe.

Y LA TIERRA SERÁ EL PARAÍSO

El cisne llega a las regiones más altas
y vuela en torno a la cabeza de piedra.
El topo excava en las regiones más negras
y traza laberintos entre los pies de piedra.
El rojo halcón es casi imperceptible
sobre el pulgar de piedra.
Una nube morosa se ha dormido en su palma.
Bajo el titán inmenso el país silencioso
que idolatra al caudillo,
canta al amanecer su lealtad infinita,
su gratitud eterna.
Llenan el vasto día mansedumbre y trabajo.
El pueblo ama a su líder y a su patria.
El bien reina en el mundo.
Y del mal en la noche se encargan las mazmorras,
las sogas y los garfios,
las dóciles cuadrillas, las picanas eléctricas,
las fosas que devoran la carne atormentada,
los ríos que se llevan a los muertos sin nombre.

PORFIRIO RUBIROSA

Por barrios de Santo Domingo, primero miras la pobreza,
después las rutas del Atlántico bajo los rojos huracanes,
contemplas a ese anciano negro que toca la trompeta en la playa,
ves pasar los yates magníficos, con sus rubias casi irreales.

Y sueñas que un día serás como esos magnates sonrientes
que se alzan los lentes oscuros para mejor mirar las islas
y beben largamente ron, o licores en arco iris,
y dejan en tu mano humilde un enorme dólar de plata.

Pero extraños dioses te dieron un don que no tienen los otros,
una sonrisa que abre puertas, cajas fuertes y corazones,
una atracción en la mirada que hace que las damas se rindan,
que los cancilleres se rindan, que se rindan los dictadores.

Ya eres oficial del ejército; bailas con mujeres casadas
en la clandestina penumbra de unas terrazas con palmeras,
ya en las cadencias del bolero les susurras letras más íntimas
y aprendes a ser el que eres, bajo la luna solitaria.

Y conoces a Flor de Oro, es casi bella, casi dulce,
es la hija del dictador, y tú sólo eres su capricho,
el mejor varón de las islas, el oficial alto y sonriente
que marcha y ríe y lucha y juega y baila y bebe y ama y besa.

Y con la boda te conviertes en confidente del tirano,
un hijo más firme y más fiel que los vástagos de su carne,
y se encienden sobre tu sueño los diamantes de la fortuna
y así empiezas a deslizarte sobre vastos lechos de seda.
Desde ese instante tienes todo lo que soñabas cuando niño
y todo lo que no soñaste. Bello, famoso, joven, rico,
ves que a tu lado pasa el mundo, pasa como un flanco de nieve,
y hay carnes ebrias de perfumes, labios de vino, ojos violeta.

El Bentley pasa ante los ranchos, el yate deja atrás las islas,
los negros e indios de tu sangre sólo dan un matiz exótico
a esa risa que centra siempre las largas fiestas de los príncipes,
los restaurantes de Acapulco, las líneas del golfo de México.

Y Trujillo no podrá odiarte aunque abandones a su hija,
le mentirás que eres estéril, que eres un yerno inconveniente,
y él hará de ti su ministro para Europa, y en tus pupilas
serán como lentas mareas las costas de los continentes.

El bimotor va como un pájaro entre las alegres borrascas.
La guerra de Europa es un sueño que no perturba los salones;
los estampidos son champaña, aquí sólo truena la orquesta;
vienes de las fiestas del trópico, sabes olvidar las tormentas.

Y se suceden los casinos, los Ferraris y los romances.
Giran las ruletas doradas, rechinan los frenos perfectos.
Ya estás en tu noche de bodas con una bella actriz francesa,
ya estás en tu noche de bodas con una americana de oro.

Y los generales imperan sobre tu isla y la saquean
y Trujillo reina en sus mares como un ídolo que da espanto,
pero esas comparsas sostienen tus festines y tus intrigas;
hay un estratega en tu mente, sobre esa risa irresistible.

Los altos caballos de polo llenan tus cuadras. Tus retratos
llenan las revistas de moda. Aquí el irreprochable dandy
con quien sueñan las quinceañeras en los barrios pobres de México,
con quien sueñan las viudas ricas, las damas solas en sus torres.
Y seduces en los salones, y haces espionaje en los lechos,
y mientras el Château Rothschild empurpura las hondas copas
hablas de temas menos plácidos, hablas de tanques y de rifles,
de las muchas guerras sin nombre en que se ha roto la gran guerra.

San Felipe de Puerto Plata, aléjame de las tormentas.
Santiago de los Caballeros, cómo resopla el viento atlántico.
Isla Beata, Cabo Engaño, Santo Domingo, Pico Duarte,
no quitéis el aura a Porfirio, la sutileza, el ocio, el ángel.

Cada día más cables llegan desde el hombro de las Antillas,
donde corren vientos que sufren, entre tambores embrujados,
donde rasgan aves en llamas las noches macizas de sombra,
donde viejos de ojos dorados ven pasar las muertas fragatas.

Pero al fin Trujillo te llama. Detrás del Paso de los Vientos
hay un largo país que danza al borde mismo de las lágrimas;
la tarde enciende sobre Cuba las estrellas y los burdeles
y hay luces furtivas que inquietan las sierras al sur de Bayamo.

Y ahora, a la orilla del mar, por el malecón de La Habana,
pasan los autos de carreras, Phil Hill, Roland, Fangio ya libre,
pero sólo se habla del dandy que escapó de una fiesta al alba
y está corriendo en el Grand Prix con el *smoking* de la víspera.

¿Y qué importa al fin que otros triunfen? Tú estás riendo, tú siempre
    ganas:
la joven francesa hermosísima que está aplaudiendo en las tribunas
es tu mujer; el campeón es tu amigo; los generales,
tus socios; Batista, tu aliado; la embajada, desde hoy, tu casa.

Güira de Melena, Artemisa, Pinar del Río, La Esperanza,
La Habana: el hondo mar latino, oro de trompetas: Matanzas,
Camagüey, Bahía de Cochinos, Trinidad, Santiago de Cuba,
sol de miel, Cruz del Sur, Guantánamo, Cabo Cruz, Manzanillo,
    Granma.

Y se deslizan los ponientes sobre el dolor, sobre las islas,
y los labios sobre las pieles, y sobre las rosas las lágrimas,
y los aviones militares sobre las aldeas en llamas,
y tu sonrisa por la vida como un esquiador por la nieve.

Y los diamantes para Odile, las orquídeas para Trujillo,
las metralletas San Cristóbal para las tropas de Batista,
las sonrisas para las cámaras, las bromas para los salones,
los perfumes para Danielle, el corazón para más tarde.

Y llega el primer día de enero del 59 y termina
tu misión, y Cuba se borra del horizonte de tu alma.
En ese pájaro de acero que devora la luz del norte
ves lo que hace tanto olvidaste, que la pared del cielo es frágil.

Que aunque ellas te lo han dado todo y aunque el mar es eterno y pródigo
y hacen una rosa en su giro los verdes dragones atlánticos,
una mano mueve este mundo de Black Jack y batas de seda,
de *sword fish* en salsa de olivas, de espesas alfombras de pámpanos.

¿Y dónde estará Flor de Oro con sus diez collares de perlas?
¿Dónde estará Danielle Darrieux con sus largos rizos dorados?
¿Dónde está Doris Duke rodeada por sus rojos gatos de pórfido?
¿Dónde estarán Bárbara Hutton y sus océanos de dólares?

¿Dónde aquella que amaste joven cerca de Concepción de la Vega?
¿Y aquella muchacha del Marriot que jamás te dijo su nombre?
¿Y aquella que se desnudaba por los malecones de Oribe?
¿Y Zsa Zsa Gabor, que hablaba en húngaro al despertar en la alta noche?

Esto es el otoño. Ellas vuelven por tu alma como hojas al viento.
Por las aceras de Park Avenue casi eres uno más; te siguen
sólo las hojas de los arces. Te deslizas entre las gentes
y algo en ti está casi triste. Casi eres aquel de tu infancia.

Una mano mueve este mundo de melancólica elegancia.
¿Quién te lleva por los salones con Pat y Joan y Chris y Jackie?
¿Qué poderosa fuerza es esta que te sostiene y que sostienes?
¿Sobre qué sombras del Caribe reposa tu risa embrujada?

Lo recordarás esta tarde cuando sientas que algo se ha ido,
que no hay viento para tus alas, que el paciente mar está quieto,
que en Santa Cruz de Barahona una mujer canta al crepúsculo,
que el eje de oro de la rueda feliz de pronto se ha atascado.

También dicen tu mala suerte los titulares de los diarios.
Tú le fuiste un hijo más fiel que los vástagos de su carne.
Ya nada podrá ser igual. Qué solo estás. Trujillo ha muerto.
Los diamantes de la fortuna ya se apagan sobre tu alma.

Campos de polo de Clichy, protegedme de la memoria.
Blancos relojes de Cartier, que no giren más los recuerdos.
Puente de Alejandro III, no me dejes mirar la ruina.
¿Qué desorden invade el cielo? ¿Qué imposibles cuervos son estos?

Hubo un vago tiempo de oro. La belleza anidó en tus brazos.
La luna parecía el espejo de tu destino incomparable.
Te deslizabas por la vida como un esquiador por la nieve.
Eras el rey de un raro reino de fusiles y de diamantes.

Vuelves de los campos de polo. Llueve levemente el verano.
Veloz se desliza el Ferrari por las carreteras mojadas.
Esto es el Bosque de Bolonia. Esto es la luz. Eso es el cielo.
Y un día olvidado te alcanza. Y aceleras contra los árboles.

LA MUCHACHA DE LA FOTOGRAFÍA

Lo que me inquieta
es que esa frágil criatura disuelta por los años
siga siendo belleza para el mundo.
Las pocas veces que la vi sentí asombro.
Quise saber qué centro indefinible,
qué invisible alfarero va ordenando en belleza
la substancia terrestre;
por qué designio sus cabellos copiaban
el oro evanescente de los atardeceres,
bajo qué ritmo suavemente sus párpados
hablaban de la luz y del sueño,
de qué manera tan perfecta y terrible
su piel suave y sus gestos
ocultaban su red de misterios y entrañas,
la animal persistencia del corazón en la sombra,
la sangre ciega por las negras arterias.
Nadie, viendo los giros de su danza,
quiere pensar en esa fronda interna
de calcio y linfa y púrpuras fractales,
ni en cómo se destilan el sudor y las lágrimas,
ni en cómo avanza el aire a ordenarse en canciones
por la red de los bronquios.
Ni en las internas flores de su sexo,
ni en los cimbreantes nudos de bambú de las vértebras
por la espalda adorable,
ni el paladar estriado y rosa y dulce
tras el milagro de la risa.
Lo bello es sólo la expresiva apariencia
y lo más misterioso es lo visible.
Viéndola, yo sentía que el amor es hermano
de la fe, y el saber hermano de la duda.
Por eso no entendí las sombras de su alma.
Pensábamos que la belleza era la irradiación de la dicha,
pero la indescifrable muchacha sufría.
Que el esplendor que dura en sus retratos

era expresión de un orden.
Pero era un estallido de la sombra el relámpago.
También irradia su fulgor la desdicha.
Todo oculta sus causas,
y donde el hombre ve en la carne fértil
la tácita promesa de vida inagotable,
también hila la muerte otras promesas.

Mira esta imagen.
Libre ya de su abismo,
mírala aquí deslumbrante y perfecta.
Mira la risa mágica que acaso
no era en el alma risa sino desvelo y súplica.
Mira el hermoso cuerpo que incesante aún irradia
su tentación, como una flor perfume.

Pulió la muerte su labor más perfecta,
disgregó lo adorable,
pero dejó esta rosa a la memoria.
Y aquí la joven danza ya más bella en su ausencia,
con rostro indestructible.
Nada en su risa de la activa tiniebla,
nada en su forma de la impura angustia,
nada en su carne mortal de la muerte.

Como si fuera el sufrimiento un pretexto
para que dure la belleza,
para que sigan los hermosos labios
riendo de su tormento.

LA VIUDA

Un día tendré dinero suficiente,
y para eternizar ese amor que vivimos
voy a alzar una tumba en la colina.

Todos hablan mal de él,
recuerdan solamente su insolencia,
su sonrisa feroz en los encuentros,
el chispear del machete contra el asfalto.
Yo sé que era violento, yo sé que se embriagaba,
que peleaba con todos,
pero mejor amigo no hubo nunca,
ni amante más ardiente,
ni dueño más sumiso de su dueña;
y cumplió como pobre,
y mirando a la muerte era más altanero que los reyes.

Ahora está muerto,
a traición lo mataron porque no había otra forma,
a piedra lo arruinaron en una calle oscura
a donde llegó solo, y a cumplir, como siempre.

Siete hijos me dejó.
Son valientes los siete.

Vuelvo a mirar sus huesos, que guardo en este cofre,
bajo esta cama nuestra.
Ahí están bien cuidados, bien queridos.
Un día tendré dinero suficiente,
y para eternizar esos años de dicha,
voy a alzar una tumba.

ESA NIEBLA QUE ASCIENDE HACIA SAN MARCOS

E. Dicen que usted se alió con los fascistas. Dicen que usted es enemigo de América.
P. Todos los que entran en una guerra son iguales.
E. Pero usted traicionó a su país.
P. Y fui traicionado por él. Soy un hombre sin patria.
E. Le dieron tratamiento de criminal de guerra.
P. Casi he olvidado todo. Estuve en una jaula a la intemperie.
E. ¿Se siente usted un poeta americano?
P. He escrito poemas de América. También poemas chinos, griegos y provenzales.
E. ¿Qué castigaron en usted?
P. Ser distinto. Hay que pensar como los generales. Y es más grave usar palabras que bombas.
E. Pero ¿admite usted haberse equivocado?
P. Nada me cuesta pensar que me he equivocado.
E. ¿Y admite como justo el castigo?
P. Quienes me castigaron son peores que yo. Nunca he matado a nadie.
E. ¿Rechaza la violencia?
P. Sólo usé la violencia contra Milton.
E. ¿Podría contarnos cómo?
P. Al leer mis epigramas contra él, en los cenáculos de Londres, azotaba el suelo con la fusta.
E. ¿Por qué lo odiaba?
P. Porque era un cortesano de Dios y de Cromwell.
E. ¿Cómo quisiera el mundo?
P. Regido por dioses alegres y bellos.
E. ¿Qué hemos perdido?
P. Fe y honor y armonía.
E. ¿Podremos alcanzarlos de nuevo?
P. Todo ha caído en manos del mal. Pero el mal disfrazado de bien es más horrible que el mal desnudo.
E. ¿Hitler y Mussolini eran el mal desnudo?
P. Tal vez.
E. ¿Qué es para usted el siglo XX?

P. Un río sin destino.
E. ¿Cree en el infierno?
P. Alguien dijo que el infierno es la historia.
E. ¿Qué es la poesía?
P. Un soplo del azar sobre un jardín embrujado.
E. ¿Qué piensa ahora de su vida?
P. Soy un muchacho de cabellos de fuego que desciende de un tren en la Estación Victoria. Soy un anciano de cabellos blancos que ve morir al mar desde un palacio veneciano.
E. ¿Qué puede añadir?
P. Que todo es bello. Que todo salió mal. Que el mundo es un jardín atroz y que es también el paraíso.
E. ¿Es solitaria su vida?
P. Ahora están cantando las sirenas.
E. ¿Qué piensa?
P. No recuerdo los rasgos de una mujer que quise. El olvido es como esa niebla que asciende hacia San Marcos.
E. ¿Saldrá otra vez de Italia?
P. Estoy cansado.

ABRIL DE 1973

Y de repente todo fue silencioso.
Altos vientos deformaron las nubes del mediodía
y el cielo se deshizo en puntos blancos
sobre lo horizontal y lo sinuoso y lo oblicuo
de las colinas y sus prietos ramajes.
El castillo amarillo,
con sus verdes ventanas italianas,
las rojas ocres curvas sucesivas tejas blanqueando
bajo las capas de la tardía nieve de abril.
Las quebradas montañas al fondo, un confín de laderas esfumadas,
y el tembloroso trazo como de rayo horizontal,
el perfil de los pinos tras la mancha amarilla de Vauvenargues.
Alegres salpicados de nieve, discorde declinar de los copos que arrecian,
y sobre el blando, espeso, congelado silencio,
sólo, a veces, los truenos.
No avanzaban los coches, no escarceaban los rojos caballos,
no sabía el perforado cielo de mármol
sobre quién abatía su vidrioso raudal en aquella mañana.
Una tormenta blanca desde los ápices de los montes
hasta los largos litorales brumosos,
y bastaba cerrar los fríos párpados para ver en lo azul minotauros y estrellas,
y desnudar los ojos aliviados para ver el cortejo bajo el sudario de la nieve.
Cristalinas estrellas deformes en las crines aborrascadas,
manchas de tinta negra los autos fúnebres
y las tímidas flores de los chopos lombardos
y el fruto del cornejo escarlata
y los triunfales brazos del pino bajo la mínima noche del cuervo,
y la certeza de que al sur de estos quebrados campos blancos
corrían sobre el lomo de la ballena azul los barcos pescadores
y más allá los afligidos y negros y leonados rostros de África,
brazos negros hundiéndose en un cielo que quema,
y la rojiza luna palpitante azorada por los tambores.
Tal vez era un lejano tam tam de tambores lo que aquí contrariaba a la nieve.
El mar dejó a los pies del difunto su cántaro de vino griego

y dijo sin palabras, poniendo apenas un matiz de cobalto en los copos:
«Usaste bien del siglo que te he dado,
embrujaste los muros, conjuraste los años atroces,
vertiste diosas de alegría en las pupilas de los hombres,
diste locura e irisada embriaguez ibérica y griega y africana
a los siniestros y enlutados vástagos de Occidente».
Era abril, caían los copos, un blanco declinar se apagaba en lo blanco.
Frente al castillo de Vauvenargues, ante el ceremonioso cortejo,
el féretro de Pablo Picasso se había borrado bajo la nieve.

CANCIÓN HUTU

Mira la luna roja,
herida por las lanzas de los tutsis.
La vengaremos esta misma noche.

EL HOMBRE QUE VISITA LOS ANTICUARIOS

Esta es la historia del hombre que visita los anticuarios
y ve los vasos de cristal, tallados con cortejos de aldeas alpinas,
y en la base de plata cabezas de faunos y pámpano y racimos;
y ve los muebles que llenaron y vaciaron los años,
el brillo de la laca sobre la oscura caoba,
las tallas angulares, tiempo de humanos cincelado en los árboles,
la luz de hoy en viejas cafeteras con relieves de ciervos o gansos.

Esta es la historia de un hombre detenido ante espejos
que vieron esfumarse los linajes, que copiaron rostros que huían,
espejos que creyeron en aquel que creía en sus fantasmas.
Detenido ante sillas de madera y de mimbre; garras de león de bronce
 las patas;
hojeando libros que ostentan capitales de oro y de púrpura,
y graves historias de amores que no tienen prisa, que se demoran en
 tanteos y anticipaciones
porque van hacia reinos inaccesibles.

Afuera llueve, cae la noche, estallan bengalas o bombas;
incendian el cielo crepúsculos o catástrofes;
en aciagas esquinas lo que fue muerte, desconcierto y misterio,
incrementa los índices de las estadísticas,
y están las calles llenas de palabras escritas,
y cada cosa tiene el sello de la corporación, fecha y licencia.

Esta es la historia inútil de un hombre inútil en la tarde de lluvia.
Va por los pasadizos de un almacén de cosas tristes,
viejas, calladas, tristes, hechas por hombres muertos,
hechas para hombres muertos,
que amaban sentir en las cosas el aleteo de lo eterno,
que lentamente paladeaban el mundo
tratando absurdamente de comprender sus leguas, sus matices,
su indescifrable pulular de cuerpos y de almas.
Afuera rueda el mundo, autos vertiginosos;
raya un avión la bóveda de color de oro viejo del cielo viejo,

y en él vuelan los plácidos viajeros con sus tiquetes y sus cámaras
hacia las playas felices de las fotografías
que lame y gasta el mar del tiempo bajo el ocio de las generaciones.
Afuera corre aprisa la vida hacia los luminosos supermercados
y vuelve aprisa hacia los blancos hogares llenos de cubos luminosos
y bebe aprisa las verdades del día, los inolvidables acontecimientos,
y el mundo es raudo como el cine,
y nada vuelve, ¿a qué volver?, lo único bello es lo inminente
dice una misma voz por todas partes.
Esta es la historia de un hombre absurdo perdido en un mundo sensato,
de un hombre triste en un lugar desde donde se ve caer la lluvia,
caer la noche, caer el sueño, sobre las cabezas felices,
sobre los turbios lagos de sus almas,
el sueño, donde el hombre es razonable mientras es absurdo su mundo,
el sueño, donde llueven los lagos hacia el cielo, donde los muros de la
ciudad se afligen,
donde un sereno soplo fragiliza y enciende las rosas de acero.

La historia de una sombra en un mundo soleado,
de una gota de angustia en los tiovivos de un mundo feliz,
la historia extraña de un hombre que deplora los tiempos viejos,
cuando todo era lento y había tiempo de hallar a Dios en las cosas,
en los ojos ariscos de la ardilla, en las puertas talladas,
en la divina lentitud con que se acercaban las ciudades al viajero,
piedra a piedra, lago a lago, fronda a fronda,
no como si existieran al final del camino
sino como si el viaje las inventara.

JORGE LUIS BORGES DESPIERTA PENSANDO EN LA MUERTE

El asombroso sueño aún no cesa,
Una vez más la oscuridad me alumbra,
Y alguien que calla vuelve en la penumbra
A urdir un talismán con su tristeza.
Una vez más en la infinita casa
Que brevemente habita nuestra pena
Vuelve como una blanca luna llena
A suspender el tiempo su amenaza.
¿Qué ciego ser que duda y tiembla y arde
Viene por el ustorio laberinto?
Realizaré por fin algo distinto,
Pero para saberlo será tarde.
    Siempre esperando, y cuando al fin sea cierto,
    Nadie vendrá a decirme que estoy muerto.

EL ASESINO

Yo iba por calles de Chicago pero las brumas de Liverpool me invadían.
Yo miraba la taza de cereales y eran de música las fresas rojísimas.
Yo caminaba al ritmo de sus canciones, por los lagos escondidos del sueño.
Yo quería morir y ser música. Yo quería ser ellos.

Pero mi infancia la aprendí en los periódicos; sólo nací a la vida cuando escuché su música,
y era un deber desdichado y feliz permanecer hasta la medianoche en los diezmados cinematógrafos
volviendo a ver sus rostros inmensos como nubes del horizonte,
volviendo a oír esas canciones que eran el aire de la época.

Si yo miraba al norte, veía caer la nieve en sus sombreros negros,
si miraba hacia Europa, veía las multitudes alarmadas de dicha,
si miraba hacia Oriente, lo veía en la bruma del hachís y del opio,
y sentado en el trono de Buda, y anudado a una diosa en un templo.

Él fue mi bendición. Años dulces. Coches rosados de mi adolescencia.
Fuga en los cómplices camiones por las rutas interminables.
Y las montañas rocosas azules al amanecer,
mecidas en azul por la canción de los bosques noruegos.

Pero yo no era nadie y sobre mí crecía como un incendio el cielo,
un cielo de titulares de diarios, un cielo de canciones magníficas,
y en el cielo había tronos budistas donde bailaban muchachos ingleses,
y había portadas de *Life* volando allá en el confín de mis sueños.

Había entregado mi vida a unos seres de papel y de lumbre,
y ya sólo salían de mi alma las palabras de sus canciones.
Yo no era nadie y ellos eran dioses y jazmines de Buda,
y él estaba desnudo en el jardín de las manzanas de oro.

Traté de huir de mi destino, perdiéndome por los suburbios,
y el cielo de fresa y de azul hacía sonar cuerdas eléctricas,

y en las cavernas de humo y yerba giraban los discos de plata,
y el tren subterráneo corría por un túnel de fiebre y música.

Había dado mi corazón a alguien que no podía saberlo.
Hablaba de amor a un fantasma, a un cubo de cristal luminoso.
Ofrecí la combustión de mi carne a un hombre de fulgor y de sueño;
yo lo veía en el espejo en mediasnoches solitarias.

Ya meciéndome en el delirio lo busqué por barrios insomnes,
por laberintos de tranvías, por muelles y por muchedumbres,
pasaban ciudades flotantes ante el barco que era Manhattan,
pasaban osos con cadenas, pasaban patrullas y espantos.

Pasaba la luna poblada de artefactos y de guerreros,
pasaban los bosques vencidos por las roncas sierras eléctricas,
pasaban las nubes de mármol con aviones en sus entrañas,
pasaban demonios y ángeles, pero aquel hombre no pasaba.

Él fue mi maldición. En su alma las imágenes se hacían música.
Todo en él se arremolinaba como una flor hacia el futuro.
Millones de bocas repetían como hechizadas sus palabras.
Yo estaba solo y era nadie en esa esquina solitaria.

Entonces surgió del otoño. Yo intenté contarle el secreto.
Decirle que yo no era más que esas bocas innumerables,
que todos éramos los pétalos del loto donde él meditaba,
que todos éramos el templo donde él abrazaba a la diosa.

Pero iba de prisa, pensando tal vez en una canción nueva,
y yo no podía vivir si no me miraban sus ojos,
y comprendí que yo era cruel, que yo era él, que estaba solo,
que los dos éramos acentos de un solo grito indescifrable.

No sé si decidí salvarlo de mi amor o del universo.
Él por fin me miró, asombrado, ya con las balas en su cuerpo;
ya huyendo en los brazos de un Dios hacia cielos inaccesibles,
mientras allá, en el Central Park, brotaban amapolas negras.

FRANCIS BACON

Los severos obispos morados.
Sus rostros tienen la forma de una oración
cuando se dice por centésima vez.
Sus manos blancas, secas,
manchan piedras radiantes.
Los obispos me miran bajo sus mitras góticas
como niños sin sueños.

Buscaré a la mujer del cuarto rojo,
su carne azul se rompe de deseo,
y atrás la puerta en sombras tiene un perfil de piedra
y la silla se arquea desvelada
y el amarillo desespera en su círculo
como un cautivo.

La curva blanca, el trapecista, mide
el arco del peligro sobre verdes vacíos
y hay tanta tinta negra asediando a los hombres,
tanta sangre en la luna que nunca miran,
hay tantas tardes lila sobre los bosques imposibles
del amor y de la inocencia,
que ya no sé dónde llevar mis pasos.

Caeré otra vez en pasadizos lóbregos,
haré sonar los peldaños de cobre
que bajan a desnudas soledades azules,
para no ver mis sueños donde bajo los muertos
las rojas hierbas sufren,
donde la alcoba tiene miedo y gime
entre la luz limón de sus lámparas.

MR. HENRY SULLIVAN EN SU LECHO DE ENFERMO

Ahora me alejo de este reposado planeta de villas y de balnearios.
Adiós al rebaño de yates que cabecean perezosamente.
El oro poderoso nada puede contra el venerable dolor de la carne.
Me alejo, como todos, cuando todo empezaba.
Me voy hastiado del fulgor del diamante.

EL LOCO

Fue en el cruce de Broadway con la 41, una noche de otoño, húmeda todavía,
eran rojas las calles y eran grises los cielos y en el aire quedaban como restos del día.
El neón, los comercios, las pantallas enormes, los rebaños de taxis amarillos y urgentes,
el estruendo en el mundo y el silencio en las almas y la prisa en los pasos cansados de las gentes.
Los blancos reflectores como faros perdidos trazaban en la niebla túneles de aventura,
las ratas olfateaban las basuras heladas y las torres inmensas perforaban la altura.
Una noche cualquiera de la ciudad, de aquellas en que todos se han ido y en que sólo tú quedas
por esquinas brumosas viendo cómo se elevan de las rejas del suelo las densas humaredas.
Y hay ráfagas de hierba, grupos de vagabundos, policías solitarios, sirenas de bomberos,
y algún solo y tardío tocador de trompeta deleitando a los últimos, callados, forasteros.
Y entre las quejas de oro del trompetista vino como el caudal espeso de una voz inhumana,
incesante, colérica, dulce, yerta de angustia, masculina, pastosa, desolada, lejana:

«Creen que Dios no los mira, que no habrá quien penetre en sus almas de topos y en sus actos bestiales,
que tiemblen porque vienen ríos de plomo fundido, y nada tuerce puentes como los vendavales.
Quieren que yo me calle, que no anuncie la ruina que va a morder los cuerpos como espigas el fuego,
que no muestre a los cielos sus codicias inmundas y pase por su puerta como si fuera un ciego.
Pero yo estuve en Roma y anuncié su caída y vinieron a oírme ángeles de ocho alas,

yo vi nubes de azufre sobre las catedrales, y las estrellas negras y las estrellas malas.
¿Por qué han hecho esas torres que estorban a los astros? ¿Qué mira esa mujer por ventanas tan altas?
La luna está durmiendo en su cama de mármol, ¿por qué vas y la asedias, la asustas y la asaltas?
Mundo desesperado que has perdido a tus dioses, porque todo lo infamas, porque todo lo vendes;
bajan ríos de cosas demenciales y absurdas y ahogan a los niños en sus cunas de duendes.
Por estar contemplando sus pantallas magníficas éstos ya no se miran los unos a los otros,
mientras crece en las nubes el estruendo furioso de los cuatro jinetes sobre los cuatro potros.

Mundo estúpido y ciego que envenenas las fuentes, no cesan un instante tus espantosas fraguas;
caen centrales atómicas en el lecho del Báltico, noche y día depravando las hondas, mansas aguas.
¿Y qué si no el desastre quieren que les pregone? ¿Y qué si no catástrofes quieren que les prometa?
Si aquí todos suponen que las selvas son suyas y que es para sus hambres una fruta el planeta.
Vendrán peces monstruosos, habrá en el aire esponjas cargadas de materias deletéreas y hostiles
y la ciencia arrogante forjará en sus bodegas pavorosos engendros de humanos y reptiles.

Ni en la mente de Juan ni en la mano del Bosco cabrán los espectáculos que prepara el futuro:
bosques de carne, piedras de dolor, corrupciones, y silencios de púas, y cielos de cianuro.
Tú sirves maldiciones dócilmente en tu plato; llenas de rayos tristes tus cansados desvelos;
que vengan ya los ángeles a apagar esta hoguera, que se alcen los mares y se abismen los cielos.

Mientras Venecia cede en brazos de sus dioses, que caiga Roma regia, que caiga Praga tétrica;
pierda Moscú su orgullo junto al mar pestilente, y Manhattan su altiva cordillera geométrica.

Borre un viento de escombros el neón y la herrumbre, pase arrasando templos, silos, urbes y palmas,
pues para que los dioses se arruinen sobre el mundo, basta que hayan caído previamente en las almas».

El oscuro profeta prodigaba sus truenos, corriendo del futuro las nieblas y los velos,
y subían con estruendo de arpas electrizadas los rectos rayos blancos entre los rascacielos.
Y ardía en sus terrazas un rebaño de templos, pirámides de bronce y acrópolis doradas,
y se perdía en la bruma de los puentes de Brooklyn el eco de las pobres palabras extraviadas.
Peso de las verdades que pasan como sueños, desvelados demonios que no salvan ni matan,
dejando aquel oráculo solo bajo los astros me alejé por las trémulas tinieblas de Manhattan.

PETER ENDLESS, AUTOR DE CIENCIA FICCIÓN

Primero fue la historia del niño que cazaba dinosaurios en el sótano del vecino,
dinosaurios diminutos, como vistos a la distancia,
y los guardaba en una jaula en su propio sótano, detrás del anaquel de historietas que le había dejado su padre.
La envié al concurso de Andrómeda, pero los jueces la encontraron inverosímil,
¡ellos, que habían premiado los gusanos de Duna y los ángeles mecánicos de Pohl, con alas llenas de células fotoeléctricas!
Mi maestro era el hombre de Illinois, que hacía crecer en los sótanos hongos extraterrestres
y que no se olvidaba de las brujas por venerar tan sólo artefactos y escombros.
Entendí que la ficción podía olvidar estos actuales éxtasis electrónicos, sus gólems de chatarra,
y soñar otras cosas, la muerte de la razón, el retorno de las bestias sagradas.
Así escribí aquel libro sobre las religiones del futuro, y lo envié a los jueces de Nébula,
pero hallaron que aquello no era ciencia ficción sino fantasías teológicas:
no había allí suficiente óxido, ni energía nuclear, ni rayos desagregadores de la materia, ni venusinas metálicas de ojos violeta.

Recuerdo aquella noche en que encontré a Asimov en una recepción en Manhattan;
amablemente me dijo que había leído mi novela, y que no era una obra sobre el futuro sino sobre el paleolítico,
aunque conmovedora y sincera en su vistosa ingenuidad.
Recordaba el momento en que Nara, la heroína, habla a las mujeres de la aldea
y les advierte que los hombres están conspirando una locura con el tiempo,
un proceso de competencias y acumulaciones y metamorfosis.
Me dijo que ella ha debido usar el nombre real de ese proceso, y llamarlo La Historia.

Esa sola palabra remota, añadió, habría bastado, con su terrible carga
de siglos y de guerras,
para situar a la novela en un futuro vertiginosamente lejano,
donde lo recordado como un malestar antiquísimo apareciera como
posibilidad y amenaza.
Yo le confesé que en el manuscrito ella pronunciaba esa palabra,
pero que comprendí que recordarla situaba demasiado cerca el relato,
en una edad sobre la que todavía gravitaba la furia de estos treinta
siglos.
Le dije que toda nuestra ciencia ficción, al hablar del futuro,
permanecía atrapada en los vicios mentales del tiempo en que fue
escrita,
limitada por ellos,
que el improbable porvenir los leería a él y a Pohl y a Lem,
y al terrible K. Dick, y a Ballard y a Heinlein,
como delicados y apasionados narradores de cuadros de costumbres,
embelesados por la actualidad, incapaces de imaginar un futuro
en el que ya no impere nuestro orden mental,
sus esferas tolomeicas, su doble mundo platónico,
su telaraña cartesiana, sus hegelianas acumulaciones,
los magnetos de Newton, las cósmicas cavernas de Einstein, labradas
con espejos enfrentados que se desplazan.

Le dije que mi novela estaba llena de dioses pero que él no podía verlos
porque florecían en los signos de puntuación y en las terceras y cuartas
acepciones de las palabras.

Agregué que temía que los seres para quienes fue escrita no nacerían
jamás,
y él se despidió felicitándome por mi humor irónico y por mi fantasía
de salón,
más admirable, me dijo, que la que había consignado en las páginas.

Y yo me quedé pensando en esos tiempos en los que ya no habrá
literatura, ni grandes autores, ni jueces de Nébula,
cuando la poesía brotará de las almas con fluidez, como maldición o
plegaria;
en esos tiempos prometidos, cuando las amenazas y las tentaciones
de La Historia
no nos aparten más de la contemplación
de los inmejorables jazmines eternos.

LO QUE DICE EN UN BANCO DE PARQUE UN ANCIANO AL QUE YA NADIE ESCUCHA

Si tú crees en el infierno, debes creer igualmente en el cielo.
Si crees en la desdicha, debes creer en la felicidad.
Si has visto a la hoja de arce, rojo-vino manchado por ocres estragos,
desprenderse del árbol y hundirse por confusas esquinas,
debes creer también en la hoja delicada y brillante que brota
cuando empieza a ser tibia la atmósfera,
cuando todo en la tierra y la luz vuelve a ser un camino.
Si has visto una noche caer al mediodía sobre el alma,
o abrirse un surco de sangre en la piel al paso de la espina de hierro,
o el futuro erizarse como una ciudad angustiosa,
o el rostro del amor endurecerse como la estatua de un tirano implacable;
si has visto a la ruina caer como lluvia que corroe y humilla,
y a la crueldad brotar como una camisa de espinas,
debes creer en el raudal que perfora las nubes,
debes creer en la cicatriz y en el olvido que se cierra como piel de agua,
debes creer en súbitos prados de música,
debes creer en ternuras inesperadas, en amores interminables,
la lealtad naciendo de la pobreza, el valor asombrando a su propia carne,
días sin mancha de miedo, cielos sin buitres,
labios llenos de hermosos consejos, corazones tan puros como pájaros
y sinceros abrazos desnudos que ennoblecen y amparan.
También lo hermoso puede ser, también está para ti lo divino.
Sólo un milagro no pidas, sólo un milagro no esperes,
que la pupila vuelta perla ya por la luz de la muerte
vuelva a ser transparente,
que esa mano, rígida como mármol, que ya atrapó el secreto,
vuelva rítmica y tibia a jugar en el viento.

PROFETAS

Hay mil profetas esperando los mensajes del firmamento,
la aparición de los jinetes, las nuevas letras en los astros,
el clarín que rompa en la noche las negras cavernas del cielo,
pero esos ansiosos profetas sin duda no son el profeta.

Si eres el profeta en verdad, leerás en mensaje en todo,
en los rostros que la humedad va dibujando sobre el muro,
en la forma de ese cordel que los albañiles arrojan,
en los avisos de los diarios donde van envueltos los víveres.

LO QUE VIO EL JOVEN NÓRDICO EN LA SOLEDAD DE LA NOCHE

El profesor comunal tiene el perfil de ese ser milenario
que vi esculpido en barro faraónico en una enciclopedia de mi infancia.
Está explicando cómo muere su isla,
en la pantalla relampaguean los amenazados milagros
y por instantes no estoy solo en mi casa de Oslo
sino con miles de seres invisibles en los bosques de Madagascar,
viendo saltar a los sifacas blancos, acróbatas de los espinos,
temerosos del gato lemúrido, de la mangosta vigorosa
que sube y baja por los troncos con elasticidad de serpiente;
viendo las grandes garzas apacibles
que hunden sus patas finas en un agua que se pliega como mercurio,
viendo esas lunas amarillas y antiguas:
los ojos de los insomnes lemures coronados.
«Es como si atisbaran a través de los siglos»,
dice la voz del narrador sobre los misteriosos animales de luz,
«tal vez lo vieron todo ya desde las olvidadas auroras»,
pues los lemures sagrados son también los espíritus de los muertos,
espíritus que juegan con nostalgia en los comunes árboles del mundo
y parecen reír cuando los antandroi, en las alegres fiestas de los muertos,
sacan a sus mayores de las tumbas, y otra vez los envuelven en blancas telas ceremoniales.

Por troncos espinosos que crecen en una tierra sedienta
veo huir a los sifacas, pero no es ya de la mangosta que huyen
sino de los hermosos niños de pieles de bronce
que empujan las carretas,
y de los hombres grandes que proyectan sombras color de tierra sobre la tierra.
Vienen a hacer carbón con el bosque antiquísimo,
tal vez piden perdón a las estrellas, que sembraron las primeras semillas,
no piensan que los bosques puedan morir un día.
Y también ellos vienen huyendo, detrás afila el hambre sus machetes;
la enorme serpiente, la muerte, ejercita sus fauces;

la enorme flor carnívora, la muerte, abre sus bellos pétalos,
y los muchachos queman los troncos espinosos
porque el carbón alumbrará otro día.
Ya no tienen sus tierras en el valle, está ocupado el valle;
ya no pueden entrar en los bosques, ahora tienen dueño los bosques;
y el mar es de los barcos herrumbrados que los puertos gastaron
    lentamente
y que vinieron a morir aquí, bajo el sol implacable.

Aquí hay hombres que juegan con cosas muertas, aquí hay niños que
    juegan con barcos muertos,
y el halcón blanco hunde su garra en el suelo barroso,
y saca un barro frío, y oprime con él su costado de plumas,
y enfría así su corazón encendido en el cielo.
El halcón madagassi, trozo de sol, mira abajo
cómo avanza el desastre del color de la arena
allá en Madagascar, donde las casas pobres se escalonan en las laderas
    secas,
allá en Madagascar, donde el cañón muestra a los cielos sus peñascos
    cortantes como cuchillos,
allá en Madagascar, donde aún cantan los viejos
canciones de sílabas largas que imitan al viento.

Y está el país de luz en la pantalla
pero yo estoy muy lejos de mí mismo.
No siento cómo el norte cubre de hielo luminoso mi ciudad blanca,
no oigo la noche rasgándose en las heladas ramas del pino,
veo el cielo de caparazón de tortuga sobre las ciénagas rojas,
y esa palabra de tambor y de frutos,
Tananarive, hace temblar mis labios.

Y siento que mis males necesitan las milagrosas hierbas de sus mercados,
y es mandioca y maíz lo que un ser antiquísimo reclama en mi cuerpo,
y sé por qué el camaleón es sagrado,
el lento y blanquecino camaleón que mira al ayer y al futuro
y tiene la textura de las piedras quebradas que señalan el sitio.

Sí, aquí está el rebaño de piedras con inscripciones mágicas;
este es el cementerio donde reposan los muertos bellísimos,
y allí vienen los seres de la industria,
quieren comprar la tierra donde sembramos nuestros muertos.

Cielos de piedra caliza, rigor del poder del destino,
la mitad de este pueblo son niños,
no saben que el fuego hace mucho arrasó tierras y aires.
Un niño de rostro oscuro, con manchas blancas rituales en la frente
y las sienes,
mira las hondonadas del color del incendio,
y escucha el golpe sordo del hachazo lejano,
y vé cómo se inclina el baobab, cómo vacila el cielo.

CANCIÓN DE LOS DOS MUNDOS

En Europa es de día pero es de noche en África.
Al norte del mar está el tiempo, pero está al sur la eternidad.
Los blancos pueblos industriosos construyendo la gloria del hombre.
Las negras lanzas nervadas custodiando la roja luna.
Las blancas piedras con forma de ninfas danzando en la nieve.
Las melenas de oro, las pieles rayadas, las criaturas de cuellos
larguísimos como si fueran sueños.
Al norte del mar el insomnio en la noche, al sur la siesta en la tarde.
Al norte está la razón estudiando la lluvia, descifrando los truenos.
Al sur están los danzantes engendrando la lluvia, al sur están los
tambores inventando los truenos.

UNA MAÑANA DE MIEL

Hay que buscar el árbol que habla.

Un árbol que habla
es un árbol que conversa con las abejas.

Aalén, la llanura está hermosa,
desovilla las brisas de los cuernos de los antílopes.

Está el rumor ahora en el viento.
Lo importante es no llegar a la flor antes que la abeja.

Aalén, llama a los peces en los hondos cristales,
deja que una pequeña flor caiga en el cielo.

Ahora Nguga trepará al árbol.
Yo estoy muy viejo para hacerlo.
Oye el rumor espeso de las gotas de miel provistas de alas.

Las mujeres ya bajan al río.
Míralas cómo pescan.
Tan sólo las mujeres pescan en esta forma.

Aalén, moja ahora sus tobillos oscuros.
Moja sus duras rodillas, moja sus muslos.
Salpica con frío de luz estos rostros que ríen.

Dagui tiene su vientre de nueve meses,
pero eso no le impide que pesque y cante.
—No lo dejes ir. No lo dejes.
Nguga ya va veinte metros arriba.
Ha tardado una hora y aún falta mucho.
Miles de abejas picadoras son un serio peligro para su vida.

Vamos ya. No te caigas como la vez pasada.

A la altura que llevas, un simple resbalón será la muerte.

Dos hombres se mataron el invierno pasado
subiendo al árbol que habla.

Algo se mueve detrás de nosotras. ¿Qué es eso?
El gato de la selva sólo quiere mirarlas,
pero se sienten mejor cuando se aleja.

Aalén está en la miel y en las manos.
Aalén está en los peces que se deslizan.
Aalén está en los ojos del gato.

—Cuidado con eso —dice ella.
Hay que subir la canasta para la miel.
—Eso asusta a las abejas. Cuidado.

Nguga ya trabaja con confianza en la altura.
—Tranquilos. Hay para todos. Hay bastante miel. Hay suficiente.
Nguga tiene que arrancar el nido, tiene que abrir para sacar el panal.

Muchos litros de miel para la aldea.
Dorada miel, el tesoro del bosque.
El nido roto queda en el árbol.

Las abejas de la selva a veces se niegan a abandonar el nido destrozado.
Vuelven a hacerlo totalmente.

Junto al árbol que habla, otros animales se aprovechan del saqueo de la miel.

Un pequeño que vuelve con todos a la aldea llora de pronto.
Aalén, el niño está llorando, ven y cántale.
Mientras le dan la medicina, le cantan lo que hará en él la medicina.

Inesperadamente, Dagui ha sentido que su bebé cambia de posición.

El parto será esta noche.

NOTAS

WEIMAR, 1900

Debo a Consuelo Gaitán la noticia de que Nietzsche, en sus últimos días, se miraba obsesivamente en el espejo. Dados el carácter profético del filósofo y su identificación con el destino del mundo, concebí esta fantasía según la cual cada vez que se asoma al espejo no puede ver su rostro, sino los episodios del siglo que comenzaría con su muerte.

UN ANARQUISTA

Sé muy bien que la imagen romántica del conspirador solitario y temerario que detiene el caballo del tirano y ejecuta su acción entregando la vida casi no pertenece a este siglo.

PALABRAS DE LA CONDESA SONIA EN LA ESTACIÓN DE ASTÁPOVO EL INVIERNO DE 1910

León Tolstoi huyó de su casa en el invierno de 1910 y murió pocos días después en las circunstancias que aquí se relatan. Procuré no identificarlo demasiado en el poema porque estas palabras podrían ser dichas en muchas circunstancias por muchos seres distintos. Me alegra descubrir que Sonia, un ser eclipsado y borroso, resulte intensa y elocuente como personaje literario, condición que nunca soñó asumir. Es rigurosamente cierto que el moribundo no le permitió ingresar en la habitación.

APOLLINAIRE

No sé por qué entre tantos poetas posibles escogí a Apollinaire para hablar de los desastres de la guerra del 14. Tal vez porque él representa a la vez a las víctimas y a los victimarios, dado su entusiasmo de niño guerrero por el combate. Siento que vuelve obsesivamente en los dos poemas la «estrella de sangre» que lo coronó para siempre. En los manuscritos intenté en vano hacer hablar a Rupert Brooke y a Alain Fournier, víctimas también de esa guerra, o al frágil Tolkien, que era entonces un joven y menudo duende británico perdido en un implacable dédalo de hombres.

OYENDO GEMIDOS DISTANTES EL ENFERMERO SE INYECTA

El enfermero es Georg Trakl, poeta suicida.

FRANZ KAFKA

Durante mucho tiempo el más famoso Kafka de Praga fue el escultor del más grande monumento ecuestre de la ciudad. Fue esto sin duda lo que hizo que en el poema Kafka busque a su padre y encuentre la figura de bronce. Releo el poema y advierto que, aunque no fue un propósito consciente, dos palabras en él no habrían podido ser distintas: la primera y la última. La presencia de Goethe es intempestiva pero no arbitraria: harto testimonian los diarios de Kafka su admiración por él.

DISCURSO DEL DUCE EL 5 DE MAYO DE 1936 EN EL PALACIO VENEZIA DE ROMA

Escribí el poema movido por la necesidad de entender qué pasa por el alma de un histrión gesticulante cuando fanatiza a las multitudes, y qué fuerza del lenguaje hace que los seres humanos se entusiasmen con ideas esencialmente estúpidas, sólo porque son dichas de un modo sugestivo y enfático. Como sabrá el lector, el discurso mencionado fue pronunciado realmente, aunque sin duda su texto original no corresponderá en casi nada al que aquí invento, basado en el vago recuerdo de un documento fílmico, visto hace muchos años. Nunca olvidé los gestos, el tono de la voz, la grandilocuencia operática, el clamor de la multitud, la exhortación a los «camisas negras». Con esos vagos recuerdos intenté reconstruir el *pathos* del dictador. La última frase es literal.

HAIKU DE HIROSHIMA

Me pareció conveniente que un poema con tema japonés fuera un haiku. Más aún si el tema es tan terriblemente puntual como la explosión de una bomba. Cabe recordar que el género exige que los poemas discurran en el ámbito de las estaciones.

ELLOS SON PODEROSOS

Sospecho que todos estos poemas, que procuran versar sobre la realidad planetaria en el siglo XX, están muy marcados por la inmediata realidad que vive su autor. Este, que correspondería a la noche atroz de los campos de concentración, nació a raíz de las masacres recientes en Colombia.

RUDOLF HESS

Sin haber sido el principal responsable, Hess fue escogido para simbolizar el fascismo ante las siguientes generaciones. Algunos de los argumentos del poema no son juicios latinos, son reflexiones alemanas. Nacen del «Germania», de Hölderlin. Uno de ellos sostiene que Alemania debería convertirse en «la consejera sin armas de los pueblos y de los reyes».

DIÁLOGO DE DOS EXTRANJEROS QUE TOMAN CAFÉ EN UN SALÓN DE BERKELEY

Mi único mérito consiste en haber leído este diálogo hace años, haberlo olvidado y después haberlo reconstruido en verso; tejiéndolo así «de un poco de memoria y de un poco de olvido».

ORACIÓN DE ALBERT EINSTEIN

Creo que este Einstein poeta o poético no le habría disgustado al violinista y al soñador que había en él. Sólo la última frase es verdaderamente suya, y es una de las más bellas que conozco.

LOS HIJOS DEL SOLDADO

Le pido aquí perdón a una amiga por haber utilizado sin consultarle su historia para la elaboración de este poema. Esta fue, sin embargo, la historia de muchos.

9 DE ABRIL DE 1948

Ignoro si Gaitán conoció o presintió la intensidad de las culturas nativas de América, sé que soñó un país generoso y posible.

COMO SI SÓLO ORGULLO LE QUEDARA

El título es un verso que escribió Emily Dickinson sobre su padre muerto.

EL SOLDADO QUE PERDIÓ SU GUERRA

Perder no significa aquí derrota sino extravío. Muchos recordarán la noticia de ese soldado japonés que fue encontrado en pie de lucha décadas después de acabada la guerra, porque no había recibido del Emperador la orden de desmovilización. Las variaciones oníricas sobre la identidad son fantasías del autor.

Y LA TIERRA SERÁ EL PARAÍSO

El título es uno de los versos de una canción que ha perdido prestigio. Este poema me lo inspiró la contemplación de una fotografía donde se ven miles de personas postradas ante la estatua gigantesca de un caudillo oriental.

PORFIRIO RUBIROSA

El hombre es más bien un pretexto para intentar el fresco del Caribe de los años cuarenta y cincuenta. La vacuidad esencial conviene a un héroe fotográfico de revistas frívolas.

ESA NIEBLA QUE ASCIENDE HACIA SAN MARCOS

A Ezra Pound le gustaban los interrogatorios. Jugué a que el poema sobre él fuera una mezcla de entrevista periodística y de indagatoria judicial.

ABRIL DE 1973

El único propósito de este poema es ser un homenaje continuamente visual y, si tanto pudiera pedirse, pictórico, a un gran creador. Agradezco a quien me reveló que este relato sobre la muerte de un pintor termina convenientemente con el lienzo otra vez en blanco.

EL ASESINO

Es fácil descubrir que este poema se basa en el asesinato de John Lennon. He tratado de pensarlo, sé que es difícil, como un hecho antiquísimo, del que ya se pueda hablar en términos casi míticos. La actualidad casi siempre nos obliga a ser jueces y nos prohíbe ser apenas testigos.

EL LOCO

Este aspiraba a ser un retrato a la manera de Leonardo: un contrapunto entre el personaje y el fondo. Creo advertir que se nutre de una escena de *París, Texas*, de Wim Wenders.

LO QUE VIO EL JOVEN NÓRDICO EN LA SOLEDAD DE LA NOCHE

El joven nórdico está simplemente viendo televisión.

CANCIÓN DE LOS DOS MUNDOS

Es imposible imaginar dos mundos más distintos, apenas separados por un pequeño mar. El poema, que finge ser un acto de justicia, no es más que un ejercicio de «alto contraste».

UNA MAÑANA DE MIEL

El verdadero autor de este poema es el desconocido guionista de un documental de televisión. Tuve la fortuna de no ver el programa, sino de oírlo desde una habitación contigua, y eso me permitió advertir la singular poesía del texto. Copié al vuelo algunas de las frases que pronunciaba el narrador, después les cambié un poco el orden y alteré ciertos énfasis. Me alegró poder concluir este libro de episodios tremendos y sombríos con una sencilla excursión de buscadores de miel en una aldea de Camerún, con un hecho real y feliz, contado por alguien que no se proponía hacer poesía.

ÁFRICA

(1999)

Mira a lo lejos esas costas de África:
los orgullos nevados entre los pastizales,
los diminutos elefantes meciéndose
junto a ríos de lágrimas.

Está la garza, el día,
      parada sobre el lomo de la noche con cuernos;
los nerviosos antílopes más pequeños que liebres
parecen saltamontes entre la hierba,
y ese antílope enorme es toda el hambre
de una colina de leones.

Silba el viento en los cuernos de lira del impala
y estás vivo, estás muerto,
algo en ti es grandes lotos que va pisando el ave
que agujerea las aguas,
y la triste osamenta seca al sol se disgrega.

Todos los ríos cantan
                                        «la vida es transitoria»,
fluye la inexorable sucesión hasta el vértigo,
todo va a su destino final:
a ser el suelo
                                        de la antigua
                                        África,
y ascienden los tambores
                                        y las alas
                                        y el viento
tiene todos los tonos y plumas del misterio.

No es allá, tras los mares, es en tu sangre ardiente
donde alzan sus pirámides la crueldad y el orgullo,
donde pule el amor sus doncellas de ébano,
donde el águila halcón con una cresta en llamas
tiene cuerpo de humano

y caen oblicuas lluvias de águilas pescadoras
a irrumpir en el sordo verde cristal del lago.

Tu antigua carne, tus ancianos íntimos
con sus blancos turbantes en desorden
ya están de pie a la luz del sol salvaje,
bajo las grandes puertas van a contar tu infancia.

Garza de amanecer, noche del búfalo.

Todos esos minutos nerviosos que se espían
sobre sus patas tensas,
que olfatean el viento,
que sienten la caricia de los dedos del miedo
sobre los lomos de oro breve,
son tu vida,
                    devoran
                    y copulan
                    y riñen,
rara vez vierten sangre por su impulso,
rara vez están lejos de los árboles.

Llega a ser el que eres: sé digno de estas Áfricas.

Nada en su luz habrá que no sea danza,
ni siquiera el pesado volumen del monstruo tierno,
del modificador de los caminos,
del elefante gris bañado en lodo,
del vivo monte de inquietud y de búsqueda.

Parado sobre el mundo, es como el mundo,
es el furor envuelto en mansedumbre;

                                        en troncos sostenido
                                        en muralla exaltado
                                        en serpiente ofrecido
                                        en tiempo arado
                                        de dos terrores de marfil armado.

Todo aquí es alimento.

Alimentos las nubes y los hombres y el sueño.

Es aquel que no ves el que puede atraparte.

Tus ojos son los faros de la fuga.

Aquí sólo se salva lo que huye.

El vuelo de las aves algo anuncia.

El mediodía abre sus grandes fauces.

Y allá está, azul y estriado, el paladar del cielo.

Es la hora de la angustia. Este es el oro de África.

No hay dos cebras exactamente iguales.
Cuántos pájaros «pico de cera» entre las ramas.
Es seguro ser muchos, ser mil, ser multitudes.
El viento es uno y un millón de pájaros.
El río es uno y un abismo de ojos.
La hoja perfecta es la que fue invisible.

El gran peligro acecha.

La vida es transitoria.
Sobre una de las muchas gacelas, sobre una
ya están fijos los ojos del guepardo.

Es la hora del sol alto,
y lo que hay bajo el cuerpo no es la sombra, es la sangre.

Un día entenderás lo que eres. Ese día
entenderás al África,
                    deplorarás al África,
                              querrás ser como el África.

África entera
duerme
a media tarde.

El león está exhausto.
Aun el más feroz asesino
                                   se derrumba en la siesta.

Es paz total el suelo de Tanzania,
montañas de materia vegetal ahora sueñan
dentro del elefante
que
               cava
               cava
               un pozo imaginario
y
               busca
                              busca
                                             busca
                                                            el agua antigua
que no encontraron nunca los rebaños.
Los jabalíes comen de rodillas,
pace a nivel del suelo el rino blanco.
Y ahora que comprendes,
llamarás saciedad a toda mansedumbre,
encontrarás sagrados la bondad y el colmillo,
verás un dios en el calao gigante, terror de los insectos,
terror de roedores y serpientes,
oirás que el pico negro y grueso y puntiagudo
grazna también una áspera plegaria.

Ahora cae la tarde sobre la planicie africana.

El caballo del río es casi el río,
el río enfría su gran cuerpo ardiente,
y él fertiliza el río y alimenta a los peces,
y por él en las aguas hay abundantes peces.
Viene el anochecer,
viene el anochecer...
entre todos los gritos y poemas y cantos
alguno tiene angustia.

La gacela se crispa.

Algo tendrá otra vez hambre en la noche.

Ignora el hipopótamo, el caballo del río,
que su pesado cuerpo saldrá en la sombra al mundo,
a devorar los frutos de la luna,
las hierbas plateadas,
a bañarse en el tiempo de los gatos dormidos
y a traer dulces flores que el sol tostó en la sombra
para los largos dioses de la fuga y la espuma
que cantarán mañana
lo que cantan
los ríos.

LA PRISA DE LOS ÁRBOLES

(Selección de poemas)

UNAS PALABRAS PREVIAS PARA UN LIBRO EN PREPARACIÓN

Es como atrapar hojas en el viento que huye. Cuántas veces he mirado el paisaje por las ventanillas de trenes y buses, camiones y chalupas, sintiendo que esos árboles en fuga son una imagen de la vida, que todo cambia y se aleja para que nuevas cosas, nuevos rostros, nuevas realidades aparezcan. En diciembre de 1994 sentí que la muerte había venido a buscarme, y deploré las montañas que no había caminado, los mares que no había visitado, las ciudades donde no me había perdido. Después de aquella advertencia, por don de dioses que no sé nombrar, ¡cuántas montañas, mares y ciudades le han sido dados a mi vida! Ojalá pudiera atrapar en palabras cada bosque, cada calle, cada bullicio de muchachos en los parques al atardecer; capturar las ciudades y los países, su color y su olor; la telaraña de luz de Buenos Aires vista desde el avión en la noche, sin saber que allá, entre esas luces, un rostro llegaría a ser la vida para mí; o esa misa campal en un lugar de Rumania, ante manzanos cargados de frutos, donde el patriarca de Estambul cantaba entre una nube de patriarcas mitrados; o ese estanque en la noche en Turbaco, cerca de Cartagena, donde el agua era tibia y se oían caer en la oscuridad de los bosques los mameyes maduros; o la aparición de las pirámides en el confín de la llanura del Nilo, mientras sonaba en la radio del auto una música irrecuperable; o ese nudo del tráfico en Mathura, la ciudad de Krishna, donde se iban entretejiendo camiones y buses, tractores y carretas tiradas por búfalos, bicicletas y miles de personas bajo el sol implacable de Shiva, hasta que pareció que el trancón era un mundo, y los ancianos se sentaban a la sombra de los tractores a contar historias, como si una ciudad estuviera naciendo en el azar de las carreteras polvorientas. Dejar un testimonio de asombro y gratitud por la opresiva minuciosidad de cada minuto, eso podría ser la poesía. Pero un solo minuto nos excede y, como decía Hölderlin, «faltan nombres sagrados».

W. O.

BUCAREST

Cada día un color que se apaga y no vuelve.
Hay un largo zaguán en el viejo hotel Triumfi
donde me espera a solas un paisaje del alma
que no veré de nuevo.
No han de cruzar mis pasos por la ciudad brumosa,
ni desde sus suburbios oiré la voz del río,
las olas que son rostros de doncellas, la tarde
que se curva en los cisnes borrosos del Danubio.
Seguirá el cielo cárdeno lloviendo sobre el prado,
donde danzan inmóviles las pequeñas estatuas,
y adentro, en la avenida, y afuera, en la memoria,
un viento de campanas alarmará los días.
Viento de oro que araña viejos muros,
lobo de lluvia y músicas que devora la hiedra,
que apaga la hermosura
y en la pared de escarcha, con dedos de abadesa,
traza amenazas mágicas sobre los ventanales.
Para entender las almas debes mirar las cosas,
un aroma de bosques repta y entra en la alcoba
y esto que cubre el lecho
¿son sólo campesinas sábanas de colores,
o son viejos otoños fijos en las pupilas,
sueños entre las ramas,
la ausencia de una luna mordisqueada de ardillas?
Agrio color de bosques en los postres de frutas.
Mínimos monasterios tras la taza humeante.
Noche oriental que pierden las trompetas romanas.
Nunca llegué en la noche tan lejos de mí mismo.
En la modesta alcoba donde trenzo mis sueños,
llenan templos y astrágalos la silueta de Ovidio,
remos, flotan criaturas en el sueño, aletean,
y piedra a piedra se hunden en balsámico olvido.
Como halcones de augures
las sílabas latinas,
letras en donde vierte su escoria el Ponto Euxino,

donde es Constanza un bosque de mujeres y el sueño
se enmascara en la sombra con barcas del Danubio.
Cruza entre los rosales con pies de lobo el frío.
Ciudad ajena y blanca, ciudad helada y única.
Un millón de hombres fuertes miran al suelo y callan,
una hoja gira a solas en un templo escondido,
un árbol pasa a gritos en el mar de los vientos,
los niños se levantan a ver morir los trenes.
Gravitación de bosques, monasterios concéntricos,
horas de miedo y ranas, pestilente humareda.
Ya está bajo las hierbas pero el miedo persiste,
nos ve por las ventanas del palacio infinito.
Bruma de taxis blancos, lupanares desnudos,
lanza un rostro latino sus venablos eslavos,
lo cercano está lejos, lo ansiado es lo imposible,
de otro nombre es la flor, el amor, de otra vida.

LA ALJAMA DE CÓRDOBA

I

En estos bosques de piadosas columnas,
el sostenido cielo rojo y blanco
de los arcos moriscos
ya casi no menciona al Dios inmenso
de honduras misteriosas y delicadas simetrías
que dictó palmo a palmo, línea a línea,
su pura, minuciosa, vertiginosa rosa,
su sueño remotísimo.

Nadie hoy puede sentirlo,
pero yo sé que sopla bajo estos arcos dulces
el viento de un desierto donde florecen los milagros,
el ansia de un sentido,
cuando los ojos ven leguas y leguas
de despiadada arena,
la certidumbre en el confín del alma
de que no puede ser el mundo un caos
si un centro se insinúa,
si hay confines y orillas y horizontes,
altas regiones de ángeles,
recios ríos de música,
corazones ardiendo como crepúsculos,
labios, humanos labios,
que acaso inútilmente
siguen buscándose.

II

Al mediodía revivo
en la paz incansable de la mezquita
la inmensidad serena de la noche de Córdoba.

Iba el río barroso entre las hierbas altas,
el ángel custodiaba las estrellas,
el puente unía lo moro y lo cristiano,
lo antiguo y lo presente,
y era casi lo eterno no anhelar otro mundo,
no anhelar otro tiempo,
sino esos torreones bajo las blancas lámparas,
el ayer de leyendas
sitiado por las formas presurosas y sórdidas
de un tiempo de autorrutas y neón y comercios.

Un pájaro gritó desde lo oscuro
y el pasado volvió con sus turbantes,
las torcidas espadas, las sedientas legiones,
las águilas de bronce.

III

Como una jerarquía de severos pontífices,
de ancianos imperiosos que una ley envenena,
pesa el hermoso púlpito tallado
con sus flores de sombra, su virgen y su arcángel,
sobre el pagano y doloroso toro blanco
de arqueado cuello y cuerno roto
que brama en vano y mira en vano al cielo.

Cuántos dioses lucharon en cuántas manos de hombres
para tejer esta exquisita discordia.
El toro blanco de la Roma pagana,
de Iberia y de Micenas,
agoniza en el centro.
Vuelan los falsos arcos, alabean las cruces
de oro y de luz de las sectas de Cristo,
y hacia el desierto inalcanzable avanzan
los incansablemente bellos
arcos árabes.
Y entiendo entonces las discordias de mi alma,
las guerras de mi carne:
soy hijo de estos arcos blancos y rojos,
y aún más hondas salas me reclaman:

selvas de orquídeas y montañas azules
donde bajo la niebla duermen tumbas doradas.

Nunca sabré quién soy
pero me iré acercando,
a través de mezquitas y trirremes y rostros.
No negaré las multitudes de mi sangre,
la humanidad brutal, laboriosa, extasiada,
que, para hacer posibles mi estupor y mi angustia,
siglo a siglo, día a día,
entre el bullicio de las blancas palomas
y el aleteo de las garzas,
hizo pausas de amor en su rutina
de belleza y de sangre.

IV

He dicho mi oración en tu penumbra,
burbuja del desierto, vasta flor innombrable,
mora luna cristiana,
y hecha de gratitud, no de certezas,
es mi oración mestiza como tú,
más pasión que armonía,
y hay en ella también nichos de sombra,
arcos indescifrables,
trozos de piedra en cuyos talismanes
tal vez reposa Dios,
sin nombre, sin historia,
efundiendo sin fin una paz inhumana,
una paz sobrehumana,
que alcanza a todo ser,
a toda encina o piedra,
y no promete nada pero enseña a vivir,
y no promete nada pero enseña a morir,
y mientras dure el tiempo
nos da en torno su rosa,
y a lo lejos su estrella,
y enseña a cada quien a estar solo con ella.

SILVIA

Para O. L.

Nunca pensé en hacer aquel viaje pero ella lo sugería y volvía a sugerirlo.
Llegaba a mi casa al atardecer, allá en Cali, entre los bloques de ladrillo rojo, entre chiminangos y palmas,
y ya no puedo recuperar la substancia de nuestros diálogos crepusculares.
Las palabras cedían su lugar a los lentos rituales del cuerpo,
entre libros desordenados y papeles llenos de frases que ella nunca leyó.

Pudo más su insistencia que mis evasivas postergaciones,
y un bus nos llevó por las carreteras del sur, entre las inmensas planicies,
cañaverales azules en la luz temprana del valle,
alegres poblados, mangos y chontaduros, eternas formas de África renaciendo en la mañana de América,
y ese fino perfil de mujer, sus ojos negros tristes y sus labios sensuales,
convertido en una de las orillas del paisaje, recortado contra la ventanilla del bus,
ante la exhalación de las llanuras.

Se acabaron los llanos, la inmensidad cortada por las macizas montañas remotas,
se acabó el soplo tibio del sol sobre las dóciles palmeras,
y entramos en los reinos de la sierra, donde abundan las flores entre un verde oscurísimo,
y vimos tierras de indios y caminos de barro, y sobre montes más oscuros el frío y sus leyendas
bajo los misteriosos cielos del Cauca, bajo sus nubes densas y precisas y luminosas
siempre a punto de desplazarse para dar paso a una aparición imposible.

Y al final del camino aquel pueblo, remansado y dormido junto a las grandes piedras del río.
Creo haber dicho ya que me llevaba la resignación, no el entusiasmo.

No va a ser un buen viaje —me dije—. Nunca he querido hacerlo. Debí negarme una vez más... Y pensando estas cosas
puse mis pies en el suelo de polvo de aquella tierra densa de memoria
y entré en un mundo nuevo, ante lejanos paisajes de verdor y de niebla.

Pero la tarde nos unió, nos unió el frío como no lo hicieron jamás los atardeceres ardientes,
y los zaguanes de una casa humilde nos dieron la impresión de estar volviendo a una vida antigua,
y acaso por primera vez las palabras fluían del corazón y no de la mente.

Oscura y densa noche donde estuvieron vivos los sueños,
y nuestros cuerpos se acompañaron como fraternas y sensuales divinidades,
la llama del amor ardió serena, soplaban vientos cargados de historia,
un árbol de inscripciones y de símbolos protegió nuestros lentos avances y repliegues,
una niebla amorosa bañó la desnudez en distantes cauces de música.

Y la mañana fue feliz por los callejones luminosos,
y nuestros rostros renacidos reían, y tenían sentido las frases, los recuerdos, las recuperadas palabras,
y el mediodía recogió nuestras sombras sobre las piedras
que escuchan y aprenden para siempre las historias del agua.
Ceñido así de paz era mi cuerpo gratitud y confianza,
y más profundamente en ese amor respiraba mi pecho,
nos inclinamos silenciosos sobre las aguas para ver nuestros rostros alterados por la corriente,
piedras, espuma, olvido, algo huía en el tiempo borrando sombras,
y nos bastó no pedir nada para que todo fuera nuestro.
Larga y alegre fue la tarde sobre el lomo de los caballos,
rodeamos el pueblo por las colinas, cantamos reciamente junto a las cejas de eucaliptos,
callamos de pronto ante el muro blanquísimo del cementerio,
y allí empezó a cerrarse el cielo lentamente, menos como un final que
como una advertencia,
y la tarde feliz se arrastró entre las patas de los caballos,
y horas después regresamos al valle ardiente, engrandecido el pecho por la luz de las horas.
Después de aquellos años, nunca más nos miramos con amor,
irreparablemente se alejaron los rumbos,

pero en algún lugar duró esa vida nuestra, ese pródigo recodo del tiempo
donde nuestros destinos coincidieron, y una luz laboriosa nos dibujó en lo eterno junto a las piedras y los árboles,
y dejó en la memoria del río, que no morirá nunca, dos jóvenes y estremecidos rostros felices.
Hoy sé que sin saberlo era el temor a la dicha lo que me ensombrecía aquel comienzo.
Esa tierra de indios me enseñó con su calma que hay horas felices que más tarde la vida no cobra con angustia,
que hay breves nichos de perfección, raíces doradas, hojas pródigas,
cementerios que cantan, días sin sombra de miedo, cielos sin buitres.

Qué importan las noches solitarias en esas ciudades siniestras,
las horas frías de espera, las tensas antesalas, las crueldades crecientes,
si hay algo indestructible en la dicha, algo que vuelve, algo que nos alcanza y nos salva.

Dondequiera que ella esté, la alcanzará esta voz y le dirá que aún florece el día de plata,
cuyo tesoro fue la mansedumbre de los pechos y la conformidad con el azar generoso,
que fue su persistencia, la verdad de su voz, algo que supo presentir en su alma,
lo que nos dio ese bosque nutrido de misterio y susurros.

Algo allí recibí, que me siguió por ciudades y sombras,
y ante la inescrutable voluntad que prodiga las cosas del mundo,
la gratitud no quiere ser silencio, guarda después de tantos años su lumbre,
sueña erigir en música el recuerdo,
con casuales, tortuosas, imprecisas palabras.

DEBORAH

I

Piensa en el árbol vacío y en la losa partida,
piensa en los huesos tristes de esa inglesa
confundidos ahora con los huesos de los caciques
en la colina de Turbaco, en un país de selvas.
La colina levanta sus pesadas cruces inglesas,
cruces presbiterianas de las que unas manos famélicas
arrancaron las losas de mármol.
Piensa en la joven inglesa caminando hace un siglo por la selva,
cerca del mar Caribe, cerca del mar de acero resplandeciente.
Todavía andará su fantasma mirando las ceibas inmensas,
los hobos estriados, los mameyes que en el atardecer son la noche,
y espiando las noches redondas, perfectas, que caen de los árboles,
que palpitan al caer en la tierra como pesadas dulces piedras negras,
duras noches de aroma golpeando la noche.
Ella los mira, ella los oye,
ella está en su colina de huesos ingleses
mezclados con huesos de indios,
está en la vecindad de las tumbas de oro,
pero vaga esta noche por los campos,
pasa entre los yucales, rompe las secas cáscaras espinosas del achiote,
un fantasma translúcido con las manos enrojecidas
de pulverizar granos de achiote,
sus pies no espantan a la salamandra que está inmóvil en la colina de hojas.

Casi la vemos esta noche, inventada para nosotros
por ese nombre que yace en la única lápida,
por ese nombre de hace un siglo,
Deborah,
en la lápida rota que ilumina la piadosa linterna.

II

¿Oyes volar a los murciélagos, muchacha muerta?
Óyelos morder frutos dulces en la noche tibia,
siente la brisa marina que pasa entre las hojas del caracolí,
danza en puntas de pie sobre las pesadas cruces
que alguien trajo de la isla de Nuncamás.
Búrlate de la muerte, muchacha muerta,
aquí todo está vivo, y sobre todo el agua,
el agua negra que la linterna asalta y hace translúcida,
el agua lenta cantando, que ha arrullado tu sueño de un siglo,
y viene a despertarte, delicada, a decir que la muerte
es ilusión, que la muerte
es ilusión,
que el mar está despierto esta noche,
que hay viajeros desnudos bañándose en las aguas oscuras,
que hay cuerpos palpitando de amor y de anhelo,
que hay largas peregrinaciones de hormigas atareadas en la tiniebla,
que hay luces misteriosas entre las ramas,
que puedes caminar sobre las hojas sin temor, sin fatiga,
hecha de agua que canta, de salamandras nerviosas,
de llanos de heliconias que mecen sus flores duras
como rojos bastones ceremoniales,
que puedes caminar leve y rítmica como viento o fantasma,
y que a tu lado vienen en legión los caciques,
con coronas de oro también fantasmas,
y que hay un coro que los hombres confunden con un rumor de ramas,
con un batir de alas en la noche de la selva y la ciénaga,
pero que son las voces de los muertos indestructibles,
cordiales, vivos, eternos,
cantando los himnos del mar, himnos zenúes, himnos viejos,
y en medio de esos cantos una voz de mujer
que entreteje a los himnos de la tierra cristalinos versos de Shelley.

UNA CARTA PARA FERNANDO DUQUE

Más allá del rebaño de los aviones en las grises llanuras
vino el asombro de las arquitecturas futuristas
tristes como ciudades de K. Dick, donde no quedan hombres.
Después apareció la ciudad. Por calles de adoquines crecían y cruzaban las viejas cosas familiares,
panaderías resplandecientes como comercios de joyas, bodegas atestadas de vinos,
otoños maduros que sangran,
y el temor al encuentro con esas cosas vagas que fueron una vez toda la dicha.

Allí la Gare de Lyon, allí el Sena bajo la niebla,
allí el mar de los techos dorado por un sol pensativo,
y los rostros diversos, mestizos,
mezclas de antiguos bretones y antiguos normandos y galos y celtas y romanos,
y de esos otros, solitarios y altaneros, que vinieron de las brumas inglesas,
y esas altas mujeres de Senegal, con sus trajes de reinas, sus mantas de flores inmensas, sus turbantes,
y los muchos, dolientes, altivos, majestuosos, sombríos hijos de las tres Áfricas.

Es tan copioso todo, que después de tres días ya no eres un extraño,
sientes que no te fuiste nunca, que hace lustros recorres los reinos subterráneos,
y te miran con ojos familiares las cosas, las ninfas de los parques, los demonios de piedra que se aferran
sobre el vértigo gris de las paredes góticas.
¿Qué buscarás primero? ¿Aquellas escaleras de Bourbon-le-Château, que ascendías buscando el amor y la muerte?
¿Un patio de la calle de L'Odeon, vigilado por metálicos ojos de arcángeles?
¿Aquella puerta de la calle Condé donde Marie se sentaba a llamarte, aunque estuvieras en Atenas o en Nápoles?

¿Y dónde te saldrán al encuentro las horas perdidas? ¿En qué rojo
botón de los vagones, en qué simple diseño de silla,
encontrarás intacta la substancia de tus altas angustias, de tus
desesperadas esperanzas?

El olvido es un Dios, y nos salva, cuando la oscura piedra preparaba sus
sacrificios;
hace nuevo lo que pudo haber sido una rosa fatal, un recuerdo,
hecho de sangre y lágrimas, de espejos infinitos, soledades que se alzan
en colinas y en hojas.
Y cada paso va por el presente, y huyen ante él
hacia Barbés, hacia Courcelles, hacia los cisnes dobles de Buttes-
Chaumont,
hacia la larga pendiente de Menilmontant, con su hilera de lámparas
que aviva el crepúsculo,
hacia el brumoso confín de Voltaire y los cafés melancólicos de Nation,
hacia los pasos perdidos de Gentilly, y más al sur, hacia Chaville, donde
pasta el olvido en borrosas tumbas de reyes,
y hacia aquel Puente de Sèvres donde arrojaste un día los pececillos
muertos,
huyen, huyen sin fin los bellos, enormes, días perdidos,
y se abren rostros nuevos de días nuevos, casi prometen jardines y
dolores desconocidos,
casi susurran a la carne mortal que es infinito el futuro.

Esa ciudad que se anunciaba conocida y gastada se va transfigurando en
promesa,
pero tú sabes bien que ahora sí perderías en el juego.
Ya pueden ser terribles los besos, ya pueden ser incomprensibles las
rosas,
y estás de pronto en la portezuela del tren, mirando rostros amados,
rostros dulces
que sonríen y gritan y van quedando atrás,
atrás,
con los verdes prados de Monceau y las noches de fiesta,
y otras cosas empiezan a tejer tu futuro
allá, en campos lejanos, donde es avaro el cielo.

BOLIVIA

Mucho antes que las dulces mujeres sin sonrisa
pasaran con sus faldas de colores y sus mantas espléndidas
y con esos oscuros sombreros diminutos;
mucho antes que los niños miraran desde el polvo,
el mar se abrió y las rocas sepultadas se alzaron,
llanos de sal se hundieron en el cielo,
y roca a roca y pliegue a pliegue y siglo a siglo
ascendió ardiendo en rezo la piedra torturada
y el cielo del diluvio la llenó como un cántaro.

No fuimos invitados al relámpago.
De ese fragor ninguno fue testigo.

Algo fijó las rocas titánicas, sin árboles,
alguien trazó este llano polvoriento en el cielo
y sobre el yermo, a solas,
dictó esas cumbres blancas, los palacios helados,
cuya forma esta tarde le dio envidia a la luna.

Allá arriba yo vi dioses dormidos,
torsos de piedra, pechos de glaciar, seres pánicos
que besa y gasta el viento,
allá arriba, en el vuelo de la luz, en el grito
del enigma terrestre.

No hay bestias, no hay jardín, no hay amor, no hay pupilas,
sólo hay un duro, frío, vasto, verde silencio
que un terso cauce anula,
y arenales sedientos quebrantan los cañones.
Es domingo, y el agua muestra al Perú a lo lejos,
el agua nada sabe de estas fronteras mágicas
que inventó nuestro miedo,
y tal vez las dos alas de esa gaviota en lo alto
se apoyan cada una en un país distinto,

y una misma ciudad de piedra y oro miran
las moteadas truchas en el fondo del lago.

El trazo azul horizontal es puro,
aquí la tierra sabe de cansancio y paciencia,
pero también se duerme en su pureza,
trabaja en perfección, reza en zafiro.
Y todos somos niños en las balsas de juncos
desde donde buscamos nuestros nombres perdidos
y el alma que perdimos
y el dios solar que tiembla, como en el cielo diáfano,
en la roja y oscura jaula de nuestros pechos.

Todo es color de tierra en estos montes
menos la franja azul del Titicaca
besado por los patos entre estelas de barcas.
Todo es color de tierra, la hierba y los corderos,
las hondas viejas casas con sus dioses de barro,
los niños silenciosos de corazón de arcilla.
Todo es color de tierra
salvo la copa azul del lago aimara
y esas crestas inmóviles de blancura imposible
que son risas de dioses
donde acaba el esfuerzo y empiezan las estrellas.

Entre diademas blancas, besa el polvo del llano.
Aquí vivió una raza y el amor se hizo sangre
y en un cuenco de siglos todo fue polvo y tinta
para teñir los senos de tibias madres niñas.
El sol borracho y viejo duerme en la tierra seca.

La desdentada luna pasa envuelta en su manta.

Los viejos padres niños nacerán si murieron
y esta rosa de piedra que mis ojos no abarcan
dirá al cielo infinito que fue hermoso esforzarse,
que en la hierba que arrancan los dientes del cordero
tiemblan amores viejos y cristales de sangre.

Mediodía. La frontera con el Perú está cerca.

La trucha abierta es una mariposa.

Ya no está el Inca grande
cuya voz acataban los peñascos,
el que ordenó a los gallos
empujar en la aurora las islas con su canto.
Pero el barquero es nieto del sol, y tiene labios de agua,
y como las montañas tiene dientes perfectos.

Mañana no habrá azul en las pupilas,
mañana miraremos las ciudades fantásticas
que se van descolgando del cielo y cubren vivas
los cañones desiertos,
mañana anudaremos las barriadas geométricas,
el fango ruin escalonado en palacios,
las altas calles turbias que la blancura espía.

Dondequiera que vayas los dioses te vigilan,
asoman dulcemente sus duros rostros blancos,
te siguen hasta el vértigo del cañón polvoriento
donde entre puentes y arcos la urbe gira y se esconde
para reaparecer disgregada en la hondura.

No serás la ciudad, pero con sus cornisas
tejerás en tu sueño nuevas zonas de tu alma,
sabrás por qué hay en ti tiempos sedientos
y empedrados caminos hacia amores que ignoras,
sabrás de qué manera el polvo es hielo
y el mar es piedra y la ebria luna es sangre.

Y el país dará forma a tierras íntimas
que debes inventar con el barro de tu alma,
te enseñará el tesoro que se esconde en los bosques,
abrirá minas hondas con cielos en su entraña.
Y hará de tu memoria un abismo que cambia
de sol a sol, de instante a instante,
y te dará el consuelo feroz de ser quien eres
como la piedra es piedra, como la luna es sangre.

EL SOÑADOR BAJO LA PIEDRA

Los jóvenes borrachos vienen aquí en la noche,
rompen litros de whisky barato, recordándote,
contra el acantilado de las tumbas.
Alguien dejó cubierta de monedas de cobre
la losa memoriosa,
y ahora hemos venido nosotros,
en esta primavera sosegada y radiante,
que parece inventar el verde en cada sauce,
que abruma de blancura florecida las ramas,
a ver la tumba junto a la colina,
y una legua más lejos la casa entre los robles.

Los catres viejos, los piadosos frascos
de lociones y ungüentos de otro tiempo,
y en el viejo escritorio, ahora inmóvil, la máquina
a la que tú arrancabas incendios y rapiñas,
linchamientos y cópulas,
el arco de las letras de metal al extremo de sus varas de acero
como la extraña flor de lo posible.

Quiero pensar que estoy aquí hace años,
que el seis de julio del sesenta y dos no ha llegado,
que allá abajo tú juegas con los perros,
que William Cuthbert Faulkner, como reza en la lápida,
está soñando aún guerras y ejércitos,
la muchedumbre de la carne y la sangre,
el odio en las banderas,
el rencor mitológico martillado en los sables,
y la locura y la piedad y el silencio
encerrados en secas habitaciones penumbrosas,
y un Mississippi de limosas venganzas,
y un cielo de zodíacos implacables,
y en cada lengua sílabas que arrastran
centurias de ansiedad, ciclos de espanto.

Quiero pensar que oigo las voces hondas
en la casa en verano,
que estos campos serenos del Mississippi
sienten aún sobre sus piedras los cascos de tus negros caballos,
que estás sentado junto al porche, en la tarde,
y oyes las voces viejas de los negros del delta
cantando himnos que alían gritos bíblicos
con un perdido ayer de leones y lanzas,
que estás interrogando al dios de fuego
que da fiebre a los sexos y sosiego a los vientres
y vida nueva a las ociosas espadas.

Pero la muerte sigue aferrada a tus huesos
como la hiedra al roble,
y sobre tus palabras que arden vivas en estas almas jóvenes
ondean las banderas rencorosas,
y a lo lejos se siguen replegando hacia el delta
menos visibles ahora sus cadenas
los nietos de los cántaros de los ríos del África.

Sólo estas ramas tiernas que pongo junto al nombre
en la tierra aromada de whisky y lluvia,
sólo el amor que no te desampara,
la frase que ese amor dejó inscrita en tu lápida
«Amado, ve con Dios»,
sólo el viento de abril que busca el sur
y que lleva hacia el delta
desde tu mano hoy dibujada en el polvo,
desde tu corazón que es de piedra y de música,
desde tu turbia voz inagotable
el río atormentado de las palabras.

ANTIBES

Oscuras y mojadas las gárgolas insomnes
no saben de este sol que rompe lento el río.
Ellas, con sus cabezas de piedra y de dragones
están en la Edad Media, vigilando los burgos
aterrados de hogueras. El norte está en sus ojos
y ninguna palabra nombra el país de gritos
donde las labra el miedo. Pequeño diablo gótico,
¿quieres morder el sol que alisa estos cabellos?
¿Quieres sembrar espanto en estos niños de oro?
La primavera abre las ramas del cerezo,
este es el sur de aquella sombra, ahora
sólo llueve en los cuentos. El tren cruza
las tierras de los cátaros. Hay jóvenes ociosos
con *piercing* en los labios, bordeando en bicicleta
los patios que florecen. Y la Edad Media ha muerto.
Su fantasma barbado ronda por cien castillos,
desde el tibio Garona que invade el frío Atlántico
hasta el soplo de tordos de Poitiers, hasta el vuelo
de un halcón plateado en Perigord, o el salto
de una ardilla de fuego en las banderas. Oigo
rudas bandas de rock por las tabernas, oigo
tambores africanos en el viento, esta tierra
donde abuelos de hierro dieron filo a sus dogmas,
donde los aldeanos crucificaron cerdos,
donde las brujas últimas ardieron en blasfemias,
con sus serenos valles de amapolas que han dicho,
por hoy, adiós por siempre a la apestosa guerra
llena de huesos rojos y de buitres hambrientos,
es bella esta mañana de llanuras en fuga.
El TGV hace polvo los castillos, transforma
en trazos de Van Gogh los sembrados simétricos,
hace girar los pueblos ante los campanarios
y cambia a Arles en Nimes y a Nimes en Marsella
y al valle en mar y al mar en sombra y sueño.
Lejos están las gárgolas, en sus rencores góticos,

aquí hay raudas palmeras, y yates, y casinos,
frías playas que esperan sus turistas del norte.
Ha muerto la Edad Media. Yo la vi, vasta y sola
en la tumba más bella del Sur, el claustro inmenso
donde blancas columnas se abren arriba en palmas,
en las solemnes naves jacobinas, que rayan
y doran y empurpuran los vitrales abstractos.
Allí, en el centro mismo de un palacio vastísimo,
en un cofre dorado Tomás de Aquino espera.
Sólo dos santos tuvo la locura de Europa,
aquella edad de dogmas y de hogueras, dos santos
indómitos, ilímites, ingenuos, italianos,
y bastan dos para una edad del mundo, y bastan
dos santos para una religión. Aquí ardieron
dolcinistas y cátaros, teólogos y herejes,
y mil santos anónimos fueron fuego en el viento
bajo la absolución del mudo cielo, pero
estos dos fueron santos ante un dios más piadoso:
Tomás pulió una lengua que educaría a los ángeles,
Francisco hizo canciones que entendieron los pájaros.
Aquí, frente a este sueño de cipreses y rocas,
con todo el mar latino frente a mí, mientras sueño
que en la cercana costa Cartago alumbra al África,
aquí, frente a la costa, con brisas de los Alpes
en mi cuello, esta noche, por ellos dos, y a solas,
le doy gracias a Italia. Vuelven en la memoria
la fortaleza roja de Carcassonne, los nidos
de cigüeña en las blancas almenas, los ciruelos,
las tenaces discordias de Avignon, y hay un fondo
de italiano en el viento. Alma, en el Mediodía
es medianoche. Ladran las colinas de Antibes
y es Italia esta vasta dulzura en las colinas.
Gracias al mar de acero y al faro que lo arrasa,
gracias a la honda noche que borró los cipreses,
y a ese perro que vela conmigo ante el peñasco.
La costa azul es negra. Y la Edad Media ha muerto.
Yo despido sus buitres.
Yo no quiero pensar en la muerta Edad Media
que hoy cubre con su manto de gallinazos negros
la selva equinoccial que da vida a mi pecho.

TUBINGA

Tras diecisiete años he vuelto a ver la torre
y el río que una isla de altos árboles hiende.
El blanco octubre avanza por las calles tortuosas,
los rojos campesinos venden quesos y frutas,
venden el turbio vino de las granjas. He vuelto
a ver los sauces trágicos de Suabia, a ver los arcos
del viejo seminario donde Hegel y Schelling
oían cantar al joven poeta en la tiniebla.
La torre asoma en todos los grabados antiguos,
desde los altos muros medievales, cruzando
siglos y guerras, siempre, la torre frente al río.
Cambiaban las orillas, el puente, los jardines,
iban tropas al sur y al oeste, pasaban
las barcas de aldeanos entre gansos y cisnes,
se alteraban las casas de colores al fondo
sobre la recia forma de la catedral gótica,
pero la torre siempre estuvo allí, esperando.
Y vino el día preciso del dolor y del miedo,
la locura bajó con sus manos enfermas
hasta la frente blanca del poeta y la pena
ascendió al mismo tiempo del corazón. Y entonces
Zimmer trajo al poeta a la torre, y en ella,
un salón circular que mira al río de sauces
albergó siete lustros al pobre Scardanelli.
Todo es sólo un recuento en los libros, un trozo
de historia, un largo soplo de otoños y de inviernos.
Aquí estuvo el rosal que le brindó sus rosas,
aquí vinieron muertos los árboles de Suabia
a cambiarse en las manos de Zimmer, aquí estuvo
el lento martilleo que puntuó su locura,
aquí el poeta vio borrarse un rostro amado
bajo lluvias y nieves, aquí los lentos años
apagaron la magia de esa música espléndida,
y saquearon los dientes y arrugaron los labios
y arrebataron toda su luz a las pupilas.

He vuelto al sol de octubre y a Tubinga, y a solas
busco en vano a Ricardo y a Marie por las plazas.
Hace diecisiete años nos trajo aquí un verano:
azarosos camiones y noches de cipreses,
y sombrías tabernas del Rhin, y bosques ebrios
y lunas tan felices como nuestras palabras.
He vuelto a ver las aguas eternas. Ya no encuentro
ese verde verano en el espejo. Ahora
está más solo Hölderlin en su noche y su siglo.
Oigo a Alemania en torno tejiendo miedo y música,
y algún verso ha saltado del cuaderno a los muros.
Mucho ha cambiado en torno la ciudad, en la plaza
hay un café internet y titilan semáforos,
pero la vieja torre firme en su firme historia
sigue asomada al río, y el río es fiel al sauce,
y la leyenda es fiel al poeta y su angustia,
y esta luz de vitrales baña las tumbas góticas,
y esta pasión que trae mis pasos a este octubre
es la misma pasión que entre los bosques ebrios
trajo a los tres viajeros por jardines y músicas
a ofrendar a un poeta que hirieron crueles dioses
su verano más bello.

POEMA SOÑADO EN BENARÉS

Todo el latín del viejo en el barco escarlata.

LA PRISA DE LOS ÁRBOLES

Saltan gacelas rojas por el campo inundado
y sobre el puente cruzan los trenes altos.
¿Qué harás en un país lleno de dioses?
Ya sólo ves la prisa de los árboles
viajando hacia el ayer. Van a reunirse
con tus tardes de infancia.
No puedes detener estos bosques que corren
con duendes y con fénix
hacia el rumor de lo irrecuperable.
Cuántas cosas allí, qué rostros bellos
como flores de un sueño, qué casa en las colinas
custodiada por duendes con cuerpo humano.
Lo que temí y amaba,
el joven de oro con su extraña sonrisa
que no descifró el mundo,
y cada luna sobre cada amor
y un pez saltando entre palacios muertos.
Lo que quiero decir, lo que olvidé, y el sueño
de esos ríos de plata cruzando la llanura,
del tapiz verde que unas manos hunden,
del poeta en su barco de cristal por las selvas,
del árbol lleno de manzanas granate
que vino de Moldavia a recordarme un rostro,
lo que quiero nombrar y no halla nombre,
y ese pájaro azul, salido de una fábula
que vuela ante mis ojos, mientras el tren recorre
las llanuras del Ganges.
En todo está la prisa de los árboles,
en todo el rojo duende presuroso,
que da miedo a las piedras y dolor a las torres
y amor a las persianas de las casas vacías,
y sueño a las estatuas cuando el sol, cuando el cuervo.
Otra vez aquí está lo que no ha de decirse.
Estoy pensando ante los bosques en fuga
en una noche junto al río en Rosario,

en una noche lenta junto a la enredadera,
en esa tarde en que llovía en Cali
y tú tenías un traje rojo.
Hay nidos, hay canciones en los nidos,
hay miedo en las canciones,
hay belleza en el miedo,
misterio en la belleza,
misterio
en la belleza.

MÁS ALLÁ DE LA AURORA Y DEL GANGES

Detrás de sus montañas, India aguarda.

Abajo, a diez mil metros de los motores blancos,
la recta costa gris de Crimea en la tarde,
la infinita quietud del Ponto Euxino,
la inmensidad sedienta que fue Persia,
y el abstracto y reseco infierno afgano.

Más allá de los mares, India aguarda,
a cinco guerras de distancia.

Cuando salí del taxi, que tenía un clima glacial, casi me derrumba el calor de la medianoche de julio. Alguien de rostro fuerte y oscuro vino hacia mí y me condujo a través de grandes puertas a un salón donde Shiva danzaba en medio de un aro de fuego. Ya empezaba yo a mirar con asombro los cuatro brazos del dios bailarín —el brazo que bate el tambor y marca el ritmo de los mundos, el brazo que arroja la llama de los deseos, el brazo que detiene el miedo, y el brazo rítmico y fatal que señala a la tierra— cuando dos jovencitas, una vestida con un sari blanco y la otra con uno de bordados de oro, vinieron de prisa y me arrancaron a la visión del dios. Mientras la primera ponía una guirnalda dorada en mi cuello, la otra tomó con su dedo una fracción de polvo rojo y cerró el ojo amenazante en mi frente. Porque hay que verlo todo lentamente, nada enceguece tanto como ver demasiado.

Vienen las lluvias, llegan las lluvias, el país entero sale a las plazas y a los campos a bendecir a las nubes cargadas. Y en la noche vacía de la ciudad de grandes parques donde se confunden Inglaterra y la India, otras multitudes salen a saludar a la lluvia de verano que traen los monzones. Son las familias de monos que llenan la ciudad nocturna, son los millones de pájaros que caminan por las calles mojadas, son los elefantes que reciben en sus lomos la lluvia tibia, y recuerdan esas lluvias de antes, cuando no había ciudades, cuando no había humanos, cuando los dioses apenas abrían sus ojos en el fango, abrían sus labios en el rayo, iniciaban la música en las repeticiones de la espuma.

Es la lluvia que viste de fiesta a los mendigos.

Un millón de paraguas por las calles de Delhi. Viéndolos pensé en aquel día en que Buda iba por la llanura abrasada y un dios se apiadó de él y dejó caer desde su cielo una sombrilla. Dicen que los otros noventa y nueve dioses no quisieron ser menos, y cada uno dejó caer una sombrilla. Pero no sólo estaban auxiliándolo en su desamparo sino poniendo a prueba su sabiduría. Buda podía mostrarse prudente: recoger una por una las sombrillas y llevarlas consigo en una carreta; podía mostrarse generoso, repartir las sombrillas entre los pobres de las aldeas; pero primero quiso mostrarse cortés: por eso se multiplicó por cien, y aquel día se vieron cien budas caminando por la llanura abrasada, cada uno bajo una sombrilla. Ahora, ante el millón de paraguas en la lluvia de julio, veo con gratitud que, en el país de las muchedumbres, para cada persona hay un poco de lluvia. Y sólo entonces veo a la hormiga con su hojita verde, la hormiga minuciosa que no sabe de cifras ni de sombrillas, y me conmueve que también haya un poco de lluvia para la hormiga. La hormiga diminuta sabe poco de humanos, pero lo sabe todo de la lluvia y de Buda.

Vas llegando a la India poco a poco.
A sus oscuras madres adolescentes
que endureció temprano la pobreza implacable,
a sus hombres que orinan al pie de las acacias,
a esas sombras de árboles hechas de vagabundos,
y a ese que hace mil años vende alfombras de seda,
tigres de lapislázuli.

Es la verde
y reciente
bosta
desmesurada
que anuncia
al elefante.

¿Tú sabes qué es la India?
El universo, todo,
con montañas y estrellas,
con muertos y palmeras,
con templos y elefantes,
con bandadas de gansos,
con añil y amaranto, seda y sándalo,
en la boca de un niño.

En un extremo del puente, junto a un espejo de fango, parecía dormir un hombre. Era uno de esos caminantes que en la India llaman santos, porque han renunciado a las cosas del mundo, y van por los caminos dedicados sólo a la meditación y a la contemplación. Parecía el más mísero de los mendigos pero bastaba contemplar su rostro para comprender que no era pobre. Más aún, para comprender que no es posible la pobreza. Como en los más viejos poemas, aquel hombre no tenía casa pero tenía caminos, no tenía un lecho pero bajo su cuerpo se extendían las llanuras, no tenía más techo sobre su cabeza que un hemisferio infinito salpicado de estrellas. Los pájaros se posaban en sus hombros como se posan en las piedras, sin temor. Incluso el pájaro azul de los bosques de Jenshi, que sólo se deja ver a la distancia, cuando pasa como viniendo de un cuento, era dócil a sus caricias. Aquel hombre estaba allí para demostrar que es imposible ser pobre, porque cuanto más se renuncia a las cosas del mundo, más se llena de dioses el alma.

Los parsis celebran los tres mil años de Zoroastro.
En un mundo tan viejo, qué nuevos son los dioses.

Hay tres millones de dioses, que también son trescientos mil, que también son trescientos, que también son treinta, que también son tres. El que crea todo, el que sostiene todo, el que transforma todo. El que crea, el que nutre, el que destruye. Algunos piensan que el que destruye es el mejor de los tres, porque nos arrebata lo que tenemos y hace posible que conozcamos y amemos otras cosas. Sin su cruel manera de arrebatarnos los amores, nunca conoceríamos la embriaguez de los amores nuevos. Sin su manera de quemar esas casas llenas de tesoros que nos aprisionaban, no llegaríamos jamás a las casas felices que nos esperaban. Sin su manera de humillar y destruir en nosotros al niño de la ignorancia, no aprenderíamos a descubrir los nuevos seres, los nuevos asombros, que nacen en nosotros. La mayoría piensa que el mejor de los tres es el que nutre. Ese que viene siempre a salvarnos. El que hace aparecer un refugio con luz tibia en la noche de los bosques. El que trae agua a la sed y pan al hambre y barcas al que huye y labios sedientos al que tiene sed de labios. Y son muy pocos los que piensan que el mejor de todos es el creador. Porque en estos reinos nadie está muy seguro de que haber inventado el mundo haya sido una buena idea. Ya estamos aquí, es cierto, ya tenemos que amar y adorar, que luchar y buscar, que respetar y sufrir. Pero en todos está la esperanza del día en que se pueda escapar a la rueda atroz de las renovaciones, del día en que ya no estemos condenados a ser peces ni tortugas ni jabalíes ni hombres leones ni monjes enanos ni guerreros ni sabios ni magos ni iluminados, del día en que nos podamos reclinar dulcemente en la nada.

Así nos fue entregado el primer día,
con las verdes llanuras inundadas
y los juncos resecos ansiando ser cabañas.
Una burbuja al sol en la tierra anegada,
un aleteo de garzas, un correr de venados,
un árbol solo venerando al cielo,
y basta el primer día para la dicha.
El cuerpo
quiere danzar sobre el tapiz de barro
y la frente se inclina reverente a la tierra.

Nadie sabe cuándo comienza la música, nadie sabe cuándo termina. La música no cuenta una historia. Puedes entrar en la música y puedes salir de ella. Y sobre todo puedes permanecer en ella, como se permanece en la lluvia o en el amor, como se permanece la tarde entera ante el río, sin esperar otra revelación que la certeza de que no va a cesar de repente, pero dejando que su pesado declinar hable en el sueño del comienzo y del fin, de las montañas blancas donde ríen los dioses, de las espumas blancas donde rugen los dioses, de los miles de corazones calcinados que después de amar y odiar y anhelar y asombrarse y sufrir, rodaron como ceniza roja en esa fuga que todo lo purifica.

Ves en el horizonte un círculo de llamas, y cada llama es una edad del mundo.
Cada llama moviéndose es el rostro de un dios.
No sabes si agitándose en el centro del círculo el dios que danza tiene cuatro brazos o si es el movimiento de la danza lo que los multiplica.
El fuego del deseo, el miedo de morir, el repentino alivio de la brisa te hacen sentir que muchas veces has amado y muerto, y has renacido luego, como una abeja, como un viejo roble.
Todo duró un minuto.
Pero mientras mirabas las pagodas cayeron, los techos de oro se abatieron en lluvia, los flautistas silbaron en los huesos de las generaciones, las montañas bajaron hasta el llano.

Dobla el tiempo pagodas, derrite techos de oro,
flautistas y montañas va arrastrando a su fin.
Y cada treinta siglos la mano azota el parche
del tamborín.

El halcón va volando por el cielo, mientras las llanuras se marchan en silencio.

No están todos los rostros de lo humano
pero por estas calles ves todos los oficios.
La humanidad eterna y humilde que se agobia
martillando en la piedra,
trazando en la columna de hierro su sentencia,
alzando torres, derribando torres,
y bendiciendo a dios con su boca sin dientes.

No se cansan las manos del país laborioso
que hace cinco mil años
trenza estos verdes juncos y venera estos árboles
y ve reír un dios en el blanco Himalaya.
Talla rejas de rosas que no huelen a rosas
porque huelen a sándalo,
talla rostros del Buda bondadoso en el sándalo,
esferas en esferas en esferas de sándalo,
y el elefante dentro del tejido elefante
de paciencia y de sándalo.

Bebe.
En cada brazo el árbol lleva un fruto.
Mira.
En cada rosa se abren siglos rojos.
Teme.
El cuello de la diosa lleva un collar de cráneos.
Oye.
Un dios de muchos brazos acaricia la luna.

Mira primero mucho por la ventanilla del tren.
Todo parece casual, el hombre que pasa en bicicleta, las mujeres encogidas que recogen la hierba, el pájaro de plumas de colores, la vaca que medita junto a los basurales, pero todo eso que ves tiene que ver contigo, está allí porque pasas, tal vez no viene del fondo del paisaje sino del fondo de ti mismo.
Debes estar atento.
Pronto aparecerá el inmenso río, el resplandor vacío, y en él dos puntos negros que si los miras bien son dos pequeñas barcas.
Esas barcas precisas permanecerán en tu alma.
Más tarde, por el campo, habrá un templo muy viejo, con cúpulas oscuras y con telas colgadas en las terrazas.
Cerca de él habrá un templo pequeño, rosado como un pájaro.
Y al lado estará el árbol.
Es el árbol preciso: lo sabrás porque tiene desplegada una bandera, y junto a él, fíjate bien, alguien está rezando.
Ahora no es necesario que vigiles, puedes cerrar los ojos, puedes dormir un rato.
En la desconocida ceremonia alguien te ha reemplazado.

Le pregunté qué árbol era aquel y me dijo que un ficus muy antiguo.

«Estaba aquí hace mucho, antes de que crecieran los muelles y de que aparecieran los palacios.»

«Es un árbol sagrado, y está prohibido cortarlo.»

«Es más fácil que el ficus derribe con sus ramas el palacio, que parta en dos el muelle, antes que venga alguien con su hacha a derribarlo.»

«Porque hace mucho tiempo sólo estaban los dioses, no habíamos venido ni brahmanes ni santos ni intocables, y a pesar de nosotros siguen solos, cuidando lo que permanece.»

«Y nosotros no habremos llegado todavía, o tal vez ya nos fuimos, pero el árbol, que es un dios, o atributo del dios, permanece hasta el fin inmóvil junto al Ganges.»

«Y el Ganges es un sueño que está soñando Shiva, arriba, en la montaña.»

Esto es la tierra —dicen en Sarnath las estrellas—,
Seis mil millones de pupilas que buscan,
Seis mil millones de pupilas que aguardan.

Enséñale a la piedra a ser muslos y senos.
Enséñale a la piedra a ser reyes y cortesanas.
Enséñale a la piedra a contar viejos cuentos.
Enséñale a la piedra la caricia.
Enséñale a la piedra el temblor del deseo,
                                          el espasmo del beso.
Enséñale a la piedra el susurro,
                                          el gemido.

El hombre que me esperaba en Jenshi era joven y oscuro.
Adju era su nombre.
Se alegró cuando supo que estaba cerrado el camino a Varanasi.
(Una ruta sólo asfaltada en el carril central, por el que avanzan los coches a gran velocidad, y los conductores aceleran frente a frente sin mostrar intención de desviarse para esquivar al otro, pues quien gane ese pulso escalofriante podrá seguir por el camino asfaltado, en tanto que el otro tendrá que resignarse en el último instante a salir al carril lateral, de piedra y de polvo.)
Se alegró Adju, porque ello le brindaba ocasión de mostrarme la aldea de sus padres en la llanura.
(Por un camino aún más largo, bajo los treinta y cinco grados de la temporada de los monzones.)
La aldea es reseca y ahogada, y tiene nombre de agua.
Galimalala.
Adju quería presentarme a su familia, pero detuvo el coche ante una tienda en cuya fachada estaban pintados los dioses con abundancia de colores y resplandores.
Allí vi a Shiva cuatro brazos, y a Karttikeya, y a Ganesha con su cuerpo grueso y su cabeza de elefante, y a Parvati en su expresión más dulce y también en su aspecto temible de Durga y de Khali, y los nueve avatares de Vishnú, y a Lakshmi y a Sarasvati y a Hanumán, ornados de atributos, multiplicados hacia atrás en hilera, como pétalos incontables.
Todo aquí es demasiado, me dije luego, en Varanasi.
Demasiados camiones, tractores, bicicletas; demasiadas vacas, búfalos, cabras y monos; demasiados bañistas en la orilla del Ganges; demasiados peregrinos por los campos para ir a adorar a los ríos; demasiadas túnicas azafrán frente al templo de oro; y demasiadas moscas, y demasiadas vueltas que dar alrededor de la stupa de Sarnath, y demasiados dioses, y demasiadas reencarnaciones, ochenta mil, para cada uno de los demasiados seres que pueblan el país.
Es demasiado largo el camino, antes de reclinarse en Nirvana.

Pero días después, cuando supe que ya no lo vería más, comprendí que Adju era un emisario, que me había llevado por el camino largo y polvoriento para presentarme su familia de dioses.

Desde entonces, en la memoria, a veces, la mirada de un mono me revela la presencia de un dios, el temblor de unas ramas anuncia la cercanía de ciertos lugares sagrados.

A veces estoy a punto de saber qué avatar de qué dios era Adju.

Y un montón de preguntas que no acaban de formarse en mi lengua, tienen ya una respuesta misteriosa. Galimalala.

Porque aquí la ciudad es de las muchedumbres, de monos y de hombres
y de hormigas, pero el cielo radiante es de las águilas.
No hay un lugar en el mundo donde vuelen más águilas.
Pasan sobre nuestras cabezas haciéndonos sentir que el mundo está
muy vivo, que las columnas del aire sostienen el río de su sangre
divina.
A veces se detienen en lo alto.
Tienen ese poder de quedarse en un sitio, batiendo con fuerza las alas
para que el cuerpo permanezca inmóvil, viendo algo preciso que
las llama.
¿Será la sangre deleitable, el humor de la presa, los dioses diminutos que
huyen bajo los árboles?
No podemos saberlo.
El bosque es de los pájaros, nunca tantos idiomas de pájaros descifraron
el viento.
Pero el cielo en lo alto es de las águilas.
Son poderosas cuando rompen la nube, cuando cubren el sol, cuando se
cruzan como rayos negros.
Poderosas también cuando bajan y caminan en grupos bajo la sombra
verde de los palacios.
No ven el mundo que nosotros vemos, no saben de la historia ni del
presente.
Nunca saldrán de la mitología.
No sabrán nunca del amor ni del miedo.

En el fondo del sueño le señalé al poeta la mariposa
posada así, sin peso, sobre la piedra del templo.

Mira cómo están juntos lo fugaz y lo eterno.

Sí, me dijo el poeta, lo fugaz, que es la piedra,
Y eso que arroja sombra con sus alas, lo eterno.

No esperes a saber por qué la hoja del Ashok te protege.
Guarda la hoja en tu pecho.
En el parque de los ciervos te espera la sombra silenciosa de un árbol.
No será necesario que te digan que aquí predicó Buda por vez primera.
La hoja del Ashok es como un amor en tu pecho.
Las palabras de Buda son esta sombra.

El enfermo a la orilla del río intenta escupir y no puede.
Se forma en su espesa saliva una burbuja del color de las perlas.
Por eso el hombre que regala té caliente a los paseantes
los obliga a romper, después de beberlo, la pequeña taza de arcilla.

Con un temblor de agua urgente y sagrada,
muchedumbres inversas penden de los peldaños.

No hay que saber arder para ser fuego.
La hoguera está en nosotros.

El gran río viene del norte, de las montañas de Shiva.
Junto al gran río se alzan los montones de leña, la madera de sándalo,
y todo lo que fuimos asciende en ese humo azul que se desvanece
sobre los viejos templos de Varanasi, donde están las sombrillas de
los sabios.

Y atrás, por hondas calles que desde aquí son invisibles,
vienen tristes cortejos con cadáveres.

El muerto en su litera, bajo la muselina,
bajo la seda roja o amarilla.

En hombros de sus hijos desciende el cuerpo muerto hacia la libertad,
hacia el río,
hacia el fuego sagrado y perfumado, el dios más poderoso,
capaz de deshacer en un solo cuerpo ochenta mil existencias sucesivas,
y abrir la puerta, la única puerta, por donde se puede escapar de la pena,
escapar de las rosas,
escapar de la música que enlaza como una red de hierro los mundos.

El hombre que me guía es de la casta de los brahamanes.
Ha entreabierto los pliegues de su camisa, y me ha mostrado las cuerdas blancas, ocultas, que revelan su casta.
Le pregunto cuánto tardan en arder los cadáveres, y sólo guardo en el recuerdo que las mujeres tardan más que los hombres.
Me explica que el pecho y los hombros de las mujeres son demasiado fuertes, incluso para el fuego.
Y lo que tarda más en deshacerse, me dice, son los corazones.
Veo entonces la fragua incesante de un corazón latiendo desde el comienzo hasta el fin,
el incesante corazón palpitando en los años, en los bosques, en el odio, en el sueño,
haciéndose más fuerte cada vez, más templado, más duro.
Y pienso en esa guerra final entre el corazón, manantial de lo rojo, y el fuego,
entre el fuego que nutre y el fuego que destruye.
El hombre que me guía me dice: muchas veces el corazón no alcanza a consumirse,
y hay que tomarlo con varas de acacia, y arrojarlo a la corriente del Ganges,
para que el agua logre lo que no pudo el fuego.

No sólo el hombre viene a morir junto al Ganges,
también la seda que lo cubre, el capullo de las pacientes orugas,
también los leños del sándalo que lo queman, brazos de un árbol que
busca el Nirvana,
también la mosca a la que esperaban diez mil reencarnaciones
y escapa de la rueda de los milenios,
ebria de niebla y sándalo, volando sobre el llanto
con dos alas de fuego.

Cuando acabes de dar ciento ocho vueltas en torno a la stupa de Sarnath,
ancha como una torre, gastados sus relieves por los siglos que giran,
comprenderás la rueda de las encarnaciones:
cómo la hormiga se hace grillo y el grillo se hace tordo y el tordo se hace
jabalí,
y el jabalí se hace hombre y el hombre se hace hierba,
y la hierba se hace diosa de grandes cuernos
bajo la luna de inconstancia y de perla.

Sobre la stupa y el lecho de loto
cuatro veces Buda mirando en cuatro direcciones,
con las manos en gesto de meditación,
con las manos en gesto de iluminación,
con las manos en gesto de predicación…
Y no sé por qué pienso menos en Buda
que en el insecto gris que recorre su pecho,
el insecto que gira conmigo alrededor de la stupa
como si también él estuviera escuchando las explicaciones del monje.
El mundo es mi camino,
como el pecho de piedra de Buda es el camino de este ser pequeñísimo,
o tal vez él avanza por las grises montañas
y soy yo el que camina sobre el inmenso pecho de piedra.

Buda le dijo al elefante:
eres la montaña que se ha puesto en camino.

Buda le dijo al río:
eres el sendero de cantos que inventaron los dioses
para que las cumbres blancas conozcan los abismos azules.

Buda le dijo a la Luna:
el que te vea desde el amor se sentirá más amado,
el que te vea en soledad se sentirá más solo.

Llamaron a la luna la mente de lo alto
y llamaron al sol el ojo que ve todo
y llamaron al árbol el hombre que no huye
y llamaron al viento la palabra sin cara.

Ningún artista puede pintar la repulsión, el horror, las crueldades, si no
los ilumina de belleza.
Así, en el duro relato del nacimiento de Krishna, cuando el padre del
dios, para salvar a su hijo, lleva en cambio una niña recién nacida
a la prisión siniestra de Mathura,
El rey que ha decidido matar a Krishna en cuanto llegue al mundo,
descubre con rencor la sustitución, el engaño, y arroja a la pequeña
contra el peñasco.
El mito no soporta que ese ser inocente, para salvar al dios, muera sin
gloria.
Por eso al estrellarse contra la piedra, la niña, aún sin nombre,
se convierte en el rayo.

El rayo es una grieta momentánea en el cielo
que nos deja entrever el rostro de Shiva.

La diosa va sentada en la lenta tortuga,
en la azul y viejísima tortuga del cielo,
y la fastidian como insectos incontables lunas de plata,
se enredan y se enredan en sus largos cabellos,
los llenan de silencios y de perfumes.

El día que se hunde en la copa dorada,
es como la tortuga que se aleja.
El sueño de la vida no se va yendo,
la mosca, de repente, desaparece.

Cuando Vikash me dijo que en el bazar hacían collares de palabras, y que había cuentas con letras latinas, se me ocurrió de pronto formar en un collar, en la India, la frase que alguien vio en el portal de un castillo hace siglos.

Un muchacho paciente, en el bazar, en la tarde, los pies desnudos sobre los tapices, fue escogiendo las cuentas con letras de colores, letras occidentales que no podía entender, y formando la frase en el hilo de cáñamo.

Ni Vikash ni el muchacho sabrán nunca que aún tengo en mi puerta aquella frase, tejida en un collar por sus manos finas y oscuras.

Y en el collar la India sigue diciéndome: *Ya estabas aquí antes de entrar, y cuando salgas no sabrás que te quedas.*

Neehru me regaló un Ghanesa de bronce
que va apenas gateando por el mundo.

El niño dios, cabeza de elefante.

Hay que hacerlo mirar hacia la puerta
para que nunca llegue la desgracia.

Pero, Neehru, aunque el dios me ha protegido,
un día me distraje, y Ghanesa no estuvo vigilando la puerta.

Lejos, en Buenos Aires, Laura miró otros ojos,
y nunca más volvieron con amor sus palabras.

No es necesario sumergirse en el Ganges, bastan unas gotas del río sagrado en la frente o el pecho para que el agua cumpla su labor milagrosa.
Cuando la voz lo dijo, ya venía remando el barquero con vasijas de muchos tamaños.
Por unas cuantas rupias adquirí dos pequeños recipientes llenos de agua del Ganges.
Y de regreso, ya en el otro extremo del mundo, yo agitaba los cántaros de metal y oía el agua en su interior, el agua que llora y que canta.
Más milagroso que el rocío de aquella agua sagrada me pareció tener una fracción del Ganges guardada en el estante, entre los libros.
Y escuchar de repente, en la noche vastísima, el pequeño sollozo del río.
Nunca abrí las vasijas. Un día, al agitarlas, no estaba ya el rumor de sus aguas.
Pero en lo más profundo de la memoria, sé que el Ganges me espera guardado en esos cántaros,
y el día en que mis años busquen por fin la purificación y el olvido, verterán en mi sueño el agua inagotable.

Lentos, en la corriente que arrastra nuestra barca,
con compasión miramos las hogueras piadosas,
y el humo casi azul que se pierde en la altura
donde ya vuelan libres los que ayer navegábamos.

Nadie puede saber lo que regala.
Para qué noche solitaria, compró el alivio
de dos muñecas de colores que danzan.
Para qué pensamientos de una casa del bosque,
compró el pequeño dios de sándalo.
Para qué sueño oscuro, inolvidable,
ese cojín de seda brillante.
Para quién ese buda de bronce
que al salir de su caja de marfil en la noche
abrirá junto a un río la puerta de los besos.
Nadie puede saber lo que regala,
nadie adivinará mientras lo guarda
para qué llanto es el pañuelo espléndido.

Acabábamos de aterrizar en Calcuta.
Habíamos visto desde el aire la llanura cenagosa de miles de edificios de veinte pisos.
Habíamos visto la legión de mendigos que nos asedió a la salida.
Y ahora íbamos todos en un taxi por las calles abarrotadas de gente, de coches, de carretas, de sueños y de dioses.

De repente, a la izquierda, apareció el cortejo.
Casi veinte muchachos adornados de flores acompañaban al muchacho muerto.
Varios llevaban en sus hombros la parihuela, donde el cuerpo tenía todavía la flexibilidad de la vida.

No era una cosa rígida: apenas empezaba su sueño.
De los pequeños atabales brotaba el humo del incienso, de los pequeños címbalos brotaba la música.
No supimos si los jóvenes lloraban o cantaban pero el cortejo no producía tristeza.
Parecía parte tan natural de la atmósfera como los comercios de discos, como las barberías instaladas en el separador de las avenidas, como los vendedores de comida, de sedas, de perfumes, de dioses de madera, de sandalias de plástico.

Ramón comprendió, y lo dijo, que era la misma atmósfera del «Entierro en el este».
Y al llegar al hotel, sin saber cómo, apareció el libro de Neruda, y apareció el poema, y lo leímos.
Ese fue el comienzo de la ceremonia.

Ahora sé que mientras conversábamos en el viejo hotel colonial, los jóvenes bajaban con el muerto hacia el río.
Y mientras hablábamos de las bellas mansiones mordidas por la ruina, en los barrios antiguos de aquella ciudad infinita, los dolientes bañaban al joven muerto en las aguas del río, y le llenaban de agua la boca.

Y mientras recordábamos graves poemas de occidente, el cadáver era colocado sobre los leños de sándalo.
Y mientras bebíamos y discutíamos al crecer de la noche, el joven se iba convirtiendo en humo azul e incienso frente a las aguas barrosas del delta.

Nuestra larga tertulia de la primera noche en Calcuta, era una misma cosa con los comercios y los mendigos, con los millares de edificios iluminados, con los enjambres de insectos ante las vidrieras, con los millones de coches por las autorrutas y con la lenta combustión de aquel cuerpo entre el llanto y la música.
Un dios oía lejos, en las altas cavernas del Himalaya, o en el fondo del río, o en las cornisas de los rascacielos, ese extenso rumor de cigarras, de millones de voces y aguas y motores y flautas, y después lo infundió en nuestros sueños. Por eso no trajimos casi recuerdos, sino esa intensa sensación de estar vivos, la confusa conciencia de haber formado parte de una danza infinita.

Las costas del mar Negro,
los difusos desiertos que fueron Persia,
la bruma que borraba el Himalaya,
la noche ardiente, las desbordadas lluvias de los monzones,
los muchachos oscuros que se abrazan en los prados verdísimos,
los labios de madera de una diosa,
las piruetas de un mono sobre la luna,
un campo de maíz en Katmandú,
un arrozal lejano con mujeres o garzas,
el sari ondeando al viento sobre la moto ronca que se aleja,
sobre negras montañas las primeras imágenes de la China: las nubes,
tantas palomas sobre la pagoda,
un murmullo de ancianas descansando en la sombra,
y ese viejo tendero entre los calendarios de Parvati y de Krishna,
y la voz de un teólogo chipriota hablando por su teléfono móvil en duro griego
mientras llovía por la ruta de Agra,
y una sombra de acacias en el parque sagrado de las gacelas de Sarnath...
el pañuelo de seda con que me saludaron en Delhi,
el pañuelo de seda con que me despidieron en Nepal,
el hombre del tambor en la tumba de Gandhi,
su monótono oficio de días y de años,
y el temblor que esas cosas despertaban en mí,
los tigres que no vimos, los cocodrilos en el hondo foso,
la lámpara de loto con plegarias que se alejó en el río,
el pilote de piedra enrojecido en el centro de un templo,
la voz de aquella niña diosa que se escondía tras los ventanales,
tantas y tantas cosas fueron formando lentamente un cuerpo,
fueron formando lentamente un rostro,
y por primera vez en muchos años, cuando te vi cayeron las cascadas,
y todas esas cosas fueron una en mi mente.

Nadie sabe qué dicen estas letras grabadas en la negra columna de hierro.
Quizá nombran el fuego y por eso ese dios no ha podido apagarlas.
Quizá nombran el tiempo y por eso sus miles de manos no las borran.
Tal vez en estos signos nacieron las palabras.

No sé si es un reloj esta columna, no sé si está esperando a un Dios que
    nunca viene.
Como piedra en el agua guarda sus letras mágicas,
paciente,
        indescifrable,
                ve pasar los milenios.

La serpiente,
intentó escribir algo sobre la piel del agua,
pero el agua en sus juegos olvidó la palabra.
Algo escribió la sombra de la rama en la piedra,
pero después la noche disolvió la palabra.
Entonces vino el fuego
y dibujó una letra en la piel del viajero
una letra que no borró la lluvia
y que siguió doliendo en la tiniebla.
Los signos que nombraron las huellas y las sombras
se disolvieron como huellas y sombras.
Sólo ese trazo que nombró lo invisible
grabó en los siglos la palabra.

Vuela de nuevo, no descansa nunca,
el ala muerta de la mariposa

Un pez, una tortuga,
un monje ciego, un león rojo arrancado a la piedra,
un hombre con su lanza de hueso de elefante,
un templo en la mitad de un país devastado,
un mono silencioso
colgado por la cola de una nube amarilla,
la daga curva cruel, el hombre, las negras manos,
todo es una canción que no entendemos
y hace que se abran ojos en los muros,
todo es un hombre muerto al que miran cien cielos,
y una criatura humilde que se endiosa en el pecho de Buda
y unos rostros de hielo que gritan de montaña en montaña.

Las hermosas muchachas
se envuelven en sus saris de colores,
la eternidad permite que la seda
sea capullo de nuevo.
La luna baila en cuernos de la diosa
y allá muy lejos el señor de la lluvia
el elefante blanco de cuatro trompas,
acaricia los campos con la borrasca.

Aceitan y renuevan los motores del viento,
hilvanan la tibieza del invierno,
martillan en el casco las distancias,
saben aliar el viento con la piedra,
deshacen duros siglos, recogen bosques muertos,
apacientan peñascos,
tallan tigres de rosas en el sándalo,
encienden en el loto la llama de las súplicas,
tejen guirnaldas recias como cadenas,
visten las muchedumbres del color del crepúsculo,
matan la arena estéril, gobiernan la fatiga,
doman con varas de oro la fuerza inmensa,
mejoran los trabajos de la oruga,
descifran la hosca espalda de los planetas,
mezclan la vida roja con la verde,
cambian todo en sonidos
y hacen música,
pero no saben nunca que hacen música.

Puse, como una barca diminuta en el río, una de aquellas lámparas hechas en flor de loto, pétalos secos con una gota de aceite en su centro, que el peregrino enciende y suelta para que lleve su plegaria a los dioses.
Ya no recuerdo qué pedí.
La barca estriada de violeta, con su pequeño corazón de fuego, se deslizó en las ondas grises y se alejó hacia el sur.
La lámpara sin duda se habrá hundido en el agua.
El fuego ciertamente debió apagarse.
La humedad habrá entrado y destejido la ofrenda.
Pero nada me cuesta imaginarla vacilando y ardiendo, navegando y ardiendo, por el río sagrado, o detenida en uno de los infinitos palacios de piedra que el tiempo gasta en sus orillas, templos llenos de tigres o de monos.
Nada me cuesta imaginar, tan lejos, que esa plegaria en llamas me tiene vivo aún, todavía soñando, todavía creyendo que antes del fin vendrán el amor y el milagro.
Acaso para el dios la barca hecha de flores, su breve llama que vacila en el agua, y mi cuerpo que viaja con un fuego en su pecho, son una sola cosa.
Y los dos ignoramos cuán lejos está el mar, cuántos años, o días, o segundos, nos sostendrá en la sombra la plegaria escondida.

Parece que gritara la piedra.
Parece que gimieran los amantes de piedra
que en estos templos rojos se abrazan y se invaden.

(Veinte templos tallados en arenisca roja,
hace mucho perdieron a sus gemelos de agua
porque el tiempo y el sol secaron los espejos.)

Parece que gritara la mujer que se mira en la luna de piedra.
Parece que silbara el muchacho excitado que acaricia a una moza.

(En el friso inferior, aunque son muchos,
no hay un elefante igual a otro.)

Parece que cantara alguien en la corteza de este templo.

(Donde miles de cuerpos de criaturas desnudas
tejen redes de abrazos.)

Entre muslos y vientres
y espaldas que se arquean,
los gritos de millares de amantes.

Las ardillas.

Ancianos encorvados,
flacos y dolorosos hombres pálidos,
muertos en sus literas rumbo al sándalo,
y santos que hace tiempo renunciaron al mundo,
son la orilla del Ganges.

Con signos como rostros dolorosos,
manos rugosas, llagas, pieles blancas,
cuerpos rígidos ya bajo el velo sagrado,
Buda escribe a la inversa en sus espejos de agua
la leyenda completa que alivia y desengaña.

Bajo la noche abierta va el muchacho,
mirando a Dios con sus dos ojos ciegos.

Bosque de ramas secas.
Hermosa flor de leña sobre el pequeño carro.
Van desapareciendo la carreta y el hombre
bajo el enorme fardo de ramas blancas.

Fuga de árboles muertos,
humaredas de ramas,
nada saben del fuego
y sabrán sin embargo ser la hoguera más alta.

Un río por debajo de las cosas.

Corazones que se hablan a lo lejos como tambores.
Pieles que se aproximan como la nube a la montaña.

Una belleza que no busca los ojos.
Una elocuencia que no endulza los labios.

Si puedes describirlo, no lo has visto.
Si lo puedes narrar, no lo has vivido.
Si puedes enseñarlo, no lo aprendiste.

Cuando entre todos los árboles hay uno que los niños se quedan
mirando.
Cuando buscan sus ramas los pájaros más esquivos.
Cuando ese macizo de nubes suspendido en la tarde se abre de extraño
modo sobre el bosque.
Cuando un raudal anida en el follaje.
Cuando el que se durmió bajo su sombra trae de regreso frases
misteriosas.
Cuando los otros árboles se apartan.
Cuando el musgo es más denso.
Cuando el viento da vueltas y no sabe alejarse.

Corren por la llanura los venados del sueño.
El tren hilando abismos.
En las colinas hay banderas y templos.
Hombres bajo los árboles, las siestas del verano.

Y esas niñas conversan desde hace tantos siglos,
hay almas en las moscas y hay almas en los pájaros,
el bosque denso y hondo tiene tigres ocultos,
y en las nubes los dioses no tratan de ocultarse.

Pienso en la India que no he visto.

No estuve en Mahabodhi, no crucé la Torana, no degusté la sombra del árbol Bohdi bajo el cual meditó el joven Siddhartha durante cuarenta y nueve días. No vi el loto esculpido en piedra roja, ni vi las cuatro torres, ni los campos de stupas, ni pude ver la torre escalonada. No ha llegado a mis ojos el Bodh Gaya, donde hace apenas veinticinco siglos ese que preguntaba encontró las respuestas. No he visto el Chakramana, no vi el camino de los lotos, donde el iluminado meditaba si era preciso divulgar el mensaje.

Pero sé que en el día de mi muerte será un consuelo pensar en esa torre, pensar en la sombra del árbol Bohdi, bajo el cual se sentaba, tratar de ver el rostro de Buda en el crepúsculo.

Imaginar el Vajrashila recubierto de flores, en la hora en que muere la luz, cuando alguien baja a encender las lámparas de aceite, cuando parece que rezaran al mismo tiempo los labios y los árboles, y una música llena los espacios.

Piedra roja
Piedra roja manchada
Piedra cubierta con un manto rojo
Piedra cubierta con un polvo rojo
Dios alegre y guerrero
Dios travieso
Sangre que danza
Hoguera de la risa
Llenas los templos de tu vida en llamas
Hanumán
Ve a la luna
Ve a la luna esta noche
Vuelve en la madrugada
Pon llamas en la punta de tus flechas
Baja saltando entre las duras nubes
Piedra cubierta con un polvo rojo
Piedra cubierta con un manto rojo
Piedra roja manchada
Piedra roja

Vino primero el pez y salvó al mundo…

Yo vi en sueños al reino
venir del sur pesado como un barco,
yo vi en sueños la isla llena de dioses,
chocar contra las playas.

En sueños vi la aurora de la catástrofe
despertando en los montes la risa cruel de Shiva,
levantando hasta el cielo la cordillera blanca.

Ahora el reino está encerrado
entre una cordillera de dientes blancos
y el sollozo incansable de los tres mares.

De las cuatro cabezas del dios que lo hizo todo
una nunca es visible.
¿Quién sabrá agradecer al que abrió el primer surco,
si es el que abrió la herida?
¿Quién sabrá agradecer por la boca que canta
si es la misma que grita?
¿Quién sabrá agradecer por el cuerpo que ama,
si es el mismo que duele,
si es el mismo que muere?

LA DONCELLA DE LAS PALMAS ROJAS

Bajando del templo de Buda, donde los monos juegan junto a la gran efigie dorada, donde se alternan stupas budistas y pagodas hindúes, saliendo ya a la avenida llena de automóviles y motocicletas, junto al andén había un hombre muerto.

No alcanzó a llegar a la orilla de las liberaciones, me dije, a la redención del gran río.

Había policías acordonando el área, y no pude saber si había sido un accidente o un crimen.

Hablamos con mi intérprete, y él me contó la historia de cómo fue creada la muerte, de lo difícil que es para los dioses la sola idea de destruir la vida.

Brahma había creado ya todas las criaturas, y les había dado el don de la generación, de modo que empezaron a reproducirse y muy pronto llenaron el mundo.

El primer dios advirtió que algo estaba mal, pero no se le ocurría cómo corregirlo. Las criaturas se estaban estorbando unas a otras, y aunque lo pensó mucho, no daba nunca con la solución, pues no se le ocurría pensar siquiera en destruir algo que había creado. Cuando creó la vida, no sólo había olvidado crear la muerte sino que ni siquiera la concebía.

Brahma contuvo el fuego de la ira que se acumulaba en él, y al cabo de los tiempos, de su meditación, de sus ojos, de sus oídos, de su pecho, fue brotando una especie de bruma que se condensaba y que tomó la forma de una doncella bellísima, una muchacha oscura y delicada, con las pupilas rojas, y rojas las palmas de las manos y de los pies. Así nació la muerte.

Brahma le reveló para qué fue creada: para destruir a todos los seres, y la pobre muchacha rompió a llorar desconsolada sin entender cómo, habiendo tantas criaturas en el mundo, ella había sido hecha para una labor tan ingrata. Mientras ponía en su cuello llorando guirnaldas de lotos, la muchacha le dijo: «Me agrada tu mundo, me gustan los humanos, los animales, los pájaros, los árboles, no tengo la intención de destruir nada, no lo haré».

Brahma le explicó que no había alternativa; había sido creada para eso y tendría que hacerlo. «Estoy muy asustada», respondió la muchacha, «ten misericordia de mí. Los hijos, los amigos, los hermanos, las madres y los padres van a odiarme. La humedad de sus lágrimas me quemará milenio tras milenio».

«Ve y destruye a todas las criaturas, le dijo entonces Brahma con dureza, esto debe ocurrir inexorablemente». Entonces la doncella se retiró llorando a un yermo, y pasó quince mil millones de años apoyada sobre el pie derecho, en penitencia, ayunando para escapar a su destino.

Al cabo de ese tiempo, Brahma vuelve a buscarla y le dice: «Tienes que hacerlo». La muchacha rompe a llorar de nuevo. Permanece apoyada ahora sobre el pie izquierdo, practicando ascetismo y llorando, durante otros veinte mil millones de años. Después se retira a una selva donde convive con todas las bestias durante diez mil millones de años.

Al cabo de ese tiempo Brahma regresa y le recuerda su destino. Ella permanece en silencio y durante veinte mil años no come nada, sino aire. Y otros ocho mil años permanece en silencio sumergida en el agua. Después se queda completamente sola junto al Ganges, inmóvil como un trozo de madera, pensando en el bienestar de todos los seres.

Brahma la encuentra de nuevo y le recuerda su deber.

«No puedo matar a niños y ancianos inocentes, a todos los que están en la flor de la vida. No puedo matar a tantos seres que respiran, oh señor de los que respiran», dice ella, «yo sólo quiero practicar ascetismo». Desesperada, se retira al Himalaya, entre el hielo y el viento, y pasa mil millones de años parada sobre el dedo mayor de su pie izquierdo, mientras llora su suerte.

Brahma vuelve, y repite: «Nadie va a odiarte. Los muertos no te culparán. Tienes que hacerlo». «No lo haré», grita ella, horrorizada. «Nadie te verá cuando llegues», dice el Dios, «cumple tu deber». «No voy a hacerlo», grita ella. «Pues lo harás», dice él.

Entonces ella junta las palmas rojas de sus manos, mira al Dios creador de los mundos con sus pupilas rojas, y se inclina ante él y le susurra, con una voz que sale del fondo de su llanto: «No».

Así que Brahma finalmente le dice. «Está bien: todo ese llanto que has vertido lo convertiré en enfermedades y desgracias que matarán a las criaturas, de modo que no te aflijas, lo que tenías que hacer, ya lo has hecho».

La doncella de las palmas rojas, negándose a cumplir su tarea siniestra, sin saberlo, la había cumplido.

Atrás quedaba el hombre muerto, tendido en la avenida bulliciosa, y mientras caía la noche sobre las muchedumbres, supe que había venido desde el otro extremo del mundo para ver por primera vez a la muerte.

Como si de la sed surgiera el agua,
cuando el mar tenía miedo
y asustadas las olas asediaban la luna
apareciste envuelto en las escamas de Matsya.
Sosegaste las olas, diste voz a la espuma,
pusiste sal de abismos en cada lágrima.

Después, bajo la roja caparazón de Kurma,
viendo el final con ojos que vieron el comienzo,
destilaste el Amrita para labios de dioses.

Y si siglos después el jabalí Varaha,
levantó en sus colmillos a la tierra angustiada,
y si el hombre león, Narashima, dio muerte
al viscoso demonio Hiranyakshipu,
si Vamana, el pequeño monje, en juego,
se transformó en gigante
y midió con tres pasos el universo,
en cada hazaña estabas.

Siempre que alguien nos salva, eres tú quien nos salva.
Eres Parasurama, el oscuro invencible,
eres Rama, que trajo la bondad a los hombres,
la flor desconocida,
eres Krishna,
cuyo cuerpo enjoyado brilla como una lámpara
cuando hace travesuras en las salas sombrías,
y eres Buda,
el camino.

Salvaste al mundo entero nueve veces,
salvaste al mundo interminables veces.

Vishnú, salvador nuestro:
no sabemos qué rostro será el tuyo
cuando Kalki cabalgue,
no sabemos si ahora, si en este mismo instante,
por sangrientos suburbios, bajo nubes de peste,
entretejes la gema, destilas el tapiz, tallas el bálsamo.

Mohini sabe cuándo ser dios y cuándo ser diosa. Por eso te perturban esas sonrisas. Por eso no sabes qué hacer cuando la doncella se inclina sobre el cántaro y ves el dibujo tentador en su cuello. Por eso no sabes qué hacer cuando el muchacho de la tienda de sedas te mira con sus ojos de luna. Casi te asusta sentir deseo por el pesado y cadencioso dios de cabeza de elefante. Casi te causa escalofrío sentir amor por la dama terrible que lleva ensangrentada su guirnalda de cráneos.

Parvati.

Ella fue siglo a siglo más callada que un loto, más apacible que las palomas blancas. Pero un día su cólera la fue cambiando en Durga, que va montada sobre un león furioso, y en cada uno de sus ocho brazos lleva un arma fatídica. Y otro día su cólera la fue cambiando en Kahli,

pecho de cielo rojo con un collar de cráneos.

Canción de los dos hijos.

Karttikeya, el que canta, tiene un pavo real en su garganta. Y Ganesha, el infante, cabeza de elefante, danzando sobre el loto, con su colmillo roto, avanza y nunca cae, sobre el ratón que lo lleva y lo trae.

Cuando un duro camino te depara, Ganesha es Vighneshvara.

Cuando la vida es grata, Ghanesa es Siddhidata.

¿Es posible que un dios sea capaz de arrancar la cabeza de un niño, porque no permitió que cruzara una puerta?
¿Es posible que quiera morir cuando comprende que el niño al que ha matado era su propio hijo?
¿Es posible que el niño resucite cuando su padre le pone la cabeza de la primera criatura que encuentra?
¿Es posible que el niño que tiene cabeza de elefante con un colmillo roto pueda ser entre todos los dioses el más bello?
¿Es posible que dance? ¿Es posible que cante? ¿Es posible que sea el más alegre?
¿Es posible que un dios con cabeza de elefante no pueda desplazarse por el mundo o el cielo si un pequeño ratón no lo conduce?
¿Es posible que esas grandes verdades apenas las conozcan y las crean mil millones de seres?

Es una extraña sensación estar solo, en el templo vacío de Ganesha, en donde están los viejos libros y la imagen callada del dios. Pero de pronto se oye la campana, junto a los prados, y el sacerdote viene, rocía agua en la imagen, le acerca flores, le arroja los granos de arroz, y pasa sobre la cabeza que tiene el cuerno roto la bandeja de ofrendas, y lo cubre con seda, y lo invoca, y canta el mantra cavernoso y potente. Entonces, aunque tú no lo adviertas, viene por los jardines el pequeño ratón sigiloso. Y tú sientes de pronto que ya no estamos solos, que alguien más ha llegado. Alguien hospitalario, generoso, valiente, que cuidará las puertas, que sabe que las pérdidas nunca son para siempre, que hace compatible lo diverso, que sabe que hay belleza en la abundancia, en el goce, en la danza, que nos hace fecundos, y hace que la fortuna que llega a nuestras manos no nos sea motivo de vergüenza ni ocasión de ignominia.

Esta linga sagrada es imagen de Shiva, y tres seres murieron por cuidarla. La diosa que camina con ocho brazos, la silenciosa araña, a quien llamamos Sri, cubrió la linga con su tela más fina. Kala, la diosa que danza al son de la flauta, la cobra, despreció aquella tela y recubrió la linga con piedras. Y Hasti, el elefante, la enorme mansedumbre, se avergonzó más tarde de las piedras y adornó la linga con flores. Rivalizando por honrar al dios, todo terminó en una guerra en que los tres murieron.

Pero una araña es todas las arañas, una cobra es todas las cobras y un elefante es todos los elefantes. Shiva vino a los tres, y los bendijo, y reprobó la guerra. Pronunció las palabras en el orden más noble, Sri Kalahasti, y las piedras se alzaron en el aire, y una tela de araña las enlazó unas a otras, y se formó un tejido de flores de piedra, el templo hermoso de Sri Kalahasti, que guarda y protege la linga sagrada.

Parecen muertos estos templos, están amontonados en la ladera, entre piedras ruinosas. Sólo viene un pastor a cuidarlos, con sus cabras azules. Nadie viene a rezar, ni a cantar, nadie enciende alcanfor ni incienso ni madera de sándalo. Pero cuando los últimos pavos reales se apagan en las ramas del árbol, y cuando el sol se muere como un jabalí sobre el mar, cuando en el polvo de las calles se borran los cuernos verdes y amarillos de los bueyes rituales, la Luna baja su tambor a los templos, y las piedras recuerdan a qué vieja ciudad pertenecieron, y hay a menudo voces en idiomas que los dioses no entienden.

Piensa en los dos muchachos con las cobras. Están cerca del hombre que lleva los monos disfrazados. Sientes que no debía ser así, que el hecho es falso. Cuando en tu infancia imaginabas a los encantadores de serpientes, el cuadro era armonioso, había bosques al fondo, o había plazas con cántaros y ancianos contadores de historias. Al soplo de la flauta, se iba alzando muy lenta de la cesta la cobra verde, arqueada, amenazante, meciéndose en la música.

Aquí hay un viejo tonto que ha disfrazado de hombres a los monos, y para colmo puso en sus caras pinturas. El hombre es sucio y lo hace todo con un rostro ausente. Y el sitio donde espera el flautista, a la entrada del parking, no guarda nada de esa vieja leyenda de selvas y mercados. Sus sandalias son toscas. El otro aparta de la cesta la luna de mimbre, el primero sopla sin arte una flauta indigente, y de pronto se alzan las lentas cobras. Y no parece música el sonido, es un chirriar monótono. Les das las viejas rupias y te alejas.

Pero más tarde, en el recuerdo, esta es la ceremonia verdadera, la que vieron tus ojos, mucho más misteriosa que la que imaginabas en tu infancia. Aquí hay monos vestidos y pintados con gestos casi humanos, hay gente pobre que comparte con ellos el pan y el hambre, hay serpientes que danzan al soplo de una flauta pobrísima, y un día cuya luz está llena de brazos ampara todo el cuadro, teje su verdad honda hasta el fondo del tiempo, y alguna vez aclarará en tus sueños el sentido severo de esta música, el idioma secreto de los monos, lo que dicen los signos en el lomo de las serpientes negras.

Es Shiva, el destructor, el dios bueno, el que mata.
Para que todo empiece, Shiva todo lo acaba.
Rézale cuando sufras,
cántale cuando pierdas,
ámalo cuando caigas.

Y se abrió de pronto en la tarde un círculo de llamas. Y sobre el cuerpo encogido de la ignorancia, con la serpiente de muchas cabezas, Adishesha, al fondo de su danza, Shiva empezó a danzar en medio del aro de fuego. En eso estaba el dios cuando entré de repente, y ya empezaba yo a mirar con asombro los cuatro brazos del dios bailarín, el brazo que bate el tambor y marca el ritmo de los mundos, el brazo que arroja la llama de los deseos, el brazo que detiene el miedo, y el brazo rítmico y fatal que señala a la tierra, cuando dos jovencitas, una vestida con un sari blanco y la otra con uno de bordados de oro, vinieron de prisa y me arrancaron a la visión de dios. Mientras la primera ponía una guirnalda dorada en mi cuello, la otra tomó con su dedo una fracción de polvo rojo y cerró el ojo amenazante en mi frente. Porque hay que verlo todo lentamente, nada enceguece tanto como ver demasiado.

SANZETTI

(2018)

SANZETTI

¿Qué dibujos se forman entre las multitudes?
¿Quién asoma en la sombra detrás del procesado?
¿Qué coche negro es ese con su cortejo ecuestre?
¿Quién saltó por las rojas escaleras de incendio?

Había dos inocentes detrás de los barrotes.
Había un condenado con tristeza en los labios.
La calle inmensa estaba sola con tanta gente.
De los barcos lejanos se escuchaban los gritos.

Nadie cortó la rabia ni estrujó sus racimos,
Algo amargo y sin música se quedó en las gargantas,
Era tan nuevo todo que los ojos sangraban,
Todo había ocurrido hace ya tanto tiempo.

THRILLER

El asesino viene buscando al asesino.
Un árbol, unas rejas, un cigarro, un revólver.
La tarde se detuvo en las bancas del parque.
El secreto se cierra como una caja fuerte.

Todo está en un rumor de fronteras y de islas,
En algún tren lejano ella esconde las llaves,
No hay nadie en el pasillo de la esperanza rota,
Las nubes van cayendo como lentos leopardos.

Pero tú no te creas que aquí termina todo,
La puerta está ensamblada con culpas y amenazas,
Algo vuelve a empezar en los relojes muertos,
Alguien arma el trapecio de los circos del cielo.

CIENCIA

El miedo iluminado de piscinas azules
Cuando las grandes sombras avanzan por los prados
Y algo alarma de veras los diarios de la tarde,
Esa luz de colores que aletea en los cuartos.

Te lo digo, no creas que lo hemos visto todo,
Hay yates que se acercan a olas desconocidas,
Andan por la violeta caminantes sin nombre,
No está bien que las brújulas vuelen perdiendo el norte.

Dios tiene pesadillas debajo de la hierba,
Menos mal que la luna camina con los gatos,
Menos mal que los árboles tienen cautivo al duende,
Menos mal que hay esquinas donde nada se sabe.

TIEMPO

Aún hay hojas en blanco en los viejos cuadernos,
Pon una luna nueva en tus años en ruinas,
Linternas del futuro desbaratan las causas,
Dejan mensajes últimos en las grietas del cielo.

Es verdad que el delirio va gastando sus mieles,
Que a veces la bandera traiciona más que el hombre,
Pero seamos sinceros, la noche azota el yunque,
No hay quién convenza al río con cuentos de nostalgia.

Pero no escuches más al sabio consejero,
Sólo el futuro tiene la clave de tu origen,
Hay un primer relámpago que gira en el cardumen,
Ala que se respete quiere romper el cielo.

BLONDIE

Se están quemando frágiles mariposas de hierba,
Lees desnuda el *Ulysses* mientras ríen cristales,
Los fantasmas vigilan la esquina del diamante,
La carne aún es bella pero el mal no da espera.

Deja en todos los pájaros tu risa irrepetible,
Tú sabes que es temprano para explorar abismos,
En la luz de bandadas de un cielo de champaña
Ascienden las burbujas y descienden las lágrimas.

Va a sollozar la espuma sobre el nácar vacío,
El traje de durazno donde tembló la Diosa,
Ya verán que en tu almohada bastan un par de párpados
Para apagar los miles de lámparas del cielo.

LÍMITES

Estrella tras estrella pueden medirlo todo,
Pero ella teje un hilo que brota de sí misma,
En el grano de arena crece lo inabarcable
Y a orillas del acero se despereza el sueño.

Mira el vuelo atrapado en milenios de ámbar,
Mira antiguas antorchas dibujando al bisonte,
Si de leguas de templos un dintel sobrevive,
Qué más da que la luna se refleje en la espada.

Borra el nombre del rey en los libros del cielo,
Diente a diente la fama borra su propia risa,
Dura igual la campana que un temblor en el agua,
Lo más firme se suelta como lluvia de arena.

VERBO

Cada cosa del mundo comenzó en unos labios,
No es el amanecer el revés del crepúsculo,
Ni los tigres del agua son los tigres del fuego
Ni bastan seda y sangre para tejer la rosa.

Qué tintas y metales el taller de los nombres,
Con cada hoguera a punto de volar y ser pájaro,
Hay peldaños y hay hierbas que esperan su profeta
Pero quizás la luna se cansó de su música.

Silban, tiñen, aroman, pero la luz se quiebra
Y más allá hay silencios sobre ramas de cuarzo,
Cada nombre se duele del cielo que ha perdido,
Las palabras voraces persiguen las palabras.

SOMBRA

Por el mar de la noche navegan los violines,
Nada saben los tigres de su banquete rojo,
La escalera hace cruces recostada en el muro
Y con la misma tinta cubren todas las flores.

Es un vino tan denso que las calles se olvidan
Y a veces llega lleno de memoria el relámpago.
Amémonos ahora, cuando Dios no nos mira,
Cuando calla la música de los pavos reales.

Ni siquiera el espejo logra entender el mundo,
Y abren todas sus lunas los cielos interiores,
No habrá mejor momento para dudar de todo,
Esa burbuja irónica no puede ser la luna.

RIMBAUD

Se terminó el amor de la madre africana,
El fruto incandescente devastó las praderas,
Un cinturón de oro fue al final tu tormento,
No hay fuga que no acabe donde empezó el camino.

El más bello, el más sabio, el vidente, el colérico,
Hay un león hambriento que espera en la colina,
Cumple hermoso y desnudo tu danza de puñales,
Te cobrarán con brasas cada gota de música.

Sombras de dromedarios por las costas sedientas,
Vendrá el muchacho mágico a los sórdidos puertos,
Al final de la música los negros hospitales,
Las estrellas que danzan sobre los barrios ciegos.

SAN JUAN

Y si al volver la vista no estuvieran las cruces,
Ni el mar que tiene el tinte de esas alas de mármol,
Patios en fiesta, plazas en ascuas, litorales,
Este es el desenlace de tus pasos perdidos.

Hay un cuerpo que danza las líneas de la orquídea,
Las piedras en lo oscuro tratan de ser leones,
Y no hay pilar de hierro que no pueda esfumarse
Cuando la tarde juega su ajedrez de fantasmas.

Lanzan al cielo turbio la jaula de sus vértebras,
Por jugar con langostas dilapidan los reinos,
Y el niño de la espada, más solo que un domingo,
Por no cortar duraznos se resigna a ser bronce.

GAITÁN

En tu tranvía en llamas cada hora está quieta,
Cada grito dibuja la forma de un cuchillo,
Y mientras la luz pierde sus lanzas entre el humo,
Cada pañuelo al viento lleva una flor de sangre.

Leguas abajo el pánico trituró la esperanza,
En la esquina está inmóvil el colibrí del miedo,
Alguien echó a rodar las oscuras bandadas,
No hay campana de vísperas que no cante su incendio.

No hay campana, no hay cuerda, que no rompa su cólera,
Todo se ve más nítido a la luz del recuerdo,
Te vas dejando el túmulo a merced de los pájaros,
Lejos pasa una exhausta multitud de ceniza.

CERVANTES

Perder el brazo, el rumbo, la libertad, la luna,
Ir por los yermos rotos con la memoria a cuestas,
Y espiar la araña activa que teje tu mortaja
Y las grietas que mienten distancias y promesas.

Bebe el licor amargo de las metamorfosis,
Los cristales que estallan bajo las herraduras,
De aquí sólo se escapa por la puerta de arriba,
Para el que va volando la celda es una rosa.

Se va la vida, es hora de inventarse un comienzo,
No hay llama que no pueda delirar sus dragones,
Para eso se inventaron las doce campanadas,
De tus andrajos saltan las centellas del mago.

HÖLDERLIN

Un río encadenado con pueblos en sus hombros,
Un águila que lleva mensajes a los dioses,
Dame, dama que tejes con oro el occidente,
Mi infancia de rodillas ante las arboledas.

La torre junto al agua y el taller de los nombres,
De sus cenizas rojas ella otra vez cantando,
La barca con antorchas duplicada en el río
Y abajo todo el cielo con sus bestias antiguas.

Al castillo de hierro lo llamaré Alabanza,
De tanta muerte brotan las rosas y las músicas,
Que haya un dios, así sea bajo las piedras últimas,
Una letra escondida en un viento de estrellas.

CHILE

Y nadie vio la luna sobre los bombarderos,
Todavía ofrece música la cuerda ensangrentada,
De cobre la esperanza, las gaviotas de hielo,
Baja del tren un niño por las selvas sin nombre.

Para flores lejanas se rompen estos pechos,
Pero la lluvia vuelve con su memoria intacta,
No es la historia, es la sangre lo que así te desvela,
Por piedras luminosas bajará la creciente.

Si hasta el gesto más tenue poliniza las selvas,
Qué decir del indómito poder del primer grito,
Nadie ha mirado en vano las estrellas de agosto,
Estas son las quimeras que fecundan la luna.

LAS TORRES

De Boston a Manhattan trazan la media luna,
Hay dos budas gigantes detrás de las dos torres,
Un ser de polvo y sangre persigue muchedumbres,
¿Quién saltó por las rojas escaleras de incendio?

De los barcos lejanos se escuchaban los gritos,
Esas sombras que caen no son frutos ni estrellas,
Hay pájaros que buscan refugio en los espejos,
Hay dioses que agonizan en los nidos del cielo.

Gira la ciudad ebria con toros en sus patios,
Por la ventana el mundo mide su propio miedo,
Un ciego en una gruta nos está viendo ahora,
Sólo faltan los pulpos sobre los rascacielos.

APOLO 11

Las nubes van cayendo como lentos leopardos,
Pero tú no te creas que aquí termina todo,
Alguien arma el trapecio de los circos del cielo,
Esta huella en el polvo desvelará a las razas.

Te están soñando en una caverna con bisontes,
Dentro de esta escafandra respiran las estrellas,
Va cayendo en la luna todo lo que has perdido,
Juro que he visto peces y niños y elefantes.

Qué arenas, qué blanquísima soledad de cristales,
En el hombro de dios qué silenciosos páramos,
Un fantasma devora los bullicios de Brueghel,
Nunca cayó la esfera de cristal que arrojaste.

NIETZSCHE

Las lunas de tus ojos que vieron el comienzo,
También yo firmaría con una medialuna,
El cielo está rasgándose en los picos de hielo
Y en las salas espléndidas comienzan los desiertos.

Lo que gira a tus pies no es el polvo, es el rumbo,
Es la vertiginosa rosa de los caminos,
Los viñedos se exprimen en una boca de oro,
Reza el viento, arde el fondo, grita el mar, tiembla el suelo.

Que nada quede en pie de las dulces infamias,
Borra esos bellos ángeles que te ahogaron de rosas,
Sólo una taza de agua y una rama de olivo,
Y una estela fragante sobre un reino de escombros.

IDUS DE MARZO

En todo está el amigo que torturan muy lejos,
Ni emboscadas ni espías cegarán su elocuencia,
Han visto dos halcones sobre el monte Aventino,
Y en torno de la estatua los puñales florecen.

Hay muertes y hay crepúsculos que parecen comienzos,
¿Quién escribe en los muros de noche junto al Foro?
¿Qué reina en las necrópolis duerme con los esclavos?
¿Quién nada por el Tíber con un gato en su diestra?

La sangre en las cisternas dice versos latinos,
Grandes ojos vigilan la ciudad desde el agua,
Envuélvete en la túnica sobre tu sombra roja,
Las nubes de estorninos *como sílabas negras.*

ISLAS

El cielo está llenándose de cayenas doradas,
Brotan del humus cálido fuegos de brujería,
Islas, misterio y luz de los golfos cautivos,
Cuando las reinas reman sus conjuros caoba.

El pirata arrecife, los tambores del agua,
Puertos de color perla que un gran látigo humilla,
Cofres llenos de siglos que abre el sol en pedazos,
Y bahías de máscaras para los barcos últimos.

Pólvora las distancias y unas guitarras náufragas,
Pardos ríos que empujan su fango de leyendas,
Ya es hora de olvidar las fragatas del odio,
Y fijar los retratos con susurros de espuma.

EL POETA CIEGO

Donde el verbo detiene la bala incandescente,
Y en canciones se funden la causa y lo causado,
Habrá una esquina donde sea posible el abrazo,
O un tortuoso ajedrez de puñales y espejos.

Cárceles melodiosas de los libros del agua,
Bestias de piel espléndida que se abre en profecía,
Las líneas del destino, las ciudades babélicas,
Hospedarán los rostros que tuviste hace siglos.

Sembró Dios reino a reino las letras de su nombre
Y abrió miles de lámparas a una pupila ciega,
Tanto amor escondiéndose en un dédalo en sombras,
Tanta historia usurpando la región de los besos.

BONGA

Si el escorpión se encoge bajo una cruz tatuada,
¿Cómo hallaré el camino que se borró en la espera?
Ceibales, pueblos, ecos de estaciones perdidas
Y ese tren por los áridos litorales sin nadie.

El pez gira en un largo pozo de guerras muertas,
La flor del mar ausente golpea el muro de años,
Y un árbol te persigue por la red de las ciénagas
Sin alterar el cielo de tus siestas de agosto.

Fuerte rezo sellado de colmillos de tigre,
El silencio hace pájaros de cada rota infancia,
Y volverán los códices como piedras de música
A repetir linajes con su letra de hormiga.

TITO

La calle sucesiva de zozobra en los rostros,
La luz que orienta flechas hacia esquinas inciertas,
Las horas que encendieron las alarmas sin término,
Un balazo, un quirófano, una sombra, una espera.

Antes de esto hubo siglos, sobre el miedo hubo estrellas,
Lejos del cielo un dédalo de entrañas y linternas,
Un caballo, un murmullo, polvo de mitos bárbaros,
Ardua ciencia trenzada de azar y sortilegio.

Toda la tensa intriga de una cuerda rompiéndose,
Toda la pesadumbre de un diluvio en suspenso,
Y al fin la flor de sangre que alivia el suelo oscuro,
Los centavos de cobre de la lluvia en los techos.

EL GLOBO

La densa bruma escapa de los lienzos de Whistler
Y va encubriendo crímenes por suburbios de invierno,
Niños y duendes viven en los grandes relojes
Donde el tiempo entre garfios se curva como un río.

Y esta es la torre ilustre de la sangre escarlata,
Esta es la blanca y roja danza de las traiciones,
No digas que no fueron bajo su barca en fuga
De fango y de herraduras las tabernas del Támesis.

Bardo y reina y mendigos y opulentas cascadas,
Oigo en helados sótanos martillar las coronas,
Son niños las doncellas que en el balcón te embrujan,
Soplos del mismo viento plegarias y puñales.

TIGRE

No es de oro, no es de fuego, no es de amor, no es de furia,
Salta otra vez la lumbre por los arcos del miedo,
No poder abrazar estas selvas que matan,
No poder entender estos sueños que hieren.

Igual desde la aurora como un texto sagrado,
Llena de enigma y sangre los desiertos desiertos,
Y qué zarpa en la luna, qué espiral en la fábula,
Qué arena concentrándose de follajes fantasmas.

No es más ciego y más súbito de la lluvia el relámpago,
Ya te envuelven sus rayas como un humo de incendio,
Qué verano esta música con tendones de acero,
Va hasta el fin esta espléndida pesadilla de infancia.

CASABLANCA

Su repetida trama de conjuras y lámparas,
Y en ese rostro todos los rostros del deseo,
Un árbol, unas rejas, un cigarro, un revólver,
Una sombra de imperios ya muertos y aún malignos.

La silueta insidiosa de antiguas cobardías
Que socavaron todos los jardines del tiempo,
Y otra vez la promesa curva como una luna,
Rapaz como una muerte, firme como una música.

Cada nombre se duele del cielo que ha perdido,
¿Qué no dicen del todo las rondas del exilio?
El avión ya se borra por los cielos del norte,
Qué bella fue un instante de gardenias y espías.

EL DRAMATURGO

Por los muelles rojizos, solo con tanta muerte,
Ves las danzas sexuales de los gatos furtivos,
Recuerdas las sabanas afanadas de antílopes,
Y un alto amor enfermo de silencio y tiniebla.

Inventa coros trágicos en los yermos lunares,
Ponle máscaras griegas a la peste amarilla,
Vuelve valiente al pánico farol de los suburbios,
Mira el vuelo atrapado en milenios de ámbar.

También los huesos jóvenes se desatan en llamas,
Vuela el pájaro luna sobre el cráneo del búfalo,
Qué fácil es la ausencia para el que va sin sueños
Navegando en los cántaros de los remeros negros.

HUMBOLDT

Cada flor traza un mapa de reinos invisibles,
Vuelan selvas de polen presintiendo el lenguaje,
De la piedra a tus ojos ascienden las leyendas,
Y en mil lenguas de hierba canta el verde su *Ilíada*.

Danzas de leña inmóvil, lentos anillos de astros,
Venenos que destilan sus mañanas azules,
Rasga el ala del buitre los pisos del mercurio,
Busca al dios que se oculta detrás de los colores.

Yo busco, rueda el tiempo, duele en malva la roca,
Remontan las cornisas mulas con astrolabios,
Y si afuera hunde el alma sus túneles de siglos,
Adentro hay selvas quietas devorando distancias.

DR. JOHNSON

Viene el sello de sangre de las revoluciones,
Contra las barricadas del latín y del rito,
La barca, el Padre Nuestro, los colegios decrépitos,
Y el juglar en su cripta como un grillo en la luna.

Busca en las bibliotecas que ha visitado el diablo,
Gira como un murciélago del escolio al abismo,
Descifra las gramáticas de la hiedra en las torres,
Oye al ángel que lejos apedrea los cielos.

Cruzan las caravanas el ojo de la aguja,
Cada duende su túmulo, cada trono su vicio,
Ya sólo habrá poder en los labios proféticos,
Cuando el dolor capture y ajusticie las leyes.

EL FIN

Porque el dios ya ha cantado las últimas canciones,
Pende pálida y bella la mano que hizo el mundo,
Cada fruto en los reinos se amarga con su ausencia,
Y un color malo avanza por las piedras del tiempo.

En su herrumbre de brújulas los cielos se han perdido,
Ningún pájaro encuentra su semilla de estrellas,
La humana flor que olvidan se hizo sangre en tus manos,
Tampoco hoy le abrirás al que llame a tu puerta.

Es el cofre lujoso de las devastaciones,
Es la noche rompiendo su cántaro en silencio,
Ya sólo insectos miran al Perseo de bronce,
Ya en los hondos océanos hay que empezar de nuevo.

BOSCO

De plumas y de espejos el jardín de los pájaros,
Un bullicio de pieles, unas grullas sin cuerpo,
La misa del gran pez y su eterno retorno,
Locura de las rosas bacantes de Atenea.

Siente el curioso hocico del venado en tu espalda,
Toca el pezón violeta de la barca sirena,
¿Sin brazos cómo harás para flechar al viento?
La música de cámara de torturas te envuelve.

Cada grito dibuja la forma de un cuchillo,
Un puercoespín de hombres cruza el último puente,
Todavía ofrece música la cuerda ensangrentada,
¿Quién saltó por las rojas escaleras de incendio?

1

Las monedas de cobre de la lluvia
Sobre los reinos que perdió el verano
Una semilla de tiniebla en todo
Una luz imposible que germina

Los dioses pescan lunas en el lago
Su piel se llena de cayenas de oro
Plata de agonizante geometría
Morir y no poder cerrar los ojos

La luz enferma de belleza el mundo
Cada invisible dios vuelve en su barca
Una piedra no es menos que una estrella
Aquí cada color tiene su historia

2

Se duerme sin temor sólo en la música
Más lejos que la flecha vuela el canto
La niebla gris que va borrando el mundo
Es la discordia de las apariencias

Arriba ya no hay reyes ni leones
Más allá sólo sigue la caída
Otro serás si cruzas esa puerta
Un solo ser se agita en el enjambre

Este es el pensamiento de la rosa
La piedra del dolor está muy lejos
Lo que has amado permanece en todo
Ya cantarán los peces de la luna

3

noche en que cada estrella es una ausencia
Fuga de lo visible hacia el enigma
¿Dónde entreabres los ojos que aquí cierras?
Dios sin duda es capaz de otro universo

En un grano de arena cuántas leyes
La ausencia de Beatriz traza el camino
Hay una hormiga que lo sabe todo
Alguien martilla mundos tras la luna

Cuando la rosa vuelve a ser penumbra
Cuando el dolor sosiega los océanos
Basta el blanco tejido de silencios
La única palabra que no vino

4

Ciego el camino de los manantiales
El agua de tu voz no vuelve al mundo
Es más dichoso el que lo pierde todo
Pero sobrevivir es tan humano

Anidar en las ruinas del palacio
Diseminarse por el archipiélago
Nunca más alcanzar la costa espléndida
No recordar la canción más querida

Vamos por estas calles de apariencias
Por un Sahara de fotografías
Un día añoraremos los fantasmas
Al menos nos quedaba lo perdido

COMALA

La noche del velorio bajo lluvias de estrellas,
El miedo entró en el cuarto por la ventana abierta,
La memoria se abre como un fruto en el cielo,
Hay brillos de machetes por los llanos sedientos.

Callejones de polvo, mujeres que susurran,
Escuchas confesiones que crujen como cardos,
Silencio de campanas a punto de romperse,
En la noche opresiva no caben los secretos.

El tiempo en los faroles borracho y lento gira,
En la quietud de higueras, lejos, una blasfemia,
Ella toca el balazo ya seco, y se bendice,
El viento está en las lomas ladrando como un perro.

PLAYA

Como si alguien tajara mangos sobre tu pecho
Viene el mar a la siesta con sus islas de aroma,
Caminando en tambores canta una pena antigua
Y la tarde lentísima pasa de cuento en cuento.

La muerte lucha en vano contra los cormoranes,
Los diablos pierden almas en las metamorfosis,
No hay sueño que no tenga su refugio en la arena,
Busca, niño, al dios loco que inventó los cangrejos.

Pero algo está robándole sus colores al mundo,
Hunden la barca en llamas los alcatraces negros,
La noche es el presidio de los barcos piratas,
El amor muestra al cielo su reloj descompuesto.

SACRAMENTO

Por entre acantilados de cráneos de bisontes,
Y disparos de rifles que miden la pradera,
La noche de las pieles tensa las tiendas cónicas.
La luna en su caverna, con cara de indio viejo.

Hay moscas que inoculan el delirio del oro,
Todo minas doradas el cielo del Oeste.
Mueres con la palabra California en los labios,
Altos buitres vigilan al sembrador de incendios.

El tiempo del desierto, que tritura escorpiones,
La mano en el gatillo, la cabeza en la piedra,
Ríos limpios como dioses nadan mordiendo el limo,
Al hilo de la armónica reptan los cascabeles.

CABARET

Por todo hogar los pálidos camerinos de invierno,
Lámparas y uniformes bajo música y humo,
¿En qué tren vendrá el trébol que mienten las barajas?
Qué bien silban las rocas detrás de las cornejas.

Un bosque de soldados, luego el hacha y la hoguera,
Los niños ya se adiestran para hablar con fantasmas,
Siempre es así en la víspera del ritual de los héroes
El amor baja a tientas por las escuelas muertas.

Dejará el oro cruces de ceniza en los vientres,
Los hombres pactan citas dentro de los espejos,
Dile adiós a los trenes que pasaron de largo,
Ya las sombras blindadas perforan las fronteras.

TANGO

La oblicua luz que salta de los cuerpos contrarios,
Diabluras de una música que se arrastra en el viento,
El clavel del puñal entre el vivo y el otro,
Y una racha de exilio por las dársenas ciegas.

Las polacas, los besos en los dedos cruzados,
¿Quién arroja a los charcos su sombra de alma en pena?
Vuelve al patio la luna su herradura sin puerta,
Tapias de los suburbios alambradas de estrellas.

La sombra antes que el cuerpo traza el signo salvaje,
Viejas noches infligen su página inconclusa,
Danzan barcos fantasmas la ciudad de hombres solos
Y lo que no fue nunca maquina su venganza.

GATO

Sin prisa entre los nítidos iris de la tiniebla
Pasa bajo sus dioses, sinuoso como un río,
Ya vio caer fugaces las tiaras faraónicas,
Posa sus huellas mudas sobre las azoteas.

Esa mirada hondísima con un pozo de siglos,
Ese lomo crispado como el surco del miedo,
Qué deleites salvajes las siestas del verano,
Qué planetas de espectros clausura cada huella.

Sólo se asienta donde fue sembrado un misterio,
Va, sin tocarlo nunca, por la orilla del tiempo,
Va sobre los durmientes y su sombra es la noche,
Un niño cierra y abre las pupilas del cielo.

THOMAS

Tus infiernos espléndidos serán Londres y el Opio,
Donde rostros de piedra mueven sus catedrales,
Y ese mendigo, el tiempo, roe coronas de oro
Y al rumor de las criptas los ruiseñores tiemblan.

Hierve el cielo de peces o naufraga el crepúsculo
Y respiran arena los faraones resecos,
Ana de luz y aceite, Ana de hierro y lumbre:
La vi en miles de rostros pero nunca era ella.

Cuando buscas los labios y muerdes los barrotes
Y el piano ama y lacera con su seda y sus garfios,
El incesante océano fija con sal la ausencia
Y hollín y niebla y breas que borran y que niegan.

THALASSA

¿Cómo puedes cambiar tanta tinta en zafiro,
Y hacer volar los barcos tan lejos de su origen?
En tu esplendor te olvidas y en tu inquietud te ocultas
Y la noche no sabe morir por tus sirenas.

Qué pezones de sal, qué seminales lágrimas,
Todo el charco de un crimen tiñó el cielo de nácar,
Para andar por tus cóleras hay que ser dios o pájaro,
De tanto azul, negándolo, vuelven los calamares.

Oigo cantar los náufragos presos en tus mazmorras,
Pero a mí no me engañan tu perla y tus espejos,
Con corceles de música los ciegos te han domado,
Sueña que retroceden las espumas, los reinos.

SHIBBOLET

Algo vino a obligarnos a esculpir con la ausencia,
Con no leña y no mármol y no bronce y no piedra,
Gritan labios deshechos en sus camisas mártires,
Mesas que añoran diálogos de nidos con estrellas.

Suelta ya por las salas la geometría del rayo,
Degüella los horarios y cuélgalos del cielo,
Haz con cabellos verdes que la muerte se espante,
Que las cosas inmóviles impriman largas huellas.

Patas arriba el tiempo de los escarabajos,
Abominadas nupcias de la carne y el hierro,
Oiga el espejo a tientas lo que la piedra canta,
La ausencia es un perfume macizo como un sueño.

VALPARAÍSO

Pesan sobre los arcos los leones de bronce,
Alguien abre una carta y oculta la bahía,
Dejan surcos las lanchas junto a los barcos negros,
Ya quisieran los sueños parecerse a esta tarde.

Las rigurosas causas que el azul no comprende,
El dios de las innúmeras biblias incompatibles,
El Dublín implacable que no cabe en el libro,
Oh poder de los pánicos amores verdaderos.

Estos hilos que enlazan las estrellas de octubre
Y a Cristo y a mis padres y a la luna y a Séneca,
La gran muerte que todo lo pule con su sombra,
La tarde que sacude su melena en el cielo.

MARÍA

Todo lo devoraron los espejos inmóviles,
Hiciste bien en ser desafiante y soberbia,
Ya de niña te hicieron la Reina de la Luna
Y embrujó tus tobillos la fiebre del zafiro.

Todo lo consumieron los espejos voraces,
Las vírgenes, las reinas, las esclavas que fuiste,
La hoguera de la carne que alzó en ceniza el templo,
Los trenes de los pálidos fantasmas de la lluvia.

Y los espejos mismos se astillaron, y el fuego
Devoró hasta las vísperas de las fotografías,
Pon en todo tu airado beso de diosa en fuga
Que ya vienen los duendes que apagan las astillas.

NERUDA

Todo el mar de la noche dormido como un gato
A los pies de una historia destejida en recuerdos,
Fuegos que astilla el agua la balanza celeste
Hollín de letras muertas que avienta Alejandría.

Una paz tan inmensa de verdad no es posible,
Algo olvidan los dioses de las devastaciones,
Tibias manos recogen los litorales pétreos,
Los tributos de almejas que el mar deja en tu tumba.

Calla en la luna el viento. Remar. Todo está dicho.
Sal de embrujos de ráfagas de cantos de sirenas,
Por las quebradas costas florecen las palabras
Y la belleza inmóvil desvela a los cangrejos.

NEPAL

El niño es un confín de montañas nevadas,
Algo olvidan los dioses de las devastaciones,
Corona de campanas de las risas del Tíbet,
Nubes donde se turnan generaciones blancas.

Oye el canto sin diosa que encierran los balcones,
Guarda el día en su mínimo recipiente de plata,
Este rey está a punto de darte sus montañas,
En cada garza roja vuelan los arrozales.

No vengas otra vez con tus curvos cuchillos,
Haz girar por tus muertos los cilindros que rezan,
Buda pasa burlándose de sus efigies de oro,
Sólo un niño se ríe con el cielo en pedazos.

VALLE DE LOS REYES

Cavamos en la noche de los escarabajos,
Persiguiendo en la piedra los cielos escondidos,
Encadenados, muchos, con palas en la arena,
Cuando el sol calla arriba sus sentencias de fuego.

Alta diosa de estrellas tensada como un arco,
Marea inagotable como un sueño de espigas,
¿Qué piensa el río al sur con sus tribus azules?
¿Qué fértiles escribas vienen tatuando el agua?

Sinuosas flechas de oro que sólo un dios merece,
Bestias en cuyos flancos reman sombras desnudas,
Hondos libros cavamos y conjuros de laca
Hasta que abra el coyote las puertas del silencio.

GWALIOR

No se cansa el pasado de elevar sus plegarias,
Surtidores de piedra, torres del arco iris,
Laderas con cavernas llenas de hombres de arena,
Y el cielo la derrota de los pavos reales.

Alto en la noche el nido de las diosas ausentes,
La pupila sin párpado que escarba entre los astros,
La tijera perfila largos trenes y fábricas,
Vuelve el viejo pastor con sus cabras azules.

Palacios y palacios los sucesivos sótanos,
Cargados de leyendas velan los pedregales,
Aunque excaves mil años no hallarás la barbarie,
La luna es sólo el cántaro de un ritual olvidado.

MENINAS

No ha despertado el perro ni han entrado los reyes,
Atrápalos ahora, cuando nada es perfecto,
Muestra lo que dijeron antes que entrara el mundo,
La vida siempre ocurre un poco antes que el arte.

Quizás el universo no era más que un boceto,
La intempestiva máquina de un demiurgo impaciente,
Quizá sólo es divino todo aquel que improvisa,
¿Qué pasa con los ámbitos que han quedado en la sombra?

Si cuando inventó el día quería hacer otra cosa,
Y el espejo es apenas un milagro inconcluso,
Y la fecha es la víspera y el bastidor la joya,
Y los espectadores los que están en la escena.

PÓCIMA

La aspereza, el violeta, las piedras, el tormento,
Venados y distancias, caravanas y eclipses,
Los metálicos ojos de las moscas que exploran,
Las elocuentes criptas, las cámaras de espectros.

Muchedumbre de sílabas para alzar las pirámides,
Látigos de las hondas terrazas babilónicas,
Cristales laboriosos que aproximan los astros,
Dios y el hombre mirándose a través del espejo.

Amor, sangre y olvido, pasadizos y alquimia,
Todo para el susurro de las reinas de Delfos,
Todo para los filtros de las brujas de Escocia,
Todo para las alas talares de los ciegos.

DIOS

Sólo tú eres el Dios porque estás viendo el mundo,
Contienes los océanos e imaginas los ángeles,
Ves cómo se va yendo todo aquello que amabas,
Acaso te preparas para un nuevo universo.

Como un salmo de Whitman te tienta toda carne,
Deploras las trincheras llenas de huesos blancos,
Quieres alzar ciudades de perfumes y espectros,
Buscas el barco negro que en la tiniebla avanza.

Si algo te falta, pídelo, porque el tiempo se estrecha,
No sabes cuántas lunas volverán a llenarse,
Y en algún sitio estaba lo que te prometieron,
Quién sabe ya en qué mundo te has sentado a esperarte.

EL HIJO

Miraste el cielo y viste a tu padre entre los astros
Y sentiste el dolor de los nervios del árbol,
Los ángeles gritaban en la piedra y la nieve,
Fue más inexorable tu destino que un río.

Nadie podrá olvidar esta lección de abismo,
El espejo del mal se engastó en nuestra carne,
Con un metal de culpas forjaste el freno de oro
Y el río de tu sangre ya dura más que el Éufrates.

Tú viniste a vencer las tribus y las razas,
Tú encontraste el defecto de los dioses de mármol,
Ahora hay una herida en el centro del cielo,
Único entre los hombres que se alzó sobre el mundo.

RIVIERA

Ya no estaban al frente los desiertos marinos,
Ni el suelo quebradizo de la luna amarilla,
Ni la estatua sin nombre perdida en los ramajes,
Ni la escala por donde sube el cielo a los barcos.

Todo como una torre se escondió bajo el sueño,
Al fondo las ciudades replegaron sus páginas,
El incendio era enorme como un cielo fantasma
Y aspas ciegas arriba recortaban las llamas.

Así se fue el milagro que sembró tu recuerdo,
Algo dijo de pronto la estatua abandonada
Y volvió lentamente su cabeza de bronce,
Para ver el humilde destello entre las ramas.

ANTES

Antes de la muchacha que es faisán en la noche,
Bandadas de muchachas vuelan hacia el verano,
Qué cámaras de música, qué oración laboriosa,
Esferas en esferas los marfiles de Oriente.

Y desperté a las negras avenidas sin pájaros,
Al amargo secreto de las encrucijadas,
Y a ver, donde la magia se enfrenta con las causas,
La oblicua luz que salta de los cuerpos contrarios.

Antes de los graneros de la gran injusticia,
Donde claman al cielo los inermes rebaños,
Antes del barco lleno de máscaras de dioses,
Antes que arruine el día los juguetes solares.

AHORA

Cuando se abrió la puerta ya habían pasado reinos,
Otras leyes regían las piedras y el verano,
Por eso te aconsejo que maldigas la espera,
Los ojos de esos búhos donde giran las aspas.

Envejece más pronto el odio que el cuchillo,
Se hace intocable el agua de las profanaciones,
Dios desprecia estas guerras en las que todos pierden,
Abrían alas de música las derrotas antiguas.

Ni el centinela sabe lo que oculta la puerta,
No hay para ti otra patria que este suburbio en llamas,
Pero hay lunas que embrujan los cielos que se apagan,
Contra un pecho de espuma se revientan las barcas.

DESTINO

¿Qué piensa el río al sur con sus tribus azules?
Lanzas y danzas cuidan los altos manantiales,
Ríos limpios como dioses nadan mordiendo el limo
Y en el delta hay cardúmenes de palabras sagradas.

Tantas piedras dispersas vuelven a ser un rostro,
De las manos de arena brotan noches de dátiles,
Hay un dios largo y verde que es una fuga eterna
Y cada duna sabe lo que será su ausencia.

Bendice pues la sombra bajo el grano de arena,
Vierte por cada gota tu agradecida lágrima,
¿Cuál de estos niños que huyen no será el rey de reyes?
Nadie puede escapar a la luz del milagro.

VALÉRY

Los siglos que preceden a la primera noche,
El dios que va gestándose de conciencia en conciencia,
El germen prodigioso de las metamorfosis,
Los arduos borradores que requirió la luna.

Esa primera estrella que es la primera estrella,
Este andar por los años hacia el día sin víspera,
La conciencia unitaria del enjambre extasiado,
Los milenios que ocupan la punta de la aguja.

Basta nombrar a Dios y los mundos se inclinan,
Rojo a rojo la rosa va cediendo sus ángeles,
Las hondas consecuencias disgregando el principio,
La unidad disipándose en millones de estrellas.

BANQUETE

El amor muestra al cielo su reloj descompuesto,
Su fin es el principio, su juguete es la pena,
Ya envenena de sueños el tedio de los cónsules,
Ya no tiene sentido su tablero sin reyes.

Piedra de la locura del juglar de la noche,
Arduas metamorfosis en las tiendas nupciales,
La flor de los desastres, las niñas del crepúsculo,
Y esas venas por donde se fuga el universo.

Es bello ver los dioses como cabras de Lesbos,
Nadie en la fiesta sabe por quién tiembla Alcibíades,
Naves, reinos, zafiros, negras corporaciones
Y César gira en ascuas a merced de unos labios.

SUEÑO

Sobre el rojo caballo cabalga el alma en pena,
El sol se hunde en los sótanos de los llanos sin nadie,
Por fin triunfa la sórdida religión de las cosas,
Siempre hubo un arco en sombra entre dos arcoíris.

Como la araña el mundo pende otra vez de un hilo
Y ya no hay quién ajuste a Belén con la estrella,
En vano el pobre artífice ensambló los dos leños,
Pero el cielo aún nos debe su huésped misterioso.

Alguien vela puliendo la ecuación del desastre,
Las tres niñas ancianas conversan con la luna,
Dios mira su reloj como haciendo memoria
Y ante la barca se abren las cavernas de Patmos.

SAN LORENZO

Llamas frías dibujan el mapa de la ardilla,
Vuelven los cazadores de sus lunas de sangre,
Cauces de miel se ocultan tras las detonaciones
Y el amor talla en hielo las bestias de la fiebre.

Porque entonces, ¿te acuerdas?, había muros de hielo
Y tu amante el marino no volvía de la niebla,
Viste saltar del río las escamas de plata
Y te quedaste oyendo los bosques silenciosos.

Casi dolía el agua de arces enrojecidos,
Pero tanta belleza también agobia al mundo,
Todo fue de cristal después de los violines,
Y oxidados suburbios y colinas amargas.

JUÁREZ

Cerrados bajo el polvo los comercios del viento,
Vamos tú y yo orillando los viejos ríos en llamas,
La guardia migratoria, las banderas que reman
Donde hoy y ayer se miran y no se reconocen.

Y esos coches sin placas por rutas polvorientas,
El hilo de barrancos que anudó las fronteras,
Y la última caserna que aplasta el horizonte
Y ese cráneo, esa lámpara pelada por los pájaros.

Apunten bien, que el fuego no ha de cruzar el río,
Aquí está el hombre solo y al otro lado el mundo,
Cada angustia sin nombre que devoró el desierto,
Cada piedra que ríe se llama Pancho Villa.

MAPAS

Los ángeles de niebla de las seis de la tarde,
Los pinares de magos que visitó la luna,
La sangre trepa escaños hasta el cáliz de oro,
Por las alturas túneles de faros de camiones.

Cada semana vuelve, llena del fin del mundo,
El hombre atado al árbol sigue contando estrellas,
Esta es la piedra roja que los dioses no vieron,
Este es el Viernes Santo de las tumbas del indio.

Sólo porque hay bondad en tus ojos azules
Y manos que se embriagan palpando entre los astros,
Sólo porque hay canciones cuando el mal no da espera,
Sólo porque hay conjuros que rompen los peñascos.

ESCLAVA

Reían las marimbas con sus dientes de coco,
Alumbraban el sueño los incendios de azúcar,
Las boas en los árboles de la selva inundada,
Los ladrones de joyas que viajan en los trenes.

En tu cofre de llantos guardaste el arco iris,
Arrastras montes grises bajo las tempestades,
Como un brazo deshecho, torneado y triunfante
Te hicieron con hogueras, con cadenas, con músicas.

La pimienta del miedo llueve en las tardes quietas
Y dura en los zaguanes hasta la madrugada,
Después despiertas plácida, dichosa de estar viva,
La luz va riendo amores y barriendo fantasmas.

LA CAÍDA

El sueño de las negras ciudades infinitas,
El hollín incesante de las corporaciones,
Esos siglos que miran con miedo los espejos,
El arco abominable de las rosas eternas.

Todo lo prometido cumplirá su amenaza,
Están haciendo alas para los escorpiones,
Negra leche del alba para el dios sin raíces,
Y huérfana de hormigas la infancia en las terrazas.

Cuando nadie desate los nudos de alcatraces,
Cuando el revés del cielo disuada a los salmones,
Y en las semillas mansas se altere el mecanismo
Y se oxiden los mágicos relojes de la lluvia.

ALEJANDRÍA

El árbol de las razas bien sembrado en el cielo,
Qué extraño que descifres los mapas del verano,
Que traduzcas la ciencia que narran las alondras,
Que despejes en sueños la ecuación del rocío.

Pero en vano trabajas en tus libros de hierro,
No sabrás el homérico nombre de cada hormiga,
Los horarios que rigen los trenes de los sueños
Ni la porción de miedo que hay en cada perfume.

Reza, pues, por el alma de los cactus dormidos,
Por la miel que presiente la seda del murciélago,
Mar de revelaciones que suben con la fiebre,
La sombra de unas alas enrojece la luna.

LADRONES

Cada piedra dialoga con los astros errantes,
Otra vez saltan niños sobre las catedrales,
Un río de relojes cruza la plaza roja
Y alguien arroja al pozo los sueños que murieron.

En la tumba de Adán ya apagaron las lámparas,
Ya sólo nos alumbran los huesos del profeta,
Chocan por las terrazas lenguas intraducibles
Y hasta las ramas odian lo que cuentan los pájaros.

Otra vez es domingo detrás de los almendros,
Hay un dios que en el bosque bifurca los caminos,
Los ladrones furtivos, más livianos que ardillas,
No soltarán el arduo mapa de las estrellas.

YA ESTABAS AQUÍ

Siempre hubo un arco en sombra entre dos arcoíris,
Siempre un pez en el pájaro, siempre un sol en el sueño,
Ya bajan las gaviotas a los cielos inversos,
Ya los huesos de oro quieren romper el cántaro.

Siempre un guijarro al cabo del hilo de las fábulas
Y el grano de oraciones que floreció en blasfemia,
El techo que sostienen las ráfagas de música,
El nombre en el recóndito cielo de cada cosa.

Lo que no puede verse porque arde en la pupila,
Lo que no puede amarse sin matar los amores,
El desierto que dura negado en cada selva,
Tu vida en estos reinos antes de que llegaras.

JUEGOS

El libro agazapándose en el año preciso
Para llenar de equívocos los juegos del verano,
La luz sin asideros que obliga a usar las alas,
El momento en que sabes que hay algo irremediable.

Va el agua dando tumbos de castigo en castigo,
Dos cuerpos detenidos en la misma tiniebla,
Qué tarde rompe el viento su región de pagodas,
Qué tarde se terminan los juegos de la infancia.

El cuerpo ya inmediato que de pronto se esfuma,
El desvelo que pende del risco de una súplica,
El balcón que te viste sólo de luz de luna
Mientras la escala inútil se pierde entre los astros.

EL SECRETO

La infancia con sus lluvias que no se fueron nunca,
La madre y los relámpagos que guardó en los espejos,
Cantan a cualquier hora como aves de otro mundo,
Practican en la sombra la orfebrería del rayo.

¿Qué es este infatigable bullicio entre los árboles?
Tú finges que no sabes lo que dicen sus aguas,
Entraron en la luna los caballos saltando,
Un barco hecho de espadas navegó por el viento.

La llave está en la música que sólo el ciego escucha,
El mapa está trazado sobre la piel del lago,
Sólo sé que el palacio se llama La Penumbra,
Y hay un cantar de pájaros al final del camino.

5

Hay un dueño del mar y otro del viento
Envenenan las leguas que trituran
Al despertar somos esclavos todos
En realidad vivimos en la luna

Un día corrieron libres las semillas
Del pezón de una diosa el agua pura
Los juguetes brotaban de los sueños
Los silencios del arco de la música

Mutantes de los ríos mercuriales
Y vísceras de escombros del pelícano
Quizá todos veremos el mar muerto
Están envenenando los crepúsculos

6

Largas trincheras de esqueletos jóvenes
El diseño el ensamble el fuego el óxido
Roto el tambor y la trompeta ahogada
Y el propio emperador barriendo el patio

Los reinos ya son un museo de escombros
Y también hay ración para los duendes
Para el joven doctor ácido prúsico
Para el monje el abismo del océano

Para María un monstruo en el cerebro
Para Byron la ciencia de los médicos
Para ti el barco contra los peñascos
En una playa se oye una sirena

CHESTERTON

Con todos los colores el humor hizo el negro,
Hay un muerto en el centro de esta novela inmensa,
Lleno de pesadillas vas riendo entre las flores,
La almohada de Alejandro su puñal y su *Ilíada*.

Hay que saberlo todo para ser tan liviano,
Tus floridas blasfemias, tus deleitables crímenes,
Sólo con lo inconcluso se puede hacer la música,
Qué surtidor de magias es un dios imperfecto.

Toulet dijo: «El buen Dios, ¿dónde diablos se ha ido?»,
Genios de dientes verdes las veletas del templo,
Pon el hacha sangrienta en la página exacta,
Con la palabra infierno labra tu Paraíso.

VISIÓN

Las joyas de la noche, las ciudades radiantes,
Ríos de luz nostálgica volviendo hacia la fuente,
Los durmientes podando sus árboles fantásticos,
Después pasará el viejo que recoge los sueños.

Y el desierto alza reyes que reparten la luna
Y en los cítricos vientres se demoran los besos,
Qué bella es la ciudad cuando ya la abandonas,
Qué esplendor pulverizan los molinos del tiempo.

Adiós es la palabra que lo embellece todo,
Los aviones del bosque, la sala de los trenes,
El que espera hace siglos de ceniza en los muelles,
La multitud, y en ella los rostros que se pierden.

ALGO

Ya una vez supo herirte donde nunca se olvida,
La lágrima sagrada que no seca el desierto,
Para ella lo fantástico, la rosa hecha de espinas
Y esos tibios y fértiles planetas que no fueron.

Invisible perdura, activa, indescifrable,
Mientras giran y pasan los otoños de cuarzo,
Mientras el tiempo roe sus millones de ardillas
Y empiezan a cansarse los tobillos de mármol.

Del amor una flecha, de hierro, honda, incesante,
De la ausencia ese cántaro que no desciende nunca,
Algo que nos permita sostenernos con furia,
Fuego para Persépolis, arcilla para dioses.

PAX

Todos esos ejércitos vertieron nuestra sangre
Como si aquí viniéramos sólo a odiar lo que somos
Y ahora son idénticos todos sus cráneos blancos
Y el musgo los disfraza y la luna se ríe.

Mientras los diarios cuentan lo que no ocurrió nunca,
La tumba sólo moja la lluvia del poeta,
Y los cisnes anudan en reflejos sus cuellos
Y los muertos no cesan de llorar por sus muertos.

Cuando el niño estrangule la palabra heroísmo
Y cuchillos de huesos desgarren las banderas
Y dios gaste su rojo sólo en las amapolas
Y los héroes olviden en qué bando luchaban.

MÚSICA

Un silbido en las cañas es el presentimiento,
La evidencia, ese canto que curva los violines,
Perseguir los contornos de un color que se escapa,
Delatar por sus rastros el rumbo del fantasma.

Detener esos rostros que arrastraron los siglos,
Explorar del instante los hondos laberintos,
Abrir toda la caja de juguetes del bosque,
Golpear todos los roncos metales del silencio.

Cruzar a pie los agrios paraísos perdidos,
Y en los riscos extremos abolir lo imposible,
Volver a esos países donde nunca estuvimos,
Ser la piel de esos cuerpos, la verdad de esas voces.

NIÑO

Lee los mapas inmensos de las piedras del cielo,
Sigue el épico rastro del árbol de la hormiga,
Nunca rompas las telas hambrientas del verano,
Mira ese lunes preso en el hielo del patio.

Qué juguetes tan dóciles los barcos extraviados,
Los náufragos que tienen que esperar en la luna,
Los dioses que agonizan en las salas de urgencias,
Las ciudades que ardieron por el rostro de Helena.

Rema en tu hoja de otoño por el riesgo y el canto
A la sombra ondulante de los grandes jaguares,
No siempre vas a ser inmortal como ahora,
Todavía la muerte tiene pasos de ardilla.

VÉRTIGO

Cuando dijo: «Rosada está aún su hermosura:
Todavía la muerte no izó su bandera»,
¿Por qué apuró ese filtro con su ración de sombra?
Ya en la cripta de huesos unos ojos se abrían.

Las ráfagas humanas en la curva se inclinan,
Las agujas avanzan con furor hasta el límite,
Ella abraza en los vértigos a su muerto inminente,
La rosa de estos éxtasis sólo dura un instante.

Impaciencia, susurran las tijeras de Atropos,
Quieren que el árbol recio toque el cielo de un salto,
Quieren que las tortugas aleteen en las nubes,
Que ya otro día muerda los talones del día.

VIDA

Sangre, lo que fue hecho para no ser visible,
Las músicas oscuras de la savia que asciende,
Los laberintos previos que intentan ser la rosa,
El futuro implacable aún disperso en sus causas.

El tiempo y sus innúmeros mecanismos de arena,
Los cansados planetas mendigando en los sueños,
Cuando en trenes mojados las ciudades se ausentan,
Todo lo que se abisma cuando Dios parpadea.

En el cristal las lágrimas que agrandan los suburbios,
Que entre tantas miríadas sólo un dolor exista,
El anciano en las ráfagas de los otoños muertos,
La mañana guardada bajo guerras y escombros.

MAYA

De los labios los templos en estelas de piedra,
Sólo el juego de un niño descifra las pirámides,
Si es piedra lo que fuera canción por las florestas
Volverán a ser canto los guerreros de piedra.

Tu luz germina en selvas y florece en ciudades,
Todo puede ser orden y no ser pensamiento,
Son pliegues de tu danza la borrasca y los sueños,
Por los abismos vienen girando las palabras.

El Dios abre un instante los ojos para verse,
Milenio tras milenio va sumando relámpagos
Y en el barrio más pobre la muchacha asombrada
Ve los soles que danzan en la boca del niño.

KAFKA

La mosca de alas finas que se posa en el cielo,
La esfera de ojos de oro que ronda los cadáveres,
La destreza en los hoscos laberintos del viento,
El diseño exquisito del jardín del fastidio.

Líneas articuladas que entienden lo que exploran,
El rumbo impredecible de unas alas que piensan,
Joyas que se repiten como si fueran mantras,
Enjambres de prodigios, filigranas de peste.

El gran querer que ensambla las alas cristalinas
Y engasta en cada esfera los ojos incontables,
No ve, pero algo trata de alcanzar con sus alas,
Sabe a ciegas que hay algo que merece ser visto.

PATERSON

Un país de suburbios disperso por el mundo,
Calladas y nocturnas mareas de inmigrantes,
La ruta calle a calle de una hoja de otoño,
Poesía de trenes que se pierde en los astros.

Del país sólo entiendo sus oscuros balcones
Donde alguien duerme a solas en los ojos de un gato,
Y el avión sobre muelles donde hubo huelgas trágicas
Y en los yunques de Ginsberg la arboleda y la orgía.

En la primera noche ya perdido en sus túneles
Y en los barrios más sórdidos el sabor del milagro,
La luna diminuta que adoraron coyotes,
La enorme luna roja que atraparon las fábricas.

ÉL

Como un pez que el desierto devolviera a las olas,
Con leyendas y guerras como arena en sus branquias,
Así vuelve a ser garra la mano que hizo el templo
Y tejida de músicas otra vez busca el fuego.

Porque en tu espejo de aguas nada es definitivo,
Gira como un murciélago del escolio al abismo,
Alguien tal vez registra los inventos que pierdes,
Después pasará el viejo que recoge los sueños.

Ese dios ingenioso que improvisa catástrofes
Es tu cara al revés explorando hacia adentro,
Suelta en polvo el orgullo de tus peldaños de oro,
Te enseña en cada triunfo que la puerta era otra.

POE

¿Qué parte de ese rostro se quedó en el retrato?
¿Qué secreto invisible guardó Dios en los ojos?
Ya ordenaste en el cofre tus juguetes siniestros,
Haz ya para tus sienes una almohada de música.

Pieza a pieza desarmas el reloj de los crímenes,
Recoges en las criptas las marcas de la noche,
Aleteas por los arcos del alfabeto gótico,
Bañas tus cuentos de hadas en estanques de tinta.

En tu balcón de mirtos tienes cautivo al Diablo,
Dios mismo tiene susto del jardín en que sueñas,
Como el fauno que labra flautas con viejos fémures
Sabes curvar el miedo para hacer tus violines.

EMILY

Damas tan exquisitas volando entre los tréboles,
Muertos tan sosegados brotando en verde al día,
Y una hora tras otra con sus rostros de diosas
Y mi perro tan grande y aún con miedo a la música.

Oye la voz del río en las barbas de Homero,
El metal tiene el timbre para hablar de la muerte,
Pero unos versos de Emerson desde ayer me persiguen,
Sólo logro escondérmeles en la luz de la ardilla.

Morir, sí, pero alumbran los grillos del verano;
Morir, pero los arces lloran miel entre hogueras;
Morir, pero me atrapan esas lunas de escarcha;
Morir, pero otra vez empieza el Paraíso.

REYES

¿Qué sabe el árbol místico que aconseja el fracaso?
¿Quién camina en los aros de las trasmigraciones?
¿A quién donó Alejandro su cráneo sin diadema?
En vano el rey depuesto quiere barrer las sombras.

Este es el dios que enseña su biblia a las hormigas,
El rey que sólo acata la ley que no está escrita,
Los siglos que se ovillan a los pies del instante,
Las alas que sostienen el trono del mendigo.

Metal incorruptible de las altas derrotas,
Noches que nos enseñan a temer la esperanza,
Cielo que sólo sabe responder porque es mudo,
Bálsamo inagotable de la palabra nunca.

VUELO

Debajo de las nubes el agua es una lámpara,
Hoy el viento no mueve las cordilleras blancas,
Riscos borrosos siguen los caprichos del río
Y en vano las turbinas quieren negar el sueño.

Con la crin luminosa y el hocico en tinieblas
Algo domina el valle de hondas venas doradas,
Un caos de formas blancas casi quiere ser música,
Lo que calla en las piedras es casi una plegaria.

Fantasmas tras los riscos, vida anterior al tiempo,
Donde la forma es vaga y el nombre es imposible,
Ya están listos los labios del peñasco en la sombra
Y uno cree que no hay nada después del gran silencio.

BARRIOS

La noche con su enjambre de insectos luminosos
Abre y cierra el peñasco de las grandes tormentas,
Hace andar sobre el agua los cuatro pies desnudos,
Clava en los mangos rojos de la luna sus dientes.

Juego de tantos párpados para olvidar las calles,
Semáforos que infligen su insomnio de otro mundo,
Alas que van cubriendo con su polvo insidioso
Esos muebles sin dueño que hay en las pesadillas.

Pero ninguna rosa puede abrir tantos pétalos,
Gracia de los tesoros que tan fácil se olvidan,
Del pico de los pájaros ya brotan las montañas,
Ya dentro de los cráneos se despiertan las lámparas.

YORICK

La luna muestra en lo alto el marfil de su risa,
Un bufón enlutado danza en el arco iris,
Ya el agua se ha llevado tu rostro entre las flores,
Ya la espada silencia la voz de las cortinas.

Qué raro que haya espectros que se vistan de hierro,
Qué mal dios ha querido que odiemos lo que amamos,
Las palabras vertieron su veneno en mi oído
Y ya arriba las nubes imitan nuestra farsa.

Puñal, no le regales el cielo a mi enemigo,
Muchacha, no malogres con tu amor mi desdicha,
Adulterios, traiciones, odio, vergüenza, lástima,
Y es peor oír al fondo la risa de los dioses.

CARNAVAL

La tierra también tiene sus galaxias nocturnas
Pero *el hombre es un híbrido de árbol y fantasma,*
Por la red de los nervios circula el doble mundo,
Sobre la cama el niño, bajo la cama el miedo.

Noche: incendios y amores desvelan las llanuras,
No escuchamos la música porque somos sus cuerdas,
En el centro del cielo, rodeados de abismos,
Ciegos, girando en torno de las grandes linternas.

Ratones tras los vidrios, con bufandas de invierno,
Negros niños sedientos que oyen leyendas mágicas,
Paraísos perdidos en la gran pesadilla,
Cada quien con un traje que no se le parece.

DANTE

Vengo de conocer los reinos que he inventado,
Borrando paso a paso la sombra de tu ausencia,
Ya oí hablar a la hoguera que abraza a los que odian
Y ya palpé la herida que une a los que aman.

Con vértigo, escalando los hombros del gigante,
La barca entre serpientes, las ciudades en llamas,
Y los desesperados enjambres de los besos
Y esa cabeza inútil, suelta como una lámpara,

Y el coro de las bestias que anuncian los amores.
¿Por qué entonces ahora me ahogas con tu enigma?
¿Por qué cuando te pido que me ofrezcas tu rostro
Me muestras el dibujo que trazaron mis pasos?

AGITADOR DE LANZAS

Día a día entre crímenes me convertí en palabras,
El joven que en la cripta se bebe su impaciencia,
Esa ciudad de espejos que mata lo que adora
Y ese que casi piensa, casi ama, casi mata.

Y este era un rey de fábulas que tenía tres víboras
Y el precio de ser bello que es no entender el mundo,
Las piedras en la lengua que educan la elocuencia
Y oráculos de niebla para atenuar el crimen.

Ya la virtud entrega su corona a la trampa,
Todo equivale a todo cuando ya nada vale,
Voy a blindar mi cripta con maldiciones triples
Para que no descubran que en la tumba no hay nadie.

RETORNO

Vi sobre cada frente la llama de una rosa,
Lenguas desanudadas por la gran elocuencia,
La voz que hace milagros con sus bosques de menta
Y el pájaro que sabe curar los manantiales.

Las miradas que entregan más de lo que reciben,
Los que tienen poder para herir y no hieren,
Las rosas que cayendo de pronto abren sus alas,
Y ante allí retrocede la pleamar del veneno.

Ya se cambian en ángeles los cúmulos de azufre,
Y el dios vuelve a las pestes y el dios vuelve a las víboras,
En cada fuente se abren los cántaros del cielo,
Belén en todas partes, para el jaguar la rosa.

PÁJARO

Cada cuerpo del mundo debe efundir su traje,
Cada voz entre fraguas debe inventar su lengua,
El jabalí perdona sólo a quien lo ha cazado,
En otro mundo el cerdo se alimenta de rosas.

El surtidor de sueños deja su miedo y danza,
Del arpa de una cuerda vuela el mejor regalo,
De cuerpo en cuerpo nunca se ha apagado esta llama,
Sólo en su amor sin límites morir es una fiesta.

El que rompió la nuez liberó al saltamontes,
El que se duerme en ángel se despierta en insecto,
Tú sólo oye la cátedra del ruiseñor sin sombra,
Sólo es dulce la música entre el bosque y la muerte.

LLAMAS

Y en verdad la morada fue estremecida —escúchalo—,
Crecieron y arreciaron las tormentas divinas,
Tronando en la distancia sobre aquellas cabezas
Conmovidas —escúchalo— *por los presentimientos.*

Volverán esos dioses que añoras todavía,
No porque son hermosos, no porque son terribles,
Necesidad se llaman sus rayos y sus ráfagas,
Cielos turbios que sólo limpian las tempestades.

Sus llamas inocentes y sus rosas de cólera,
Y la embriaguez y el éxtasis y las metamorfosis,
Ya están todos los dioses en su cuerpo desnudo,
Ya la nube abre el rayo del prodigio en sus labios.

NIBELUNGOS

Los dioses vagabundos que hechiza un mago astuto,
La recta hoja de tilo del ancho de una espada,
Todo lo que comienza cuando se hiere un árbol,
Todo lo que comentan en las ramas los pájaros,

De doncellas que duermen entre anillos de fuego,
Del guerrero y la fama que volará en pedazos,
La sangre del dragón que obra magia en los labios,
La boca de las grutas que esconde en limo el río.

Más milagro es la herida del amor contrariado,
El cielo ebrio de espíritu que se muerde a sí mismo,
Y el tesoro que arrastra como sus maldiciones
Cada hoja, cada espada, cada amor, cada estrella.

CHRISTMAS

El niño que engendraron las razas que se odiaban
Alzará un árbol de humo y otro árbol de fuego,
Marcará toda frente como una encrucijada
Y el que espera la espada verá brotar la estrella.

En medio de la guerra llora al nacer un niño,
El cielo disimula sus heridas fantasmas,
Las estrellas parece que surgieran de pronto,
La luna tiene cara de no haber visto nada.

Y sin embargo hay algo que delata el cuchillo,
Las montañas quisieran esconder su secreto,
La noche misma intenta que la sangre sea sombra
Y Dios quiere saber si lo que oyó fue un grito.

BASQUIAT

Cuando el islote es África y el náufrago es un niño,
Mensajes en botellas por el mar de las calles,
No hay signo que no sirva como arma y como letra,
Y ellos sólo descifran los códigos de barras.

Cubre sus rascacielos de proclamas de azufre,
Pon en todo tu ebria vista de rayos X,
Los carros del mercado llevan batas de seda,
Los hombres frigoríficos alumbran en la noche.

Esas letras en fila que suben por los postes
Y la verdad del caso del desierto y su sombra,
Cuando el mundo está en manos del detector de incendios
Nadie sabe qué puede salir de los hidrantes.

KIEFER

¿Qué tiene el holocausto que mancha las estrellas?
¿Por qué todas las sillas son Caínes y Abeles?
Siempre la trinidad olvidó a la serpiente,
Locura de las rosas bacantes de Atenea.

Gentes de toda boda la discordia y el miedo,
Esa pasión de muerte que hay en la arquitectura
Y esta larga nostalgia de salones de robles,
De la rama y el cisne que ordenaron los cielos.

Humo de las estirpes, llamaradas de espectros,
Bibliotecas de plomo mudas entre los astros,
Gira luna en el sueño, gira sol en la sombra,
Pero un rocío de músicas y hasta el heno florece.

PICASSO

Sólo un niño se ríe con el cielo en pedazos,
La hoz que pasa silbando por campos de cordeles,
Alguien que pinte sátiros en las letras del código
Y esa luz entre tantas ventanas apagadas.

Entre los dos extremos de la línea el milagro,
Un vuelo cuyas plumas son las mitologías,
Unos ojos traviesos que no encuentran su rostro
Y abrazos más desnudos que los sueños del fauno.

Málaga cantaora, y unos ojos que piensan,
Danzas que abren los frutos como dulces relojes,
Del aullido al espasmo la geometría del crimen
Y esa risa valiente que se alarga en la noche.

PARQUES

Quieta legión de trajes esperando sus cuerpos,
Los maniquís sin sombra pueblan las pesadillas
Y al fondo de una calle que no visita nadie
Canta el tiovivo alegre de los parques fantasmas.

Anillos de Saturno de la ciudad de hierro,
Gentes que se enamoran a través de sus máscaras,
Nube rosa de azúcar que no apagó la noche,
Niños arrinconados por bengalas de Bradbury.

La moneda precisa donde acabó la infancia,
Ese árbol que viene de los bosques profundos,
Esas tardes de menta que no tuvieron besos,
Esos faroles rojos al final de esas casas.

ELLA

Alguien guardó en sus cántaros la belleza que pierdes,
Con ella alumbra túneles en noches de tormenta,
Presta tus viejas sílabas al eco en las terrazas,
Peleará por tus ojos al final con la muerte.

Tú no hagas caso, mira las piedras como incendios,
Pon las tres lunas rotas al pie de las murallas,
Enumera los huesos del ala del murciélago,
Oye la honda cigarra de los bosques solares.

Un rubí fue bastante para desviar el río,
Una hoja de tilo desamparó una espalda,
La ciudad de altas torres se perdió por un beso
Pero al fin nadie supo de quién fueron los labios.

MÁS

Los trenes de humo rojo que vienen de la infancia,
Hace miles de muertos, hace millones de hojas,
Cuando tenían peces los ríos del futuro,
Cuando no daban miedo las torres ni la ausencia.

Algo abrió las alforjas en el barco de Ulises
Y arrancó a los otoños el color del incendio,
Ya todos los viajeros sueñan con el pez sombra
Y Afrodita es un antro y Mercurio un veneno.

Baja al sótano porno de la *Ilíada* sin dioses,
Ya te ofrecen un módico cielo a mitad de precio,
Ya quitaron los tigres y el amor del catálogo,
Ya tocamos el fondo pero aún quedan peldaños.

MANANTIAL

Lo que es sordo a la historia, los pájaros del viento,
La lluvia sembradora de naciones y espejos,
El magma que es el vino de los dioses de arcilla,
El sol que urde sus fábulas en la savia ascendente.

Y la piedra compacta que tiene adentro un pájaro
Y el tiempo que reversa la arena en la clepsidra
Y el desastre, ese rayo que ilumina sus causas,
Y el amor, cuyos reinos preceden al comienzo.

Sólo esos cuervos siembran bosques que duran siglos,
La sangre halla sus músicas en las rosas del agua,
Todavía están ocultos los altos manantiales,
Con trozos de esas lunas la eternidad se inventa.

EL FALSO ACORDE

Antes de toda cosa tu alimento invisible,
La primera palabra que contiene las otras,
El cerebro radiante de millones de estrellas
Y el salto de esos gamos que no curvan la espiga.

Si es más débil la piedra que ha sido acariciada
Y rugidos fecundan el árbol de las lenguas,
Salva tus horas ebrias cuando vienen los guardias
A separar del tiempo los rebaños de octubre.

Salva tu selva oscura, salva, rosa, tu espina,
Porque lo bello tiene derecho a defenderse,
El mármol sin tallar en la frente de Apolo,
El tropiezo consentido en un verso de Hugo.

AROS

Sólo la muerte antigua que está escrita en tus astros,
Cada rostro otra huella sobre la misma arcilla,
Las leyes que privaron de memoria al espejo
Y ese amor y esas nubes que nunca se repiten.

Cada rosa procura copiar la rosa eterna,
El momentáneo y frágil arte de ser la rosa,
Antes se aprietan cielos, después vuelan bandadas,
Después la seca rama que intenta otra belleza.

Si todo vuelve siempre, si nada vuelve nunca,
Ya en planetas innúmeros no caben los fantasmas,
Esqueletos de nombres y cenizas de espíritus,
El olvido y los rastros que un día serán la rosa.

CORONAS

La ilusión de ser amo de la abeja y las olas,
Pero la frente sangra presa de sus metales,
Nadie más vigilado que el que brilla en la cúspide,
¿Cómo ser libre en este palacio hecho de ojos?

Dile adiós a tu nombre, dile adiós a tus sombras,
Tal vez halles consejos en la amistad de un árbol,
La lealtad del que sólo se somete a sus leyes,
La gran esfera blanca que desdeña el vacío.

Sólo de ciertos labios brotan letras de bronce
Y hay quien sabe llenar con sus vicios el cielo,
Es costumbre antiquísima que los soles se apaguen,
También de tibias de oro se alimenta el olvido.

VÍA CERRADA

Algo llama a una puerta por los barrios en sombras,
Parece que llamaran en el fondo del sueño,
Son los ojos del búho la prisión del insomne,
Apaguen las ciudades para que entre la luna,

Y escondan esos crímenes en los cuartos del fondo,
Y cuelguen esos miedos de las vigas del zarzo,
Y dejen al retrato deformarse en la lluvia,
Y deslicen debajo de la alfombra el recuerdo.

Cómo azotan la sombra los minutos contados,
Hay una puerta al lago y otra puerta a la niebla,
Pero en este desorden todo tiene sus límites
Y hay costados y escapes que los dioses no han visto.

TURNER

Hazte atar a la aguja de ese péndulo inverso,
Desciende por las húmedas paredes del zafiro,
Toca el pezón violeta de la barca sirena,
Arriba el mar y abajo los pájaros marinos.

La muchacha tendida sobre su sombra roja,
Los colores que huyen de la escena del crimen,
Los cabellos marchitos, los labios que se apagan,
La quieta tempestad de los instantes últimos.

Naufragando en azules y agonizando en grises
Embriagado en los ojos y herido en las entrañas,
Brotarás del abismo con tu náusea de perlas,
En el arpón el cielo tembloroso y sangrando.

Y BOSCO

El ratón constelado con su espada y sus zuecos
Lleva la enseña azul del jugador de azares,
Aunque aún sostenga el dado con gracioso equilibrio,
Nunca es libre la mano que ha perdido su cuerpo,

Ni el cielo que se viste con la piel de la bestia,
Ni el acero sin dueño que se queda en la herida,
No confíes en el lance de unos dados ingrávidos,
El destino es un dado con inconstantes puntos.

La liebre cazadora vuelve con sus mastines.
¿Qué reina de la luna puso Dios en los márgenes?
Hormiguero del tiempo sin fin de cada hormiga,
Cuando hay que verlo todo siempre hay algo que escapa.

TOUR

Aquí el anfiteatro con su forma de orquídea,
Allí los huesos rotos de un templo de Minerva,
Allí la espera eterna de una Sibila impúber,
Aquí un río de mármol y a sus pies un palacio.

Las hierbas en los frisos, las dagas con muchachos,
De los radios al fango la jaula de leopardos,
En bocas desdentadas las canciones más bellas,
Antros que serán fuentes tres doctrinas más tarde.

Con estas libertades construyen estas cárceles
Y afinan telescopios para mirar las almas,
Medallas que consagran un vicio en cada César,
Un adulterio, un ángel, un infolio, un naufragio.

ROMA

Pueden ser estorninos pero pueden ser ángeles
Y si ruedan o ascienden ni el buen Milton lo sabe,
¿Para perder la fe basta venir a Roma?
Pero al irte de Roma puedes perder la gracia.

En el Tíber la luna se abre en alas y estrellas,
Boca abajo en el cielo flotan las cortesanas
Y aunque hoy hay un estruendo de sirenas y máquinas,
En silencio los cónsules dialogan con los gatos.

Romas que se retuercen pero no mueren nunca,
Crípticos monolitos sobre los elefantes,
Ya inventará otros dioses cuando mueran las furias,
Otras fiestas con mármoles cuando la muerte acabe.

ORACIÓN

Enterraron la luna debajo del desierto,
Rostros hechos de ramas hablaron en voz baja,
Necesitas dos vidas para hacer las dos alas
Y los verdugos juegan a que es danza el tormento.

Volcada está la copa y el cráneo ríe a medias
Y hay cosas incontables que decoran la ausencia,
Ya desconfían las vírgenes de su nudo de arcángeles,
No puede ver la estrella la multitud que escapa.

Dios apenas va a oír las más antiguas súplicas,
Todo pasó hace siglos cuando el clamor lo alcanza,
Más vale que comiences a cantar por la herida,
Pero esperar milagros no te hará ningún daño.

MAR

Para entender el mar basta no haberlo visto,
¿Qué supo Juan de Cristo mirando sus cabellos?
Va el tiempo ola tras ola desnudando el relato,
Pero el desierto agónico nombra por fin el agua.

Lejos en las gargantas giran piedras y espumas,
Antes de tener labios las sirenas cantaban,
Todos saben que el mar está preso en un cántaro
Bajo el timón de un barco sepultado en la arena.

Selva que asfixia el yodo de la negra ensenada,
Sal que dejan las rémoras en las tumbas del puerto,
Mares de los poetas que no lo vieron nunca
Y amanecen ahogados de bogar en sus celdas.

TODAVÍA

Tal vez bajo estos templos se agazapan las selvas
Y un cerco de caminos ciega los cascabeles,
En las cavernas hondas hay mañanas de oro
Y aguardan labios tibios las palabras del muerto.

Saltaron de los ríos a contar las estrellas,
Lenguas de achiote y lumbre capturaron la luna,
Largos relatos bajan de las montañas blancas,
Trono de los caimanes bajo cielos de arena.

Todavía las horas caben en las palabras,
Todavía los peces interpretan los signos,
Todavía abren llamas los anillos del polen,
Todavía los ciegos saben hallar los gritos.

EL PENSADOR

Los mundos sólo enseñan a avanzar en redondo,
Para ciertos letrados el infierno es un círculo,
Maldicen la mañana de los gallos fenicios,
Ordenan que el futuro se alce sobre el futuro.

Hay que invocar los templos del lodo y de la hormiga,
Los horarios que rigen los trenes de los sueños,
Y habitar con los pájaros las ruinas babilónicas
Y no alargar la muerte con bendiciones crueles.

Las ciudades más limpias tejen la peste en torno,
El futuro es la nave sin retorno a Saturno,
Lo único que avanza, Hegel, es el desierto,
No desdeñes los tigres ni maldigas las flores.

MONEDAS

Pagar siete veranos la mansión con la escarcha,
El mirto y sus silencios con caminos de hierro,
El insomnio con una bandada entre peñascos,
La luz con una ingrávida rueda de girasoles.

Si alguien pagó el fragante vapor de la marmita
Con un solo tañido de una moneda de oro,
Paga al que vende espectros con la misma moneda,
Dios derrocha sus mundos y desprecia al que cobra.

Si pulen maldiciones y cobran con tu sangre,
Los documentos llevan la firma del fantasma,
Prodigios que no valen el llanto que arrebatan,
Hay lunas que se pagan con eclipses de espadas.

ALEPO

Por estas nueve puertas entró y salió la ruina,
Contra el mal encendimos rojas brasas de música,
En la arena discuten la seda y la metralla,
Nunca la media luna fue más curva en el cielo.

Miel amarga de almendras de la mezquita en llamas,
Lentos pimientos rojos del dolor de la ausencia,
Grabados de bazares que hace siglos son polvo,
Arcos color pistacho del hogar que perdimos.

Mientras el dios no seque el agua del olivo
Seremos tuyos, luna calcinada y sangrante,
Y un gran viento materno de limón y alabanza
Entre leguas de escombros bendecirá los días.

TATUAJE

Usa la voz de un río para medir la noche
Mientras los soles cambian de color en la hondura,
Un día verás lo que hubo antes de lo visible,
Los rostros que se forman uniendo las estrellas.

Y esa tarde, ese crimen, ese avión, esas ráfagas,
Todo tendrá un preciso lugar en el relato,
Verás volver tu infancia desde un planeta en llamas,
Verás el beso incauto que se alargó en herida.

Cada calle empinándose desde su propia sombra,
Barcos que en su desvelo retienen las bahías,
Y esos brazos tatuados que fueron tu refugio
Cuando caían los mundos y temblaba el futuro.

VISIONES

La Gioconda sombría que vigila tus noches
Y esas vacas solares en la luz del deshielo
Y la tarde rodando sobre las amapolas
Donde antes hubo trenes y batallas y alondras.

Ermitaños dementes, nubes de roca viva,
Ya eres esos peñascos que rompen sus raudales,
Muchachas de agua y luna que atraviesan la noche
Desveladas al filo de los negros tranvías.

Todo pasó en aquella Navidad de tu infancia
En un verde planeta viejo y desconocido,
Con dilatadas sombras de bosques y de estanques,
Con árboles doblados por los presentimientos.

CARIBE

Un rostro enorme y mágico flota sobre las islas,
Atraviesan los yates los barcos del verano,
La sandía del cielo con sus barqueros negros,
La muchacha sin dueños que se dora en la música.

Atrapa la leyenda de las moscas fragata
Que te están vigilando los ojos del cangrejo,
No te pierdas en áridos silogismos de espadas,
A las focas el júbilo y al delfín la sonrisa.

Volverán estas arduas geometrías de azules,
Ya duermen junto al viejo los leones marinos,
Queda un poco de ron en la sal de los remos,
Tiemblan vellos dorados en los muslos del viento.

ANOCHE

Cristo estaba sin cruz y el caballo era santo,
El templo coronaba las agujas del vértigo,
Uno veía los nichos y no entendía los dioses,
Selva y abismo azules las quietas tempestades.

Cornisas de los montes los horarios del hábito
Y eran las madreselvas de los ríos de piedra,
Densa tela de araña de los trenes nocturnos,
Cielo alumbrado a medias por un sol imposible.

No hay pájaros malvados en esos riscos diáfanos,
Hay piedras melancólicas y hay plegarias con risas,
Venían los rostros plácidos de reinos muy distantes,
Los niños eran máscaras de milenios de música.

JIBRIL

La rama que ilumina y el papel que florece,
Fundimos para el ángel los tres templos en uno,
Que él tradujera en lirios la miel y el cetro de oro,
Que cambiara en manzanas el nudo de serpientes.

No hay plegaria más honda que el sueño del que duerme
Y él soñó los andantes que nacieron del Libro,
Un solo ser el rayo, el relámpago, el trueno,
Y el corazón y el ojo y el oído, los labios.

Agua y nido traslúcido del estremecimiento,
Tambor de las cavernas que hay detrás de la mente,
El prisma que hay guardado dentro de la semilla
Y entre los labios tibios una luz que despierta.

PARÍS-ATENAS

Un mundo sin palabras por la ventana, huyéndose,
Después de las hogueras y antes de los racimos,
En cada uva de miel se quedaba el otoño,
Tú volviste a los brazos del dolor verdadero.

Como miel, como un bálsamo, como al tacto la seda,
Blanco para el oído el levitar del hierro,
Toda la plaza en torno de una cabeza agónica
Y David suspendido de las grutas del cielo.

Los ocres de Florencia, los marfiles de Siena,
El mar negro de azules, el envés del misterio,
Miedo que endureciéndose fue formando columnas,
Arte del acabado que sólo dan las ruinas.

ROJO

La tentación es roja con un fondo en tinieblas,
La escala sube al cielo pero nace en la angustia,
El puro, el vagabundo, tiene nubes de ausencia,
Sabe ver las manzanas que no cayeron nunca.

Seres que sólo fueron un día de sí mismos,
Aquella puerta en medio de la ebria fiesta humana,
La carta de advertencias con la sangre del duende,
El bosque ineluctable de unos ojos dorados.

Don del mar, don del vuelo de sus alas de espuma,
El paso de unas plumas sobre miles de sombras,
Cada quien con su media salamandra en el sueño,
Cada quien con un cielo mutilado que sangra.

VIAJERO

Con un pulpo en sus brazos los muchachos azules
Han dejado en la arena la huella del verano
Y sobre el muelle el silbo de unas costas ardientes
Le recuerda al olivo dónde están sus raíces.

Siempre una madre griega llora junto a una puerta
Y un rey de piedra asusta de noche al vagabundo,
Las noticias de sangre navegan bajo el puente
Y a Venecia la encierran en un espejo negro.

Entra en las ciegas cárceles el humo de las fábricas,
Sube la vieja lámpara con su muralla a cuestas,
Pasa siempre una Grecia por el fondo del sueño,
Los muchachos azules se niegan a ser mármoles.

ES

Es abrir cada día las heridas cerradas,
Es tratar de impedir que los muertos se mueran,
Es cerrar la clepsidra sin la última estrella,
Es mendigar la gota y arruinar el océano.

Es sólo ver la muerte cuando el hilo se acaba
Y al final la floresta de colores del negro,
Ver el alma y los mundos como cosas distintas,
No saber que la muerte cabe toda en la espera.

A la guerra el que nunca lucha contra sí mismo,
Piedad para las razas que no encuentran su vínculo,
Todas las soledades las trampas del espejo,
Sólo sabe de amor quien lo da y no lo espera.

CAZA

Sabe oír como un gato las turbias intenciones
Y es como el perro astuto que amordaza el ladrido,
Descifra el acertijo del silencio y la sombra,
Mira el espejo de altas y antiguas cetrerías.

Lo que ocurrió en los montes y las zanjas del cielo,
Costumbres de los soles que repiten los átomos,
Las sangres estelares, los estanques concéntricos,
Carnicerías míticas que inventaron el rojo.

Mundos que se extravían persiguiendo su sombra,
Dioses que se hacen viejos conspirando su ruina,
Adormecida y mágica constelación del Gato
Que salta ante el peligro con la muerte en sus zarpas.

CEMENTERIO

Fantasmas de caballos trotando en las canciones,
Montañas luminosas guardadas en los sótanos,
Atrapar el esquivo recuerdo de un recuerdo
Que entre yerbas humildes ata el tedio a la estrella.

Finalmente hemos vuelto, corazón, ¿pero adónde?
¿Y a cumplir qué promesas que ya nadie recuerda?
El tiempo es la escalera que perdió sus peldaños,
La ventana por donde se despeña el paisaje.

El muerto de hace siglos teme al muerto reciente,
La ruina fue con ellos y volvió por sus tumbas,
Y al fin nosotros somos los rojos saltamontes
Que en la hiedra iluminan los cuernos de las cabras.

AMBALEMA

Y esa nube tan blanca sobre un mundo en tinieblas
Y esas colinas ocres en un valle de eclipses,
Cuando hasta los fantasmas piensan que están soñando
Y el río arquea a saltos su espinazo de espejos.

Hay esta hora inmensa rodeada de ramajes,
El río atrapa anzuelos en su red palpitante,
Los negros niños de agua gritan bajo las balsas,
Algo cae del árbol y no toca la tierra.

Algo nos da en la cara con su enjambre de ausencias,
Reza en casas antiguas la amenaza del viento,
Pero al fin pasa el trágico tren que se lleva todo,
Salvo el pez hondo y viejo que gobierna los ríos.

STRADA

Por beber sus canciones se hizo tu dueño el pájaro,
El reloj de la lluvia giró su rueda de agua,
Y este es el mar de azares que atraviesa los pechos,
El niño que camina sobre el hilo de un cuento.

Tu futuro te busca con labios y astrolabios,
Tú borraste las fábulas que empañaban la luna,
Y en el templo crispado de una piel de manzana
Cerró el cielo en la noche su hoguera de amenazas.

El amor va anudando su acero imperceptible,
De repente la nube ya está atada al almendro,
En el agua hay tatuajes de lobos y de rosas,
Y dos ojos te miran como dos talismanes.

IRONÍA

Que muera por su peso quien subió a las estrellas,
Que no haya sido un mundo quien descubrió a unos barcos,
Que los magos mezquinos embrujen a los dioses,
Que tenga sed la boca que hizo brotar los ríos.

A este siglo le robo sus cuchillas en triángulo,
En este pondría un rey con un dios en su pecho
Y explanadas profundas con delfines de oro,
¿Dónde habrá muerto el ángel de las buenas noticias?

No esperar nada mágico del callado horizonte,
No creer que hay artífices maquinando el milagro,
Que una piedra entre miles sostiene todo el templo,
Que entre todos los rostros en uno está el secreto.

COSTUMBRES

A cada instante el César va feliz rumbo al Foro,
Árboles deshojados aguardan al profeta,
Donde caerá la víctima la estatua ve su sombra,
La tempestad y el canto germinan en un vientre.

Nacen rutas de seda del paso de una oruga,
Se marchitan ciudades por un pecho ofendido,
Las naves enloquecen por un planeta de oro,
La cabeza de un santo visita el Paraíso.

Una gota de sangre parte una piedra inmensa,
La luna de los perros ve morir un pontífice,
Vuelve lentas las alas la miel de la belleza,
La bondad alza vuelo con la piedra al tobillo.

SED

Dame tu miel, oh niño de boca perfumada
¿Es así como un músico se dirige a la muerte?
¿Es así como un césar arenga las galeras?
¿Así apura el muchacho su veneno en la cripta?

Así examina Sófocles las cifras del deseo,
Así convoca Esquilo la legión de sus Furias,
Así suplica Dios la alabanza a sus huestes,
De los diez mil Sidhartas ninguno está saciado.

Cronos pide al Arcano más minutos, más siglos
Y la luz no se cansa de inventar los espacios,
Después del beso el beso, después del cielo el cielo,
Sólo un refugio encuentran los viajeros cansados.

LAS CAUSAS

Por la uña el león y el Coliseo en torno,
Pasa el agua vertida como una novia ausente,
Del dolor a la frente la tentación golpea,
Un combate hace blanca la piel de la naranja.

Buscando lo imposible se descubre el camino,
La patria del esclavo el tambor en su pecho,
Y hay una Troya y otra y otra para el que insiste,
En la raíz del mito los oros de la historia.

Trazó reinos a un niño la palma de Aristóteles
Y en la casa de al lado dijo el ángel la estrella,
La muralla que cierra las lunas del Oriente
Forma en remotas islas una ciudad de espejos.

JUANAMBÚ

Cuando en calles oscuras un árbol no es un árbol,
¿Dónde termina el mundo, dónde empieza el infierno?
¿Quién nos fue arrebatando su esfera de promesas?
¿Qué cielo inventó el juego de los arcos malignos?

Sin embargo en la noche de las ceibas de almíbar
No chocan en su enjambre los murciélagos ciegos,
El grillo entre las hierbas trilla como un recuerdo
Y abren sus carnes ebrias los amores perdidos.

Esas fiestas persisten en sus casas sin nadie,
Danzas de gatos rojos vuelven a las colinas,
Es un lago de luces la ciudad desde el monte
Y Dios piensa en las nubes que la sangre es dorada.

QUIJANO

Ponle un traje de hierro a esos sueños ociosos,
Hace siglos el loco trae a rastras al cuerdo,
La bondad es la lámpara que alguien dejó en el bosque,
Cuando Dios pierde el juego la realidad se inventa.

Si ya al andar tropiezas salta sobre la luna,
Adorna con verdades el cuento del cuchillo,
Falsos cuernos de caza sobre falsas murallas
Demuestran que los magos dieron caza a los príncipes.

Las nubes se envanecen de sus bíceps tatuados,
Balan tropas heráldicas su polvo de estandartes,
Pasan con largos séquitos los reyes de la luna
Y tú aún no me crees y eres el rey del mundo.

JOSÉ

¿Quién dejó esa corona en el fondo del pozo?
¿Por qué en esta tiniebla son tan claros los sueños?
Los ojos de mi padre me vistieron de angustia,
La bendición me acosa como un león hambriento.

Soy una barca de oro sobre un río de espigas,
Un anillo de garzas en los dedos del viento,
El que lo tiene todo y añora el pozo en sombras,
Un coyote mirándose en su espejo de lágrimas.

Cuando el cielo al fin supo en dónde estaba el cielo
Y el asesino advierte que el muerto está en el trono,
La belleza con miedo ve por fin la belleza
Y el que vuelve comprende que se fue para siempre.

LA MAÑANA

Las dos aves errantes que gobiernan el mundo
Mientras la muchedumbre se encierra en los peñascos,
Rompe el mar de los árboles contra la arquitectura,
La torre pulsa el cielo y se bebe sus rayos.

Pone el sueño en la hierba sus iguanas solares,
Una inquietud prehistórica se mueve por las vértebras,
Las naranjas se arruinan en un zumo de estrellas,
Como mirando un templo te contempla la hormiga.

Y es la mañana llena de peligro y de música
Que llora a los hermosos e impacientes suicidas
Y se va lentamente con un perro a su sombra
A saludar los magos que pintan las cerezas.

MOVIMIENTOS

Son los ojos del agua, ven la esfera por dentro,
Ceñidas a su escala son neuronas o estrellas,
Las galaxias rosadas de la piel de la iguana,
Los mundos infantiles en los ojos del potro.

Crece y verás los soles salpicando la hierba,
Decrece y en lo sólido florecerá el abismo,
Avanza hasta lo ilímite y hallarás el comienzo,
Vuelve y en tu pasado verás lo nunca visto.

Viaja hasta el fin del mundo y estarás aquí siempre,
Aunque inmóvil lo ignores tu año gira en el vértigo,
No puedes ver a Dios porque anida en tus ojos,
Quizás es tanto el cielo que impide la alabanza.

SOLEDAD

Sólo tres casas antes de la Melancolía,
Donde acaba la música y comienza la hierba,
Ella oye tenues pasos en los cuartos del fondo
Y ve abajo, en los llanos, la ciudad y el incendio.

Entonces entras tú con tus gatos sonámbulos,
Barcas de carnavales reman sobre los bosques,
Pero es sólo el perfume que dejan las canciones,
No hay tardes que no mueran primero en el espejo.

Lentos vuelos recorren las ciudades dormidas,
Grandes sombras vigilan a las sombras distantes,
Un tren cruza las páginas de una novela rusa,
Un teléfono suena lejos, en las estrellas.

ZARZAL

Árboles inventados por el sueño de un niño
Que conoció el verano de los ferrocarriles,
Ahora han desmontado los juguetes del cielo
Y el ocio es de cemento y el hastío es de hierro.

Pero entre mil naufragios la humanidad se inventa,
El viejo tiene el mar y la infancia en su risa
Y hay un pájaro absurdo que se ríe de los héroes
Y mirando al futuro hay un rostro de oro.

Cuando uno reza al viento por ciertas dulces calles
Y en los cuerpos gastados ve la esperanza intacta,
Pasan ojos serenos y tímidas sonrisas
Y antes de ser tiniebla los espacios florecen.

GALLO

Por calles polvorientas pasa el rey de la China,
Los dioses sólo habitan las barriadas sin nombre,
Suenan los engranajes de la tarde y del viento
Y el polvo es de diamantes porque todo es regalo.

Aviones olvidados entre las hierbas altas
Y entre alambres que hieren las haciendas cautivas,
Desesperados árboles que quieren alzar vuelo,
Los países bellísimos que serán nuestra tumba.

Enséñame a inventar con un grito la aurora,
Llena como una fiesta los corrales del tiempo,
La esfera de agua y yerba que es tu cielo hace siglos,
La muerte de mil manos que no sabe matarte.

MADRE

Para ti construyeron esta casa en la ausencia,
Tu soledad reinaba sola entre las estrellas
Y algo quería quedarse la costumbre y sus mieles
Y el miedo oía nacer unas alas espléndidas.

Iris para quien ama la tarea incansable,
Hoy saben el secreto tus hermanas torcazas,
Qué sedientos de vuelo los cautivos del mundo,
Cuando la voz de Dios nos invita a ser dioses.

Estás tan cerca ahora que ya no puedo verte,
Quiero llorar tu ausencia pero tú eres mis lágrimas
Y esto es andar: en vano jugar a desprenderse,
La mano que nos ciega está llena de estrellas.

INMORTAL

Los peces transparentes, la imperceptible espina
Y esa oración de musgo sobre todas las horas,
Lo que se van robando los hierros de la usura,
La ávida luz que seca la tumba de los besos.

Bebe el amor su miel y se borra en el viento,
Lejos brillan los blancos abismos de la lluvia,
Vuela en las ramas rotas el violento perfume,
Sobre tantas noticias el silencio es mensaje.

Vámonos con los árboles que vuelven de la guerra,
El Dios está en los élitros de los escarabajos,
El que entendió las aguas ya no morirá nunca,
Aunque cierres los ojos seguirás viendo el cielo.

TÚ

Cuentos donde el final ilumina el comienzo,
Derrotas que te enseñan a dudar del fracaso,
Giros de las estrellas que inventaron la rosa,
Cárceles de invención que atraparon el mundo.

Cada edad pule un friso de la ciudad eterna,
Cada vida la frase principal del relato,
Mientras la luz florece su mostaza en las ramas,
En la hondura el dolor alimenta el sentido.

Tú que callas y sientes esa sombra en tu pecho,
Tú que abres la penumbra de las grandes preguntas,
Sabe que sólo hay hierba si tú miras la hierba,
Que hay estrellas porque oyes titilar las estrellas.

RELOJ

Cuando en la noche abierta sólo hay fulgor de lluvia
Y las horas dialogan en sus sillas sin nadie,
Callas y estás a punto de ingresar en la escena
Como el grito de piedras que hay detrás del relámpago.

La selva que iluminan los ojos de los gatos
Y esa barca inundada donde flota la luna,
Todo espera el alivio de las palabras últimas
Que hacen danzar las ruedas detrás de los espejos.

Niños de un millón de años que amparan de lo nuevo,
Las ardillas que roen las almendras eternas,
Palabra por palabra nos contarán los años
Que rozan las pirámides como el ala de un pájaro.

TODTNAUBERG

Del país del espanto él vino a la cabaña,
Pero ante el mal son cuervos los ojos de Minerva,
Oír al rey del lenguaje mudo como una esfinge
Abrió para él las ondas concéntricas del río.

Pues sólo hay un horror y es la ausencia de un límite,
La ley que ha de dictarnos sólo el Dios que no existe
Y en la espera angustiosa del desierto que crece
Mejor parece el sueño que andar sin compañía.

Del vino que discierne bebe la última gota,
Guarda ebrio en la botella al holandés errante
Y arrójalo a los mágicos mares ecuatoriales
Donde la Diosa avanza sobre grandes tortugas.

REVOLUCIÓN

El pez de luz que habita los estanques dormidos,
El amor que se agolpa tras las puertas de sangre,
El reloj que dibujan las ciegas rebeliones,
La tiniebla extenuada de presentir estrellas.

Sólo el azar conoce del rigor de las causas,
La hora del guijarro que en la pasión se enciende,
La luz que desintegra los vitrales del día,
Cuando un cristal de pájaros aparta a los amantes.

Saber buscar la música que acecha en el sentido,
Ir siguiendo las huellas de los pasos futuros,
Conocer de memoria la ruta imprevisible,
Dejar que hable el recuerdo de los que nunca fueron.

NACIMIENTO

Lento destino azul de los barcos de arena,
Cosas que sólo vemos a través de las lágrimas,
Seno de piel crispada que araron las estrellas,
Pequeño ante el dolor, infinito ante el sueño.

Mar. Estremecimiento de la piel de los monstruos
Que ya nos aguardaban fuera de la caverna
Cuando el cielo en las uñas era roca maciza
Y era de flauta y miel el amor de las islas.

Hasta cuando en la playa los pasos sean de arena
Y estemos en la boca y en el grito del viento
Y con perlas y estrellas se invente el dios sus ojos
Y entre el niño del mar y se duerma en tu vientre.

OCÉANO

Toda la noche el mar trabajando en la arena,
Destejiendo la historia para dictar los sueños,
Los pacientes telares y los grifos de espuma,
Desarmando palabras para ensamblar cangrejos.

El mar con su bendito vuelo de barcos ebrios,
Cada poema un mágico cementerio marino,
Y al que vuelve, en la tarde, de las islas, cansado,
Túmulos de relámpago y epitafios de espuma.

Cubre ya con tu azul al cantor y a su canto,
Cubre labios, destinos, guerras, siglos, planetas,
Cubre la eternidad con tus lenguas de duende
Y otra vez sin recuerdos haz que brote el Origen.

LÍMITE

Una estrella cansada de esperar a tu puerta,
La manzana, el prodigio que ha de bajar del cielo,
Pide la última gota de la sangre que embriaga,
Más allá de ese pueblo de esqueletos que lloran.

Donde la fe acumula sus cúpulas concéntricas,
La duda descorteza la cebolla infinita,
La fe ilumina al mundo con doncellas en llamas,
La duda crucifica los enjambres de mundos.

Y este es el Dios que viene después del pensamiento,
Los jardines que nacen cuando aceptas el límite,
Prueba una gota apenas de la miel de este cántaro,
Que hasta la gran certeza se la debas a un sueño.

VIAJERO

Leguas de arena estéril, matorrales sin mundo,
Los cardos desolados que hay detrás del desierto,
Poner la otra mejilla al ladrido del viento
Y de pronto el gran mar con sus limones rojos.

Aquí te trajo a ciegas una racha de música,
Manos que acariciaron las maderas del agua,
Destinos laboriosos como barcos antiguos,
Besos de islas ardientes que llevan las gaviotas.

Esta piedra, esta mesa, esta ausencia, esta luna,
La sonrisa que forman una vez los planetas
Para el que sabe oír su corazón remoto
Y la luz lo sorprende sobre el mapa del cielo.

NOCHE

Esa gente en la playa mirando las estrellas,
Esas luces que trazan el perfil de las islas,
Ese viento incesante que florece en las olas,
Esos barcos dormidos que flotan como lámparas.

Esas luces del cielo que oyen volver la espuma,
La risa del pirata, las joyas del naufragio,
El amargo residuo de las navegaciones
Y esa tumba que sólo visitan las sirenas.

Todo despierta ahora para envolver tu ausencia,
Tú que escribes la música de la gran caracola,
La caverna del mar, el papel de la luna,
La playa que abre al día sus historias de arena.

TRAFICANTES

La cubierta del barco gotea sangre en las olas
Y es una historia larga como el más largo viaje,
Altos meses de pájaros una sola agonía,
Antílopes que saltan su adiós interminable.

Cruza el sol en astillas las bodegas podridas
Y esos rostros más crueles que las pestes del cuerpo,
Pero, lleno de dioses y de danza y de risa,
Alimenta el sonoro corazón sus leones.

Aroma intolerable de la flor del tormento,
La Madre cuida abismos donde Dios no se asoma,
Cruzan vientos salados barcos llenos de gritos,
Y así viajó Belleza y así viajó Alegría.

ARTE

De una noche de potros a un incendio de tigres,
No vacila un instante la mano del artífice,
Incontable reflejo de la luz en las hojas,
¿En qué universo esconde todos los borradores?

Pero jamás haremos las preguntas correctas,
De la almohada de piedra la escala de los ángeles,
La sed, el polvo, el pozo, el agua, el lirio, el cántaro,
¿Quién sabe hallar al vuelo las caras del relato?

Sobre el sol que cabalga vuela la yegua negra,
Las coronas se tejen en torno de una ausencia,
El gran Dios se deduce por el dolor del mundo,
Su nombre es el deber de salvar la belleza.

BOCANA

Una puerta de niebla detrás de las montañas
Y un río desde el cielo taladrando el camino,
Grises montes lluviosos de tarjetas postales
Y el gran sol del jaguar floreciendo el barranco.

Un espejo de plomo será tu recompensa,
Esa canción amarga llena de barcos muertos,
Esos gritos de abismo que ensancharon tu infancia
Y el secreto que rompen al saltar los delfines.

Sólo existe la playa de tu primera huella,
Tantos milenios de olas y esa nunca se olvida,
En los últimos cielos buscaremos su carne,
La panela de esclavos de los besos perdidos.

CALI

Aprender de memoria la ciudad en redondo
Hasta el rojo domingo de los cañaverales,
Los perros que copulan bajo la gran palmera,
La bicicleta viuda que recorre el crepúsculo.

Después oír con miedo la noche de Pandora
Que dispone su circo de horror bajo los lechos,
La escala que no cesa de bajar en lo oscuro
Y el ángel que no llega porque es largo el camino.

Ya le dirás a Dios qué ciudad fue tu infancia,
Dios, que no sabrá nunca de ser nadie y ser malo,
Y dormir como un lobo bajo cielos de leche
Mientras alguien da vueltas al reloj de las calles.

CIUDAD

Los maniquís que llenan de horror la adolescencia
Y basta un beso súbito para matar la muerte,
El cielo es la gran fruta que se devora al mundo
Y avenidas que ignoran que son el paraíso.

Pero en los callejones la locura te acecha,
Una canción maligna te persigue en las tardes
Y hay algo en ese árbol que te crispa de angustia,
Tiene que venir alguien a romper tus cadenas.

Ya en los prados la inmensa tempestad se evapora,
Ya pliegan sus dos alas en la sombra los besos,
Años que vuelan ciegos como bellos murciélagos,
Rostros que dejan marcas como el sol en los ojos.

ESPEJO

Dibuja el mar con líneas que no se quedan quietas,
Vuelve a la umbría y halla la raíz sin el árbol,
Del telescopio inmóvil los planetas se apartan,
La perezosa sombra no halla sitio en la hierba.

Cada mañana el cielo tiene bestias distintas,
Ni la tortuga misma logra huir de los años,
Cada pulso en el pecho marca una nueva ausencia
Y hay viejas casas llenas de caras nunca vistas.

Ya es gracia que algo dure con esta prisa absurda
De enloquecidos átomos y siglos como liebres,
Que no se hayan secado las lágrimas de mármol,
Que ese desconocido sigas siendo tú mismo.

CRIATURA

En la hoja de diario que vuela como un pájaro,
Letras que un día atrás fueron sangre y angustia,
Lejos de las ciudades pliega el viento el recuerdo
Y al final lo oscurece como un cielo en las ciénagas.

Qué actual es el pasado en la linfa y las vértebras,
Sacia en la antigüedad tu avidez de noticias,
Las galaxias que vuelan del árbol de las garzas,
Y el futuro que a tientas calla en los manantiales.

Noticias de lo eterno la luz recién nacida,
El sol taja en el plato sus duraznos antiguos
Y a destellos la iguana recorre el universo,
Despavorida, elástica, azul, casi sin sombra.

CLEPSIDRA

Hay futuros que aguardan en los retratos sepia,
Sólo siglos más tarde nacerán los abuelos,
El velo de los mundos alcanzará su infancia,
Pulirá el laberinto su textura y su aroma.

Los reyes embrujados pastan en las colinas
Pero el amor destila con paciencia su antídoto,
Vuelve a mirar la luna que hay detrás de la luna,
Para medir los siglos basta un puño de arena.

Para vencer la muerte basta vencer el miedo,
La mariposa blanca de los cuartos oscuros,
Los cielos donde roja la luz se arremolina,
El enjambre violeta del árbol de los besos.

CIELO

Las flechas de luz viva que la tormenta expulsa,
Los tiburones grises que nadan contra el viento,
Los amantes que nunca se encuentran en la niebla
Y abajo en la llanura los mapas que se apagan.

Para que tú navegues lloran los frailejones,
Ven conmigo a este bosque que sembraron los pájaros,
Baja quebrando sombras los peldaños del rayo
Y desvelos arriba la cuna del relámpago.

Media moneda de oro la limosna del día,
Es agua transparente la sombra de una llama,
Cuando manos de niños traen el sol y lo apagan
Suena el cielo metálico de los escarabajos.

INVOCACIÓN

Ya sólo necesitas ver algún día la lluvia
Y por primera vez beber agua en el mundo,
Ver girar esa lenta tempestad en su aroma,
Ver cómo el gavilán vuelve a tocar su sombra.

Ver caer la moneda de la luna en tus manos
Y el dibujo de sal en la arcilla del ánfora,
Y sentir el marfil que hay detrás de los besos
Y cómo roen la tarde los dientes de la ardilla.

La inexplicable fuente donde brotan los mundos,
Y alguien que llama a solas a la última puerta
Y que presiente el rostro detrás de las estrellas,
El durazno encendido que madura en la música.

SELVA

Muchos días abajo la humedad ya es la fuerza,
Ya el agua tiene aletas y se olvida del cielo,
El tiempo verde a gritos se persigue a sí mismo
Y en su alforja de mimbre se duermen las palabras.

Con la selva en los labios el jaguar sube al sueño,
La bandada de flores vuela sobre los ríos,
Piedras iluminadas son los mapas del cielo
Y hay monos que discuten los nombres de la luna.

Es la hora del bullicio, bajo hogueras y espejos
La luz siente en su pecho las lianas que palpitan,
La danta hunde su hocico tibio en el firmamento
Y Dios es el abrazo de los cuerpos desnudos.

CIFRAS

Las infinitas cosas que componen el uno,
El dos y su tumulto de sombras y de espejos,
Así empiezan los cuentos que no terminan nunca,
Ese grano de arena que la sed multiplica.

La colmena del cráneo con su enjambre de mundos,
El topo que en sus túneles entierra al universo
Y esa corneja astuta que en lo alto del almendro
Sabe cuántos ladrones se esconden bajo el puente.

La torre de los números libera sus bandadas
Y el cuervo es fiel al túmulo: lo que sabe lo dice,
Cuántos muertos contaron las doce campanadas,
Cuántos besos se mueren en los labios del santo.

FUTURO

Y veremos las lluvias de los mundos ocultos
Y aves de otros planetas nos darán sus canciones,
Vendrá un dios a la fiesta sin que nadie lo advierta,
Volarán en la noche desconocidos números.

Sabremos de las mentes que aunque lejos son una,
Dormida en la vigilia y despierta en el sueño
Y cómo en torno al sol danzarán las ciudades
Y habrá fábricas hondas movidas por la música.

Y la respiración de los verdes peñascos
Y un ojo en el diafragma de las ciegas galaxias,
Las cifras sensitivas, las esporas del día,
El metal de las máquinas que silencian la sangre.

CAMBIOS

Lee hacia atrás y a saltos las sentencias del tiempo,
Goza lo que no tiene comienzo o desenlace,
La esquina en que el azar alimenta sus causas,
El falso fuego que arde pero nada ilumina.

La exquisita mentira de la reina de tréboles,
El dibujo invisible del rumbo de la hormiga,
El criminal frustrado que el infierno rechaza,
El dios que condenaron los estrados del cielo.

La llovizna de sangre de las revoluciones,
La hora sin propósito que revela las claves,
Lo bello de las lunas que no tienen sentido,
Los ríos fascinados que se quedaron quietos.

SI...

Es tarde para ver el final de la historia,
Todo ocurrió hace tanto que ya no se recuerda,
La montaña repite sus juegos infantiles,
El agua sabe siglos y al final nada espera.

Si la hierba aceptara decirnos el secreto,
Si la niebla dejara de jugar con la luna,
Si el cielo se escapara del cofre en que lo guardan,
Si el dios se liberara del soborno del mundo,

caería el telón de la tarde y sus astros
Y verías con desgano esos diamantes últimos,
Pero después de todo comenzaría el tiempo,
Y bastaría una gota, una tarde, un silencio.

LA CASA

Los siglos que desgajan las fauces de la hormiga
Y el recuerdo que arroja su alimento a las tumbas,
El té de los sollozos, los pájaros de mármol,
La puerta gris y rota del corazón del niño.

Las baldosas caminan hacia tus pies desnudos,
La virgen canta a solas en el patio en tinieblas
Y el estanque en su pecho guardó sus manos de agua
Mientras niños y lobos rodaban por la hierba.

La luna roja crece y es más grande que el cielo
Y no caben los zorros en los hondos planetas,
Baja a los cuencos blancos una gota de eclipse,
Vuelan sobre los techos las palomas dormidas.

LA TRAMPA

Vuelve la noche inmensa de la caja de música,
El ala del dragón que da vuelta a la luna
Y el surtidor, la danza de la reina sonámbula,
Y el reloj descompuesto donde acampan los zorros.

Hay que seguir girando sobre el espejo de agua,
Hay que ver el anverso vegetal de los grillos
Que van de luna en luna, de burbuja en burbuja,
Y en la bandada errante se refleja la música.

Encerrada en su cofre la noche es para siempre,
Con sus niños que danzan, con sus ramas de incienso,
Con la trama de almíbar de sus monstruos pueriles
Y el gigante malvado que espera ver el día.

ÍNDICE

POEMAS TEMPRANOS

HILO DE ARENA
(1984)

LA LUNA DEL DRAGÓN
(1991)

EL PAÍS DEL VIENTO
(1992)

¿CON QUIÉN HABLA VIRGINIA CAMINANDO HACIA EL AGUA? (1995)

ÁFRICA
(1999)

LA PRISA DE LOS ÁRBOLES
(Selección de poemas)

MÁS ALLÁ DE LA AURORA Y DEL GANGES

SANZETTI
(2018)

Este libro terminó
de imprimirse
en Madrid
en febrero de 2022